こころへの途

精神・心理臨床とロールシャッハ学

辻 悟 著

金子書房

お読みいただくに際して

精神・心理臨床に携わっておられる読者に

　ロールシャッハ検査法の解析に日ごろ親しんでおられる方には，もちろん通しでお読みいただくことを念頭においておりますが，親しんでおられない方の場合，見出しに✝の記号のついているのが，検査結果の解析に集中している項目です。飛ばしてお読みいただいて，必要に応じて戻っていただくのもひとつの読み方かと思います。

一般の読者に

　一般の方の場合には，以下に示した順序でお読みいただいて，後は上に記したことを参考にして，どうするのかをお考えいただくのがよいかと思います。

- II　1. (2)　原体験の世界　25〜29ページ
- 　　2. (2)　発達的観点からの見かけの識別的認知　35〜36ページ
- 　　　 (6)　原体験の性質　44〜47ページ
- 　　　 (7)　原体験世界の主導原理　48〜49ページ
- 　　3.　外界現実と体験の超越的展開　49〜59ページ
- 　　5.　臨床事態成立の構造　67〜76ページ
- 　　6.　共感の構造　76〜79ページ
- III　3. (6)　構造的にみた「動」体験の性質と運動反応のまとめ
　　　　　108〜109ページ
- IV　1. (1)　投影の構造的考察　110〜115ページ
- 　　2.　シュレーバー・ケース　118〜142ページ
- 　　3. (2)　発達的な観点からみた具象に限定される認知　156〜158ページ
- 　　　 (4)　具象に限定される体験と原体験　161〜166ページ
- 　　　 (6)　原体験が受容される体験とシュレーバー・ケースの場合
　　　　　167〜169ページ
- V　4. (1)　治療とロールシャッハ検査法　188〜189ページ
- 　　　 (3)　見えない世界をも考慮に入れた臨床関係　193〜197ページ

　　　　　　　　　　　　　　　　　　　　　　　　（著者より）

目　次

I．形式・構造解析──状況性と対象認知 …………………………1
1．いとぐち …………………………………………………1
2．保続プロトコールの解析† ……………………………4
(1) 内容・主題的解析 ……………………………………4
(2) 保続の構造解析 ………………………………………5
(3) 全色彩カードと保続の解消 …………………………7
3．ロールシャッハ検査法の形式・構造解析の基本構造と
その方法論的位置 …………………………………………8
(1) 形式・構造解析の焦点 ………………………………8
(2) 自然科学の実証的確実性と尺度（測定）法 ………9
(3) 尺度（測定）法論理と投影法 ………………………10
4．保続プロトコールの所見から臨床の実際へ …………12
(1) アセスメント，内容・主題解析と臨床の実際 ……12
(2) 形式・構造解析と臨床の実際 ………………………13
5．保続に関する精神・心理臨床との相補的考察 ………15
(1) 保続の構造と精神分裂病（統合失調症）世界の論理
──述語・状況性の主導 ……………………………15
(2) 述語・状況性が支配，主導する原初的体験 ………15
6．内的状況性と図版における状況性† …………………18

II．個と世界──把握型 …………………………………………22
1．原　体　験 ………………………………………………22
(1) 事例R1プロトコールの解析1──外輪郭形体の様態† ……22
(2) 原体験の世界 …………………………………………25
(3) 原体験着想と著者のロールシャッハ経験 …………29
2．原体験と外界 ……………………………………………30

(1) 見かけの識別的認知と認識を伴う識別的認知 ……………………30
　　(2) 発達的観点からの見かけの識別的認知 ………………………………35
　　(3) 事例R1プロトコールの解析2——反応概念の主体と被検者の状況性† ……36
　　(4) 事例R1と前述の精神分裂病（統合失調症）3事例との
　　　　プロトコールの対比† ……………………………………………………39
　　(5) 事例R1の世界 ……………………………………………………………40
　　　　1) 事例R1の内的世界 ……………………………………………………40
　　　　2) 事例R1と外界現実 ……………………………………………………42
　　(6) 原体験の性質 ……………………………………………………………44
　　　　1) 思っているだけの心内世界の体験 ……………………………………45
　　　　2) 述語・状況性が支配，主導する世界 …………………………………45
　　　　3) 区別のない融合・合一的な体験世界 …………………………………45
　　　　4) 受動的な体験世界 ……………………………………………………46
　　　　5) 直接的な体験世界 ……………………………………………………46
　　　　6) 問題を意識することがない世界 ………………………………………46
　　(7) 原体験世界の主導原理 …………………………………………………48
　　　　1) それまでの状況の持続へのよりかかり傾向 …………………………48
　　　　2) ポジティブな体験に一体化しようとし，ネガティブな体験を
　　　　　　遠ざけ・排斥する ……………………………………………………48

3．外界現実と体験の超越的展開 …………………………………………49
　　(1) 自分の気づきと認識の形成 ……………………………………………49
　　　　1) 自分と見えない実在とについての気づき ……………………………50
　　　　2) 体験の間接化 …………………………………………………………50
　　　　3) 区別と独立体の境界 …………………………………………………50
　　　　4) 葛藤の内包と自分の存在の実感 ……………………………………52
　　　　5) 超越（可能）性 ………………………………………………………53
　　(2) 成熟の進展と未成熟の疎外 ……………………………………………55
　　(3) 形式・構造解析における発端の対象の客体・固定化 ………………57

4．把握型の発達的展開 ……………………………………………………60
　　(1) 融合・合一的認知の動向と，その区別・識別性との関係 …………60
　　(2) 結果のプロトコールとしての客体・固定化 …………………………66

5．臨床事態成立の構造 ……………………………………………………67

  (1)　臨床事態成立時の様態 ………………………………………68
  (2)　臨床事態発生の時期と人生周期の課題 ……………………72
  (3)　人生周期と喪失の体験 ………………………………………74
 6．共感の構造 ………………………………………………………76
  (1)　事例Ｒ１の母子合一形成の様態 ……………………………76
  (2)　合一体験と成熟型の共感 ……………………………………77
 7．把握型に投影される個と世界 …………………………………79

III．体験のドラマ（I）――体験型；色彩，形体，運動 ……81

 1．それぞれの個と世界との関係での体験の展開 ………………81
 2．意味を知る体験生成準備の様態 ………………………………84
  (1)　実質的に意味づけされた色彩反応と意味を知る体験 ……84
  (2)　「動」と意味体験 ……………………………………………88
   1)　「動」体験の位置 …………………………………………88
   2)　「動」体験と独立体としての自分 ………………………90
   3)　「動」体験と継時性 ………………………………………90
  (3)　意味を知る体験の生成と臨床的視点 ………………………92
 3．特異な「動」体験を示す事例Ｒ２と，構造的にみた
  「動」体験の性質のまとめ ……………………………………93
  (1)　事例Ｒ２プロトコールの特徴と整理† ……………………93
  (2)　事例Ｒ２の対象認知† ………………………………………96
  (3)　表明された述語・状況性の様態 ……………………………98
   1)　事例ＳＴならびに事例25との対比 ………………………98
   2)　図形状況と結びつく「動」の契機 ………………………99
   3)　外連合と結びつく「動」の契機 …………………………101
   4)　付帯主題 ……………………………………………………102
  (4)　「動」の契機の支配と主語と述語との偽性複合 …………102
   1)　主語となる形体知覚と運動感覚との偽性複合 …………102
   2)　「動」の契機の支配 ………………………………………103
  (5)　「動」の契機といわゆる非定型精神病 ……………………105
  (6)　構造的にみた「動」体験の性質と運動反応のまとめ ……108

IV. 体験のドラマ（II）
——投影，シュレーバー・ケース，具象に限定される体験 ……110

1. 投　影 …………………………………………………………110
- (1) 投影の構造的考察 ……………………………………………110
- (2) ロールシャッハ検査法における投影と複合体験の分化 ……115

2. シュレーバー・ケース ………………………………………118
- (1) ケースの概要 …………………………………………………119
- (2) フロイトの考察に際しての基本姿勢 ………………………123
- (3) 考　察 …………………………………………………………124
  - 1) 実質が空洞化した形式主義 ………………………………124
  - 2) 内面的体験の外在化と，具象に限定される体験世界 …127
  - 3) シュレーバーにみられる病態の構造 ……………………131
  - 4) 修復のドラマ ………………………………………………136
  - 5) シュレーバーの現実対応の様態 …………………………138
  - 6) 臨床事態成立の様態 ………………………………………139

3. 具象に限定される体験 ………………………………………142
- (1) 事例 R 3 プロトコールの解析† ……………………………142
  - 1) 対象認知領域が同定しにくい群 …………………………143
  - 2) 対象認知領域が比較的明瞭に D と同定できる群 ………148
  - 3) 事例 R 3 の把握型 …………………………………………151
  - 4) 事例 R 3 の体験型関連 ……………………………………153
  - 5) 質疑で復元できなかった反応 ……………………………154
  - 6) 個別化された具象概念に限定された反応 ………………155
- (2) 発達的な観点からみた具象に限定される認知 ……………156
- (3) 具象に限定される体験と幻覚・妄想体験 …………………158
- (4) 具象に限定される体験と原体験 ……………………………161
  - 1) 見えている，それでしかない，個別化された認知 ……161
  - 2) 原体験が受容される，またされない体験がもたらすもの ……163
  - 3) 治療的な視点から …………………………………………165
- (5) 不定あるいは無形体の反応と原体験 ………………………166
- (6) 原体験が受容される体験とシュレーバー・ケースの場合 ……167

V. むすびにかえて──残された課題ならびに治療との関係 ……170
1．本書の記述を終えるにあたって …………………………………170
2．述語・状況性のひとり歩きのような支配がみられる
　　事例Ｒ４プロトコールの解析† ……………………………………172
（1）事例Ｒ４の把握型──内面的過程の選択・決定の欠落と全面化する継時性 …172
1) 解析の手続き ………………………………………………………172
2) 内面的過程の選択・決定の欠落 …………………………………173
3) 継時的展開ないし変容の全面化 …………………………………175
（2）事例Ｒ４の体験型──述語・状況性のひとり歩きのような支配 ………176
1) 事例Ｒ４の色彩関連 ………………………………………………176
2) 事例Ｒ４の運動関連1 ……………………………………………176
3) 事例Ｒ４の運動関連2 ……………………………………………177
3．事例Ｒ４の特徴と臨床的様態像 …………………………………178
（1）非定型精神病 …………………………………………………………179
（2）人格障害 ………………………………………………………………182
1) 事例Ｒ１との対比 …………………………………………………182
2) いわゆる人格交代ないし多重人格 ………………………………183
3) 解離性現象 …………………………………………………………186
4) 事例Ｒ４の失ったもの ……………………………………………186
5) 事例Ｒ４の現実対応における秩序性 ……………………………187
4．治療との関係 ………………………………………………………188
（1）治療とロールシャッハ検査法 ………………………………………188
（2）見える世界で生じていること ………………………………………189
1) 見える世界での臨床関係と臨床事態 ……………………………190
2) 臨床事態 ……………………………………………………………192
（3）見えない世界をも考慮に入れた臨床関係 …………………………193
1) 内面のネガティブな体験を，かかわる者が受容するということ ……193
2) 対象に望まれることを，かかわる者が自分のこととして実行する
　　ということ …………………………………………………………194
3) 治療関係の中での間接化 …………………………………………194
4) 関係と関係の中での臨床の対象 …………………………………195
（4）臨床関係の理解とロールシャッハ検査法 …………………………197

［事例提示］ …………………………………………………………201
　　事例R1（203）　　事例R2（207）　　事例R3（211）
　　事例R4（213）

［事例再録］ …………………………………………………………217
　　事例MA（219）　　事例ST（221）　　事例25（228）

［領域指定図］ ………………………………………………………237
　　文　　　献 …………………………………………………243
　　事 項 索 引 …………………………………………………245
　　人 名 索 引 …………………………………………………250
　　あ と が き …………………………………………………251

こころへの途

I. 形式・構造解析
──状況性と対象認知──

1. い と ぐ ち

事例：30歳　男性；精神分裂病・急性増悪状態
　Ⅰカード：こうもり，こうもりがひとつもなきません。
　Ⅱカード：こうもりですね。ないておりませんでした，ないておりました。
　Ⅲカード：こうもりがないておりません，ないておりました。ないておりませんでした，ないておりました，こうもり。
　Ⅳカード：これ，わかりませんな。こうもりですか。
　Ⅴカード：ボールドですか，こうもり。診断受けんと入ったんいけません。
　Ⅵカード：こうもりのボールドですね。
　Ⅶカード：これはわかりません。
　Ⅷカード：わかりませんな，これ。機関銃みたいな。
　Ⅸカード：わかりません。
　Ⅹカード：これ（両側 D_1）蟹ですね。これは（両側 D_5）犬ですかね。

　上に示したのは，前著書『ロールシャッハ検査法──形式・構造解析に基づく解釈の理論と実際』[16]で，保続反応 Perseveration の実例として収録したものの再掲である（158ページ，以下今回の著作で前著書といえばこの既刊の書のことである。前著書と本書とは密接な関連をもっているので，読者の参照の便を考えて前著書を引き合いに出した場合には，前著書の記載ページを示すことにする）。なお，以下このプロトコールを示した事例を**保続事例**と呼ぶこと

にする。ロールシャッハ検査法の有用性については Rorschach, H.[11] の発表以来認められてきているが，その解釈的意義については経験的に得られたとされてきた。しかし素朴に考えても，有用であって理由がないわけはない。前著書では Rorschach 以来この検査法について経験的に知られたとされてきた種々の局面についての解釈的意義を，漠然図形における把握領域の選択（把握型），ならびに図版の中からの反応に用い得る材料の選択とその用い方（体験型）の２つを中核にして，発達の年齢に応じた成熟型ではどうなっているのか，どうしてそうなるかを，また成熟不全を示すもの，つまり病理的なそれについては成熟型に比してどこがどのように不全であるかとその理由とを，構造的に問うことで理論的に明らかにすることに集中させた。それがロールシャッハ学の基本となると考えたからである。

　それはそれで重要なことであるが，その点を前著書で押さえたと思えるので，本書では病理的なもの，つまり成熟不全を示すものについての欠損態の様態と解析よりも，そこで何が生じているのか，いいかえれば被検者はそこをどう生きているのか，同時にどうしてそういう生き方が人間に生じるのかを根本に向けての構造解析に問い，それで明らかになることがあれば，それに基づいて前著書で考察を集中させてきた各局面との関係の再照射を試みる。同時にそれがもたらした理解が臨床の実際とその理解に与える影響と，逆に臨床の実際と理解とがこの考察と再照射に及ぼした影響とを，可能な限り追ってみたいと考えている。それなくして臨床的理解が，十全のものとなるのはおぼつかないと思えるからである。

　再掲したこのプロトコールは保続によって，前著書で追究してきたような個々の局面のほとんどが覆われて単純化されている。また，このように保続が明確に認められる場合には，ほとんど確実に精神分裂病*と診断される。要するに検査のアセスメントと臨床診断的には保続と精神分裂病とが浮上して，それにつきるといえるプロトコールである。

---

* 「精神分裂病」の診断概念は2002年度の日本精神神経学会で，「統合失調症」と改められた。しかし病名がどうあれ，従来「精神分裂病」と概念づけられてきた臨床像が存在することには変わりはない。本書で重視するのはその実在する臨床像を，構造的に明確にすることである。臨床的にもそれがもっとも重要であるからである。本書ではこの臨床的様態に対しては，以後原則的に「精神分裂病（統合失調症）」と表記しておくことにする。

このプロトコルを再度取り上げて，この本の記載をそこから始める理由から述べることにする。保続によって覆われている各局面は解析が全般にわたって精細なものとなりうるためには，欠かすことのできない重要さをもっている。しかし一方各論的な細部が覆われると，しばしばより総論・大局的にみての基本あるいは根本的な問題が浮上してくる。この本の記載を保続の解析から始める理由は，まずこれによって前著書・本書で一貫させているロールシャッハ検査法の形式・構造解析の，より総論・大局的にみてのそれを明らかにすることから始めようと思うからである。

　投影法には「内容・主題的投影の側面」と「形式・構造的投影の側面」とがあることは，前著書で述べた（2ページ）。そこで述べたように，課題の規定性が相対化されていることが投影法構造の本質で，課題はそれによって規定性と無規定性の両側面をもつことになる。現実に用いられている投影法は，経験によって両者が適当に案配されており，ロールシャッハ検査法でのこの相対化は，課題媒体が漠然図形であることによって成立している。「内容・主題的投影」は相当の幅で残されている無規定部分を，被検者が自分をよりどころにして埋めることによって被検者が開示される側面である。

　投影法の内容・主題的投影の原理面という点では，被検者が規定のない部分を自分を頼りにして埋めると，おのずから被検者自身が示されるということに尽きる。したがって原理的な考察が必要なのは，「形式・構造的投影」の側面が中心になる。さきに述べた総論・大局的にみての根本的な構造が浮上しやすいであろうこのプロトコルでも，いきおい「形式・構造的投影」の基本構造が重点になる。

　より総論・大局的にみての基本を問うものとしてのプロトコルが，精神分裂病（統合失調症）の患者のものであったということは，偶然とはいえない必然性をもっていると著者は理解している。前著書の「あとがき」に，著者は著者のロールシャッハ・ワークと精神・心理臨床という点では，ロールシャッハ・ワークが著者の臨床理解に影響を与え，その理解に基づく臨床経験がもたらす理解がロールシャッハ理解を助けるという，相補的な関係になっていると書いた。本書ではそれをできるだけ具体的に示すということをも目標としている。本書で取り上げる臨床理解という点においても，上述したロールシャッハ

検査法理解に向かう姿勢と基盤が共通している。

　保続による単純化は，いわゆる臨床病理度の深さと並行している。精神面で病理度が深いとされるものほど，通常ははずされることのない認識や法則からのずれが示される。ここではこの通常ははずされることのない認識や法則が，上述のロールシャッハ検査法理解という点では，保続で覆われた各局面に該当している。通常ははずされることのない認識や法則がいわば括弧に入れられた場合，そこはまったく無法則なのか，あるいはそこにはやはり法則性があるのかに目を向けることが，この場合の根本に向けての構造理解ということになる。これは上述したロールシャッハ検査法での目の向け方と同じである。本書で示すいくつかのロールシャッハ解析でもわかっていただけると思うが，通常ははずされることのない認識や法則はより基本的な方に位置すればするほど，それからはずれたものは了解のかなたにあると感じとらされる。保続にみられる不合理さもそのひとつの代表である。認識や法則はより基本的な方に位置すればするほど，人は一般にそれに拘束されてそれから離れて活動する自由を失う。いいかえると，はずされるはずのない根底を支える認識や法則は，はずれている実例に出合ってはじめて，それがどういうものであったか，そこではどうなっているかが理解されるともいえる。重要な臨床的認識の観点である。そういう点で本書での精神医学臨床からの観察と考察は，精神病，なかでも精神分裂病（統合失調症）を原点に位置づけている。

2．保続プロトコールの解析†

(1)　内容・主題的解析

　プロトコールの解析が，いきおい「形式・構造的投影」の基本構造が重点になることを述べたが，まずこの**保続事例**のプロトコールで「内容・主題的解析」を実例で具体的に示すことから入ることにする。「内容・主題的解析」と対比的に，「形式・構造的解析」の基本構造をも明らかにすることを念頭におきながらのことである。

　内容・主題的解析は，当然被検者がその時にもっている関心の内容，その主題をとらえようとする。プロトコールのⅠカードからⅥカードまで，「こうも

り」が保続するともに，ⅠカードからⅢカードにかけて，「なく」という主題が繰り返されている。ロールシャッハ検査法の図版は，被検者がかかわる「外界」「現実」「外的状況」であることを前著書で述べた（171ページ）。Ⅰカードでの「こうもり」は，このカードでもっとも一般的にみられるポピュラー反応で，図版図形の規定性に従う度合いのもっとも高い反応である。したがって被検者が自分をよりどころにして自身を開示する側面がもっとも乏しい反応になる。この「こうもり」の保続についてはすぐつぎに考察するとして「なく」の方であるが，「なく」は「こうもりが鳴く」でも図版には音声はないから図版との関係という点では無理であるし，人間のように「泣く」でも，「こうもり」にその姿を与えて図版に見ることは無理であるから，この表現は図版にも「こうもり」にも関係のない，被検者の内的テーマが結びつけられたと考えねばならない。「なく」という主題は，被検者が受検時精神的に混乱をきたし，さらにそれに関連して精神科受診から入院せざるをえなくなった，その事情に関連している可能性が考えられる。あるいは被検者の過去にこころの傷つきがあり，それが現在に影響していることを示しているのかもしれない。このように示された関心の内容と主題を追うと，被検者がこころの臨床の対象となっている事情を，ある程度は知ることができる可能性が考えられる。

⑵ 保続の構造解析

「こうもり」の保続の方に移ろう。ロールシャッハ・プロトコールにみられる保続は，精神医学症候学の観点からの常同症に該当する。その観点からすれば，保続は常同症の具体的な現象形のひとつであるといいうる位置にある。前著書では保続反応は，はじめ現実である図版に対応して生じた着想，この場合は「こうもり」であるが，図版，つまり着想をもたらした現実の状況が変わっても，着想領域に生じてしまっている「こうもり」着想が，すでに生じていることによって支配力を持続させることで生じ（165ページ），「現実の条件が変わっても既存のものとなった内的着想が支配性を保つ，つまり外界の現実との関係よりも内面世界への親和性，既存の内的現実に受動的に支配され（242ページ）」ていることを述べた。ここでさらにていねいに追うと，まず外部に設定された課題に出合うまでは，この**保続事例**の内面には保続に関連することは

何も生じていなかった。ところがこの検査法の課題が外部から与えられると，その課題は被検者が無関心で対応することができない状況性の中で与えられているのであろうが，それによりかかって，あるいは支配されて被検者の内面に「こうもり」着想が生じている。ここで，無関心という対応がとりにくい状況性で外部から課題が付与されると，受け身に付与された課題に応じていること，およびその際にはポピュラー反応に反映される正確な現実認知力があることが反映されていることを押さえておかねばならない。続けて考察することをあわせて考えると，被検者は拒否とか無視という能動性・主体性につながる行為は困難であることが想定される。

　はじめのⅠカードでの着想では，「こうもり」は図版との対応があるのに対して，「なく」のテーマは図版とは関連なく，被検者に内的に準備されていたものであることをさきに述べた。そこで述べたように被検者の対象の認知という点では，被検者の内面には保続に関することは何も生じていなかったのが，外界の図版を媒体にする課題が付与されたことによって，「こうもり」を認知することになった。これは被検者にこの認知準備性があったことを示している。被検者はこのような受検状況ではすすんでの受検とは考えられないから，被検者はこの関係において，したがって身についている認知準備性の行使において受動的である。それに対して「なく」の方は，主体としての「こうもり」に所属する状況である。主体としての「こうもり」の認知は，受動的ではあっても図版という現実との対応で生じているのに対して，認知対象の状況性の方は，被検者が課題に接した時にすでにその内面に準備されていたものが結びつけられている。対象の認知と認知した対象の状況性のこの違いについては，後の「5．保続に関する精神・心理臨床との相補的考察」以降でさらに考察を展開させる。

　図版が変わったⅡカード以降の「こうもり」着想は保続になるが，この時には「こうもり」着想は既存の内的状況となっている。したがって保続は，第一に対象認知に関してでも，また認知された対象の状況性に関連してでも，生じた内的状況に受動的に支配されていることになる。第二に被検者が現実との対応を保持している場合には，着想を生ぜしめた図版が変わる，つまり現実の条件が変われば，それによって生じている着想は被検者によって消去されるのが

普通であるが，保続においては生じた内的着想が支配権を持続させており，それは外界現実との関係には無頓着になっていることと表裏をなしている。それが詳細に解析した保続の構造であるが，さらに臨床的理解という点でつぎに2点を付け加えておく必要がある。

そのひとつは，着想に対しては普通は，着想の性質・意義・位置づけを判断し対処する，たとえば上の保続の構造の第二で示したことと関連していえば，着想は外界の図版に対応して生じていること，したがって図版が変われば対応して生じている着想を消去させることなど，それらのいってみれば管制塔の役割に比することができる働きがすぐ作動するが，それがまったく作動していないということである。いまひとつは，この管制塔の役割に比することができる，生じていることを判断し対処することは，能動的な営みであるとともに，直接の運行に当たらない管制塔の営みは間接的で，したがって保続が認定されるような場合には被検者の体験世界は直接的な性質を帯びた体験世界になっているはずであるということである。以上述べてきたことが，このプロトコール，いいかえれば保続の中核をなす構造である。

プロトコールには「なく」主題の保続に関連して，「ないております，ないておりました」と，そのテーマの対立的な両極化が示されている。この対立的両極化はその対立軸における主体の位置の定位という，主体的営み，管制塔の働きが麻痺状態にあることを示している。いま述べたことに対応するもので，これも構造的理解である。

⑶　全色彩カードと保続の解消

この保続のプロトコールでは，全色彩カードで事態に大きな変化が生じている。全色彩カードでは保続が姿を消しており，少なくともⅩカードの「蟹」と「犬」とは，DでF+の反応になっている。色彩，それも多種類の色彩，ならびに細分化された多数のD，これらの存在が識別形体のD認知の成立に影響を与えたに違いない。

図版にある反応に用いうる材料としては，広義にとらえた形体性と，これも広義にとらえた色彩性としかないことから，そのいずれかあるいは両者に反応することの意義は，2つしかないものからそれが選ばれる，選択の構造からく

る性質の違いに求めねばならない。また反応の決定に際して形体を用いたものは，色彩を用いたものよりは間接化される傾向をもち，識別形体による場合にはさらに高い能動性，主体性，知的な過程との親和性が高いことに対比すれば，色彩を用いた反応ははるかに受動的な位置にとどまり，色彩は直接的で即座的な反応を促す刺激として存在することになることを前著書で示した（79～81ページ）。前項の保続の構造の中核として浮上してきた，自分に生じた状況に受動的・直接的にそのまま支配されやすい態勢になっているこの**保続事例**が，まさにそのような反応を促す刺激として外界に存在している色彩に出合って，その影響を受けて反応し，外界現実に注意が向くことになったのである。ここでD分割に従う認知になっている点に関しては，前著書で述べた（82～85，173～175ページ）「地・質の表出＝色彩」の違いに影響されていることが考えられるが，いずれにしてもこうして外界現実に注意が向くことになると「こうもり」を認知したのと同じように，DでF＋を認知する力は備えているのである。

3．ロールシャッハ検査法の形式・構造解析の基本構造とその方法論的位置

⑴ 形式・構造解析の焦点

　以上，**保続事例**のプロトコールに即して，その形式・構造解析をかなり詳細に提示してきたが，はじめに述べたようにそれによって形式・構造解析の大局的にみて浮上する特徴が明らかになってきている。すぐつぎに述べる測定法は，確実に測定された結果から作業が始まる。ロールシャッハ検査法に当てはめると，スコアを終えてからのスタートになる。この検査法の課題媒体である図版と結果として被検者によって示された反応とは，変動しない客体に位置づけられている。形式・構造解析は被検者が図版に接したことから始まってスコアという結果に至る間の，被検者の認知と反応という内面のプロセスそのものに焦点を当てている。それが形式・構造解析の焦点なのである。被検者はスコアされた結果を，あるいは結果で生きるのではなくて，スコアに結果するプロセスを生きているのである。出発点となる図版と結果とが変動しない客体に位置づ

くことの精神・心理臨床における意義については，次章「3.の(3)形式・構造解析における発端の対象の客体・固定化」と「4.の(2)結果のプロトコールとしての客体・固定化」とでさらに考察を加える。

(2) 自然科学の実証的確実性と尺度（測定）法

前著書冒頭で心理検査法はその構造から，課題という規定枠の規定性を可能な限り高めることで性質と意義とが明確な尺度をつくり，それを当てはめることでその程度を知る，構造的にいえば尺度法，方法論的にいえば測定法になるが，それと規定枠の規定性が相対化されることによって得られる投影法とがあることを述べた（1～2ページ）。前者を代表するものが知能検査で，その最初のものであるBinet-testが発表されたのは1905年である。19世紀後葉から20世紀初頭にかけては，人間の精神がまさに科学的認識と接近の対象とされはじめ，その方法に対する関心が高まってきた時期で，この検査法の作成・発表もその趨勢の中でのものである。この趨勢はすぐそれに先立っていた，身体病が科学的認識と接近の対象として確立されてきていたことに大きく影響されている。

身体医学を支えている自然科学の基盤となっている実証的確実性は，外界に存在する事実に求められる。身体的な生命体に関する科学では，癌を例にすると，外界の客体である体に実証的に癌は確認され，みつかると手遅れの状態でなければ，まず間違いなく手術による除去が行われる。このように，外界の客体はそこに確認されるだけでなく，他人もさわり，処理することができる。しかしこころの方ということになると，手術に際しては麻酔が施され，麻酔でこころは消えているから，他人が直接見ることも，さわることもできない。物質的な客体としては存在していないこころを対象にした時，自然科学的方法と認識をそのままには当てはめることができないし，こころの働きは完全にといえるほどその人に所属し，その変化はその人の自覚のチャネルを通らなければならない。外界の客体としてとらえることができないこころの場合の確実性は，まずは外部に客体となりうる確実な枠を設定することに求めることが考え出され，そうしてつくられたのが測定法，つまり尺度法だったのである。心理臨床の領域においては，しばしば投影法の目的としてもアセスメントが謳われる。

このアセスメントの論理は測定法の論理である。

(3) 尺度（測定）法論理と投影法

1944年にKuhn, R.[10]はRorschachの考え方の原理的側面の考察を行い，Rorschachは「精神的なものが簡単には計算可能とはならないということをいっそうはっきりとみていた」としながら，他方では，彼が精神図式という数量式による機械的な分類をさかんに試みていた事実から，「原則としてすべて精神的なものは，物質的な対象と同様，計算可能であると信じていたことになる」とも述べた。前者の「簡単には計算可能とはならない」ことを心得ていたということは，いま取り上げているこの検査法の本質にかかわることで，それにふさわしい認識と論理を整備する必要があった。

Rorschachは彼の著書の序文に，全体が経験的な性質をもつものであると書いた。しかしその著書をよく読めば，随所で理論的基礎づけに取り組んでいることがわかる。それにもかかわらず，経験的な性質をもつと記載せざるをえなかったのは，Rorschachが彼の検査法を発表する基になった実験をし，まとめようとした時には，認識と方法として準備されていたのは，いま述べた測定法のそれしかなかったことによるのであろう。後者の「物質的な対象と同様，計算可能であると信じていたことになる」という記載は，Rorschachが測定法論理によりかかろうとしていたことを示している。

身体的な生命科学では，実証的確実性の基である事実は対象の体，つまり対象の側にあるのに対して，測定法の確実性はいま述べたように実施する側の枠組みに準備されている。ここには重大といえる違いが包含されている。身体的な生命科学での事実は対象の体に確認される。つまりその価値や意義の主座は対象そのものに位置している。多くの公害病において，その被害が問題になってきた当初には，ほとんどの場合まずその原因は被害を受けた当人に帰せられ，真の因果関係を認めることができない，あるいは否認されることさえ起こりがちであるのに対して，時間がかかり被害者にはつらい回り道になることが多いにしても，結局真の因果関係を覆い隠すことができなくなるのは，意義を決定している事実が実証的に確認することができ，その事実の主座が被害者の側にあるからである。

それに対して，外部に確実な客体となる枠が設定される測定法では，価値や意義の主座は測定する側の枠に位置しているのである。この関係は臨床における診断にも当てはまる。身体的な生命科学での診断や検査は，対象の体に生じている事実の確認である。それに対して精神医学が行っている診断は，診断を行う側が準備している分類枠による認定である。そしてたとえば癌の場合に，生じている事態を患者が受け止め難くなった時には，患者に病識がないとは理解しないで否認が働いていると人びとは共感する。それに対して精神病の場合には病識がないとされ，病識欠如は精神病診断基準のひとつに挙げられてきた。これでわかるように，診断側が準備している価値・意義の評価の基盤には，否定的な性質が忍び込んでいるのである。

　広範な展望に立って医とこころの歴史を著した『医学的心理学史』において，著者のZilboorg, G.[19]は「クレペリン*の体系は一定の過去から出て来たものであり，それも突然ではなく徐々に，秩序正しく，その地盤とその態度に確信を抱きつつ出て来たのである。精神病は一つの身体病であるということを一つの既定の事実として仮定する永い間の学問的態度があった**。もう一つ，それほど公然と表明されはしなかった仮定があった。それは精神病とは何であるか，ということは誰でも知っていることであるし，それは或るはっきりしたものである，という仮定である。それ自体これほどはっきりしていない事柄に関するこの確信は，学問において他に類を見ない謎の現象である***」と記している。この誰でも知っている，はっきりしたものであるという確信の内容は，上記のように否定的な性質を帯びているのである。こころをもって一人ひとりがかけがえなく生きていることを尊重する，精神・心理臨床の原点からすれば，診断と測定法のこの性質は重大な問題をはらんでいる。

　すでに述べた課題という規定枠の規定性が相対化されていることが，投影法の構造的にみた本質的特徴である。この外部にある規定枠が相対化される投影

---

* 　Kraepelin, Emil (1856-1926)：精神医学における疾病分類をはじめて体系づけた。
** 　物質的な客体としてとらえることが困難な精神現象の疾病を，自然科学的認識でとらえようとして，原因を物質的な客体である身体に求めることにならざるをえなかった。
***　Zilboorg, G.が他に類を見ない謎としたことについては，II章「2.の(5)事例R1の世界」の末尾で関連事項に触れ，さらに「3.の(2)成熟の進展と未成熟の疎外」で謎の成因についての考察を加える。

法ではじめて，相対化された分，価値と意義の主座が被検者の方に移動する。投影法が測定法と根本的に異なる点はそこにある。しかしそれだけに，規定してくる枠の意義がわかりにくくなるともいえる。測定法では枠の意義が限定されるので，その意義は被検者にも判断しやすく，検査実施者の実施枠も限定される。被検者が受けるか受けないかを判断し，意に反して実施されることを避けやすくするともいえるし，検査実施者もいかなる場合に実施するか，実施するか否かについて限定された判断を必要とする可能性が高くなる。投影法を科学的，あるいは他からの検証を可能にし，それに耐えうる確実性をもつことができるようにするためにも，また実施に際しての基本姿勢の点検という点でも，新たな認識とその方法が必要だったのである。さきに述べたように Rorschach が十分とはいえなくとも，随所でこの検査法の理論的基礎づけに取り組んでいるのは，この点での彼の模索を示している。それでいて彼が経験的な性質をもつと書かざるをえなかったのは，考察してきたように，当時測定法の方法と論理しか準備されていなかったことからくる必然だったと考えられる。

4．保続プロトコールの所見から臨床の実際へ

(1) アセスメント，内容・主題解析と臨床の実際

保続事例のプロトコールに基づいて，ロールシャッハ所見でとらえた理解が，臨床の実際にどうつながるのかを追っていくことにする。

診断とアセスメントの論理に従えば，このプロトコールからは保続と精神分裂病（統合失調症）が認定される。しかしそれが確認されても，被検者は退院ができない。被検者はそれが診断されることで入院になっているのである。必然的に保続が見いだされることの意義は，保続が発見されスコアされたことにあるのではないということになる。それでは精神分裂病（統合失調症）者をみつける作業になるだけで，被検者はこのようになるしかない。

「1．いとぐち」に示した，外部に規定してくるよりどころがなく，自分をよりどころにして埋めるという内容・主題的投影の構造は，意義・価値の主座が確かに被検者にあるということができる。その点で内容・主題解析は，解析する者がこころをもってかけがえなく生きている相手を尊重し，対象のこころ

に寄り添っているように思わせる。それが現在わが国で内容・主題的解釈が多いことの理由のひとつとなっているとも考えられる。しかし「2.の(1)内容・主題的解析」で述べたように，内容・主題投影で示されるものは，被検者がその時にもっている関心の内容とその主題である。被検者の関心は被検者の内面，プライバシーの世界の問題で，入院という外界での関係で生じている事態とは直接には関係がない。被検者の内面世界の関心が示されたとしても，外界の者ができることはそれを理解・受容し，さらに共感することしかないことになろう。内容・主題解析では被検者は「なく」という内的主題を示していた。しかし治療者が被検者の「なく」ほど情けない思いを理解・受容し，さらには共感したとしても，被検者はそれによって退院できることにはならないであろう。「なく」ほど情けない思いが，入院，あるいは入院の基となった事態と関係しているのであれば，「なく」思いはその結果であるし，過去のこころの傷つきと関係している場合であっても，入院はいま現在の問題である。もともと精神・心理臨床の対象は，その関心のいかんによって，精神・心理臨床の対象となっているのではないのである。

⑵ 形式・構造解析と臨床の実際

重要なことは保続と結果的に認定される認知に際して，形式・構造解析で解析してきたことが明らかになったことである。そこで明らかになったように，**保続事例**は管制塔の働きに相当する主体的対応が欠落し，現実には無頓着になっていることによって，精神科受診から入院やむなしとなっているのである。過去のこころの傷つきが関係しているのであれば，この被検者の状態の形成に影響を与えることによってである。被検者は欠落がみられた主体的対応を自分のものとし，現実に対処することができるようになることで，入院に至らざるをえなかった事態と無縁となることができる。被検者がそれを自分のものとすることを助けることが，治療的援助ということになる。

治療的援助という点からは，治療者が形式・構造解析で得られた理解をもっていることはたいへん有用である。保続を示した被検者が現実に対応することから関心を引き上げてしまっていることが，入院に至らざるをえなくなった事態と根本的に関連しているのであるから，現実からの代表のような立場にある

治療者がことばをかけることは，治療的援助として重要である。現実に無頓着になっている事例は，治療者がことばをかけても反応は期待できないかもしれない。しかし，それでコミュニケートすることをあきらめるのであれば，最初に「こうもり」を反応し，全色彩カードでDでF＋の反応をしたことを見逃すことになる。

　解析は被検者が現実に対して無頓着になっている時，内面に生じた着想に受動的に取り込まれ支配されていることを知らせている。被検者は「なく」という内的主題を示しているから，それに気づけば「情けない？」とか「つらい？」とか，声をかけることが考えられる。それが選ばれるのは，被検者の心情の受容・共感が無関係とはいわないが，それよりも，人間の心情体験が受動的で直接的体験という位置にあり，みてきたように被検者はまさにそれを直接体験している可能性が高く，したがって共有が生じる可能性が高いからである。そしてかけることばは，被検者の体験の受け止め方が直接的であることによって，あまり長いセンテンスにならないようにこころがける方がよいということもわかる。直接的体験は，本来その時その時のもので，時間的なつながりを保つことが難しくなっている可能性が高いからである。さらに，ことばをかけることで，被検者との心情の共有が多少なりとも生じるとそれが既存のものに位置づくことになり，既存のものとなった事態に対しては被検者は受け身に支配されて，治療関係者が声をかけると受け身に応じるようになる可能性が保続によって示唆されている。そうなることができれば被検者は受け身ではあっても，現実との関係に入ることになる。

　被検者自らが自分の内面に目を向けること，そのこと自体がさきほどたとえて述べた管制塔の働きに属する。被検者は「診断受けんと入ったんいけません」と訴えている。彼が求める診断は，保続というアセスメントでも，精神分裂病（統合失調症）という診断でもないだろう。彼に必要なことは，形式・構造解析で浮上してきた，被検者の内面のプロセスに被検者が気づくことである。被検者が自分の内面の事態に気づくことができた時，それによって自らの主体性を取り戻す契機，きっかけを獲得する。その検討の共有成立へ向けて，治療者がそのプロセスを読み取り被検者に示すことは極めて治療的である。というよりも治療者が，形式・構造的解析で述べてきた理解をもって臨床活動をして

5．保続に関する精神・心理臨床との相補的考察

(1) 保続の構造と精神分裂病（統合失調症）世界の論理
──述語・状況性の主導

冒頭の**保続事例**のプロトコールでは，問われて図版の中に対象を認知するという点では，「2．保続プロトコールの解析」で述べたように，被検者は最初は受動的ではあっても図版対応を示しており，その点に限定すれば保続に該当しない。それを介してIIカード以後は認知対象に当たる「こうもり」着想が，既存の被検者の内的状況となっていた。一方，表現における主体としての「こうもり」の状況である「なく」の主題は，考察したように課題に接した時にすでに被検者の内面に準備されていた。このようにして生じた被検者の内的状況が，主導・決定権をもっていることが保続の基本構造である。これもそこで考察したように，この被検者の内的状況が主導・決定権をもつということと，現実である図版との対応には無頓着になっていることとは表裏をなす関係にある。

American Handbook of Psychiatry を編集した Arieti, S. は，その著『精神分裂病の心理』[1]で Von Domarus が，精神分裂病者は古論理 Pareologie に従うとして，「正常人は同一の主語に基づいてのみ同一のものと受けとるのに反して，古論理の人は同一の述語に基づいて同一のものと受けとる」としたことを受けて，彼の分裂病心理についての考察を展開している。Von Domarus の見解は正常人の論理では主導・決定権は主語にあるのに反して，古論理では主導・決定権は述語にあると読み替えることができる。述語はその主語，主体がどのような状態・状況にあるかを示している。古論理では主体が何であるかよりも，その状況の方が主導・決定権をもっているということになる。

(2) 述語・状況性が支配，主導する原初的体験

P1 事例*：受診時34歳の男性

P1事例の著者初診はほぼ30年前である。病歴10年の患者で，来診時は他の

病院に3年来の入院中であった。知人の依頼で家族が著者の診療を希望しての来診であった。P1事例がその折に述べたいわゆる病状は「幻聴の言うとおりにしている」であった。彼は私が診療している病院に転院し、1年7カ月のそこでの入院生活となった。入院当初の事例の状態は、第5面接：（P1自身がだいぶ考えられるようになってきた？）いいえ。という対話にもみられるように、幻聴に対する没主体的な埋没であった。第11面接では、「声が小そうなってきた」と言っている。これは幻聴体験を、実際に具体的に存在する事物のように体験している言い方である。IV章「3.の(3)具象に限定される体験と幻覚・妄想体験」で考察することに関連するので紹介しておこう。

第50面接は5月に退院の年の3月頃のことであるが、

　（聴こえてくるという感じがして、それが普通でないと感じた。それはいつ頃からだった）2月か3月位前からです。先生に説明してもらってから

　（それまでは聴こえてくる感じがした時、どう思っていたの）本当に聴こえてくると思っていました。先生が聴こえてくる感じとおっしゃっいましたから、聴こえてくるのではないと思うようになりました。

　（聴こえてくるということがあって、不安なこと、なかった）ちょっと不安でした。

　（どういう点が）聴こえてきて信じていましたから、そのままになるのかなあと。

　（聴こえてくると事実と信じる。そうするとそのとおりにせんならんわけ）たくさん聴こえてくるとそうなります。

　（たくさん聴こえてくると太刀打ちできず、言いなりになるわけ）そうです。

であった。退院をどうするかは本人が考えて決めるようにという著者の導入に対して、P1事例はそれをそのまま兄に伝えて、退院という主題に対する対処を兄の決定にゆだね、それに従ってその段階で退院している。

＊　本書ではロールシャッハ検査法のプロトコール以外に、実際の臨床例も数は少ないが登場してくる。読者が区別しやすくなるのを助けるために、ロールシャッハ・プロトコールの場合には「事例ST」というように記号の前に「事例」をつけ、実際の臨床例はこの表題の「P1事例」のように、記号の後に「事例」をつけてその事例を示すことにする。

I．形式・構造解析

　P1事例にはロールシャッハ検査法は実施されていない。実施されても冒頭プロトコールのような保続を示すとは限らないであろう。P1事例は「幻聴の言うとおりにしている」と述べている。幻聴はP1事例の場合に限らず，外界にその音声はなくP1事例が言われたとおりにすると言っているように，意味をもったことばであるのが普通であるから，その実態はP1事例内面での着想であるに相違ない。P1事例はその発想に際しても生じた着想に対しても，自分の方から取り組んだという能動性はみられない。着想はいわば自生的といえる形で生じており，P1事例は受動的にそれに従っているだけである。P1事例がいう信じていましたというのは，それが決定的で動かせるような位置を占めるのではないと体験したということで，能動的な性質の信じるというようなものではない。

　冒頭の**保続事例**は「2．保続プロトコールの解析」で示したように，内面世界への親和性が決定的といえるほど大で，着想には能動性はまったくといえるほどみられず，状況の中で自生したかのような着想にそのまま，受動的・直接的に支配されていた。これは保続の構造解析なのであるが，そっくりそのままP1事例の所見のまとめとすることができ，それこそ訂正すべきところも付け加えることもないといえる。ということはここに要約して示した構造特性は，保続に限定して適用されるものではなくて，精神分裂病（統合失調症）世界の精神状況の重要な構造基盤を示すもので，それはロールシャッハ所見の保続にも典型的に示されていると理解すべきであることを示している。

　Von Domarusが古論理として位置づけたものは，発達論的にいえばより原初の状態に戻して考えることになる。原初的にいえば，生物体は自身が何であるかが明確になってから存在するのではなくて，何であるかが問題になる以前にすでに存在している。したがって原初の状態で第一義的に浮上するものは可物として存在しているかよりも，どのようにあるか，つまり状況性，Von Domarus流にいえば述語性であるということになる。こうしてロールシャッハ所見の保続に典型的に示された精神分裂病（統合失調症）世界の精神状況の構造特性は，人間の原初的体験世界につながることが示されていることになる。そこでもっとも主題となることは，みてきたように正確な対象認知よりも，そこでの状況性の支配・主導性である。

6．内的状況性と図版における状況性†

　Rorschachが原著で，精神分裂病（統合失調症）者にのみみられるとしたものに混交反応がある。その例としてRorschachが挙げた反応は，Ⅳカード全体での「手堅くやっている政治家の肝臓」である。同じⅣカードの全体が「おかしくなった内臓，肝臓とか心臓とか」とまれならずみられるとRorschachは解説しているので，図形の外輪郭形体が機能することは後退して，墨色地の濃淡が主要な役割をしていると考えられる「肝臓」として，また同時に，この方は外輪郭形体が主になっている人間像の「政治家」として二重に意味づけされている。前著書で示した自検例は，同じくⅣカード全体での「兎小屋の何かの様子」である（158ページ）。質疑で被検者は図形全体像の上端部が「兎の頭」，上部両側に垂れ下がった突出が「耳」，下部中央のDが「お尻」で，同時にその下部中央のDあたりが「草を入れるところ」，「全部で草がほしいから寝ているところ」と述べている。全体像が「兎」と「兎小屋」に二重に意味づけされている。

　同一の物を異なる2つの具象的事物に意味づけて，ひとつの概念としてしまうことは対象認知という点では極めて不合理であるが（前著書ではこれを異なる教理などをひとつのものにしてしまう場合に用いられる，「習合」ということばを借りて表現しておいた；163ページ），混交においてはこの合理的な対象認知の命題が等閑に付されて，2つの概念は同時期に同じ場所に認知されたという状況性に支配されて習合されており，この章の考察で浮上してきている状況性が支配・主導性を発揮している。

　さきに示した**保続事例**のプロトコルでは，被検者の表現での述語に当たる「なく」の主題はもちろんのこと，表現の主語に該当する「こうもり」も，はじめは図版と対応して生じた着想であったにしても，それによって「こうもり」が被検者の既存の内的着想となって，結局のところ被検者の内的状況性が支配・主導性を示していた。それに対して混交においては，2つの対象の認知もまたそれを習合させる状況性支配も，すべて図形との関係領域で生じている。状況性の支配・主導性が作動する領域が，保続においては被検者の内的着想世

界，混交においては図版との関係領域というように違っている。しかし状況性が支配・主導性を発揮する原初的な体験世界での法則性は，「Ⅱ．個と世界」の「1．の(2)原体験の世界」と「2．の(7)原体験世界の主導原理」で考察を加えるように，区別することが第一義的という位置を占めておらず，主体の内的状況と主体がかかわる外界状況とは融合的に体験される。したがってこの領域の違いは重要な位置を占めていない。区別が第一義的に重要性をもつのは主語を明確にする場合の法則である。

　保続を具現させている状況同一性を図版との関係という観点からとらえると，「なく」の問題はすでに考察したように図版とは関係のない被検者の内的テーマである。「こうもり」が図版と関係しているのであるが，保続が生じたⅡカード以下では図形が頓着されているとはいえない事態になっていた。図形が無視されているといってよい事態であるが，次元を変えて考えると，被検者は区版を示されなければⅡカード以降の反応を示さなかったに相違ない。その点では図版の存在に反応し，図版の拘束を受けているとも考えなければならない。その線からいえば，保続となったⅡカード以降の図版は，検査媒体図版として台紙の上に同じようなインクで描かれているという状況性において，それ以上には何ら弁別の対象とはされていないという点で同一で，保続はその状況同一性に対応しているということになる。

　前著書では比較的早期の病態を示している精神分裂病（統合失調症）者のプロトコールとして，**事例MA**と**事例ST**とを収録した（おのおのプロトコールとスコアは，219〜227ページに再録している）。事例STのプロトコールは，全反応数R＝30に対してF＋％は全体で66.7，色彩によるインパクトがない，つまり無色彩カードでは80で，相当数の図版対応量と正確な認知を示している。しかし事例STの反応には，前著書の事例提示の［解釈の要点］で示したように（252〜259ページ），以下のような問題含みのものがみられる。

　　Ⅰカード②：「女の人」と「男の人」とがともに，図形が示唆する「羽」にみえる部位へのつながりのままに，「羽のある人」にされ，しかもその「羽」は合体されている。
　　Ⅴカード：「こうもり」と足からきていると考えられる「人の下半身」とが，同じように図形の上でつながっているままに，意味関連からしても不自然で不合

理なd表現の結合＊を示している。
　Xカード③：他の表現を挟んでの再表現（継時性）でも、「（人間の）頭部がなくなって鎖で中心くくりつけられていますね」と、図形の示唆するがままに不自然で不合理なd結合＊になっている。
　Xカードのこの表現に限らず、取り上げたIカード②、Vカードの反応も同じように継時性＊＊を示している。（以上前著書よりの部分再録）

　このプロトコールからの部分再録は、前著書の解釈の要点の「外輪郭形体と反応の独立性についての様態」で、その点に関して問題をもつ反応として拾い出されたものである。そこで考察したことは、これらの反応では外輪郭形体が反応概念の合理的な独立性を守るように働くことができず、したがって自我境界が障害され、状況が先立つ存在性と支配性とをもち、個体化の重度の障害を示しているということと、部分再録した反応にもみられるが、それだけでなくプロトコール全体を通してみられる継時性とである。「状況が先立つ存在性と支配性とをもち」と表現したものは、再録した問題点ではIカード②、Vカード、Xカード③の各反応で「図形の示唆するままに」と指摘したことを指し、考察している図版状況の支配性に該当している。継時性は前著書で考察したように（151〜154ページ）、保続の場合と同じようにして被検者内面の着想領域で既存のものとなった着想が、保続の場合とは異なって図形との関連で生じるつぎの着想段階に影響を残すことで生じる。外界との関係での事態は変化した

＊　複数の独立概念がひとつの反応に結合されているものが結合反応で、d表現の結合とは表現された結合の関係が現実にはありえない不自然なものを指している。ほとんどの場合例示のように、図形の見かけの状況に導かれて生じる。
＊＊　継時性はRorschachが二次性全体反応のひとつとして示した継時性結合全体反応 sukzessiv-kombinatorishe Ganzantwort の中で用いた概念で、彼はこの反応を「被検者は最初にいくつかの部分に意義づけをして、その後に相互に関係づける」と定義している。彼が二次性運動反応とした「最初にその像の形体が、ついではじめてその像の運動が知覚された反応」にも同じことがみられる。反応としての被検者の連続しての表現が、反応の全貌が認知された上でのものではなくて、表現の時間的推移に対応して順次認知され表現されていることになり、反応認知の時間的独立性に問題があることをとらえる概念となっている。反応に際しての時間的独立性に問題がある認知という点では、Rorschachの定義が直接示している個々の独立概念の認知と、その結合の様態の認知と表現との間、また運動反応に際しての静止図形とそれに対する運動感覚の付加との間の時間的ずれだけでなく、精神・心理臨床の領域では認知対象の様態の流動なども比較的よくみられ、また時には認知対象の定位の時間的流動に及ぶ場合もみられる。その意義の詳細については前著書で考察した（125〜128ページ）。
　なお、継時性については、Ⅲ章「2．の(2)の3）『動』体験と継時性」でさらに考察を加える。

にもかかわらず，既存のものとなっている着想という内的状況の支配性が，保続においては全面的であったのに対して，継時性においては部分化されて持続しているといえよう。

　保続のプロトコールにおいては図版との対応はほとんどないに等しい状態であったのに対して，事例 ST が示した F＋％の数値は，プロトコール全体にわたって相当の図形との対応が保たれていることを示している。その点で両事例は対極的であるといえるかもしれない。事例 MA は前著書のこの事例の［解釈の要点］で示したように（243〜245ページ），I カードで「こうもり」を反応すると，III カードと IX カードを除く 7 枚がすべて「羽→羽のある動物」になっており，かなりの保続傾向が示されている。ただこの着想が適切ではない III カードと IX カードでは，それ以外のものを着想したということに代表的に示されるように，「羽→羽のある動物」の着想が冒頭の保続のプロトコールのようには絶対的ではなく，その分図形との対応をもっている。いってみれば図形との対応という点で，事例 ST と冒頭の保続事例との中間に位置していることになる。事例 MA の IV カード「木にこうもりの羽がついている」の反応の方は，事例 ST に比較的数多くみられた図版状況の支配性に該当している。この 3 事例はいずれも臨床的には精神分裂病（統合失調症）である。3 事例にみられる図版つまり外界との対応の有無，対応の見かけの正確さの違いに関連する問題については，「II．個と世界」の「2．の(1)見かけの識別的認知と認識を伴う識別的認知」で考察するとして，内的状況の直接性においてであるか，図版に位置づけられた状況性であるかに違いがあるにしても，いずれにおいても状況性が強い支配・主導性を示しているという点で共通している。ただしこのように状況性の支配・主導性がみられれば精神分裂病（統合失調症）といえるかといえば，次章の**事例 R1** のプロトコールの解析に示されるように必ずしもそうとはいえない。しかしそれはいってみれば十分条件には位置しなくとも，精神分裂病（統合失調症）世界を構成する重要な必要条件として通底している。

II. 個と世界
―― 把握型 ――

1. 原 体 験

(1) 事例 R1 プロトコールの解析 1 ―― 外輪郭形体の様態†

　本書巻末の［事例提示］欄に示した**事例 R1** のプロトコールは，IIカードの「①亀の甲羅」と「②あとはぶつかってくるもの」とが，そこに注記したようにそれぞれに反応としての独立性がとくにあいまいである。その上単に独立性があいまいであるだけでなく，「②あとはぶつかってくるもの」はスコアに示したように (W)*で，「①亀の甲羅」も墨色領域の地に反応し，領域限界は被検者自身が明確にしたというよりも，墨色地のつきるところにゆだねられたものと考えられる。赤色部に言及していないので (D)*とスコアしているが，領域の外輪郭形体が問われていないという点では①②の両者は共通している。質疑で被検者は両者がひとつのものであるように対応している。実施段階での両者の反応としての独立性があいまいではあるが，質疑でみられるひとつのもののような表現になっていないことから，質疑段階でのひとつのもののような表現との間には継時性**を考えておかねばならないであろう。しかし一方では，両者はすでに実施段階で (W) のひとつの反応になっていると考えていいほ

---
　* (W) は全体を用いた反応と考えられるが，領域限界を問題にしていないか，図形ならびに概念像全体の，外輪郭の様態に意を用いているとは考えられない反応に対して与えられている標識である。(D) は認知機制としては同じであるが，本文に記載したように結果的にDとする方が妥当であろうと考えられる場合である。
　** 継時性についてはI章「6．内的状況性と図版における状況性」，ならびにIII章「2．の(2)の3)『動』体験と継時性」を参照のこと。

ど，少なくともそれに極めて近い位置にあったとも考えられる。

　取り上げたⅡカードの反応を2と数えるとRは18となるが，とりあえず（D）と分離してスコアしておいたⅡカード①以外は，すべての反応が領域分割のない全体反応である。図形中央に広い空白部をもち，それと関連して両側に2体の側面像の生物がみられやすいⅢカードとⅦカードで，事例R1はその像をみることができていない。それどころか空白部が空白だけであるⅦカードでは，実施および質疑いずれの段階においても，その空白部によって半分に割れていることにこだわるだけで，認知像においても，また概念的にも明確な対応ができていない。

　Ⅲカードにおいても中央空白部にこだわりを示し，ここでは実施段階で反応としては3個の，それぞれ一体の生体関連物を認知しているが，認知像としては成功しているとはいえない。質疑においての付加として，ようやく2体側面像の人物を述べているだけである。反応の領域分割がないということは，そのこと自体前著書で指摘したように「図形の分割が行われるということは，そこで何らかの条件による区別が行われていることを意味する（173ページ）」のであるから，その逆で外輪郭の形体識別度の違いによる区別も問われていない可能性が考えられる。この事例では以下に述べる事実があるので，これは可能性ではなく確実である。

　全反応のうち（W）が6を数え，（D）を加えると7になる。DW*が3で，合わせて外輪郭形体の全体が識別的に機能することが，まったく問われていないことが明らかな反応が半数を越える10である。残りの8のうち4個はⅠ・Ⅴカードの翼状全体反応で，これらの反応は前著書で「翼状全体反応は，初期集約的把握型以前に主として作動している大域的な認知の水準において，その認知水準に属するものとしてすでに成立するもので，その水準で認知されるものの中で，識別的な外輪郭形体による認知の支配・主導性が確立されてくる初期集約的な把握型以降においても，それぞれの段階での認知の条件にも耐え得る反応という，位置を占めると考えられる（38ページ）」と，その構造特性を考

---

*　DW：一部が明瞭な識別的形体性でとらえられ，他の広い部分の形体特性は考慮されないままに，明瞭にとらえられた部分を部分として包含する概念を反応概念としている全体反応であることを示す。

察したものである*。あとの4反応の2個はⅣカード「何かの虫」でそれ以上の特定化ができていないか，Ⅹカードの反応のように識別的認知の概念が散乱図形の中に埋没する反応である。

以上考察したことからこのプロトコールは，このような場合に純粋型ということが適切かどうかわからないが，外輪郭形体が識別的水準で機能していない純粋型といいたくなるような特徴を示している。

上に取り上げた反応以外で残るものはF＋とスコアした，Ⅰカードの「④鬼」とⅥカードの「動物」である。2反応だけであるからプロトコール全体の解析に際しては不問にして差し支えないと思われるが，ロールシャッハの形式・構造解析「学」という観点からこの2つの反応について考察を加えておこう。（ ）つきの領域認知を示した反応のうち，Ⅱ①は墨色系，Ⅱ②とⅢ②とは赤色の，図版の地の影響を受けてのものと考えられる。残りの4反応は被検者の質疑での表現からみて，図形領域中心部の構造が反応認知に際して決定力を示していると考えられる。前著書においても「認知に際して中央部の構造が重要な役割を担うことは，外輪郭形体が重要な位置を占めることとしばしば対立的な関係を構成している（161ページ）」と考察したように，（ ）つきの領域認知の多いこのプロトコールにおいてもそうである。Ⅰカードの「④鬼」の反応は，内部4個のSsのうち上部の2個が目となり，下部の2個がしばしば口とされることが，着想の起点としてもっとも重要な働きをしている。質疑で「角」を指摘していることと，この「鬼」反応は比較的みられるので（ただし子どもの方に多い）F＋としたが，このカードで（WSs）とスコアした「②骸骨の先」と認知構造には共通点が多く，またプロトコール全体との関連からしても事例R1の「鬼」反応は，Ⅰの②と共通する機制の力の大きさが十分考えられる。それはいずれであろうとも形式・構造解析「学」からいえば，このような「鬼」反応が反応決定に際しての決定ポイントが，発達的に内部構造から外輪郭形体へと移行する移行段階を示していると，このプロトコールから考えることができそうである。

同様な考察をⅥカードの「動物」に当てはめれば，翼状全体反応が初期集約的把握型以前の大域的な認知の水準においてすでに成立し，識別的な外輪郭形体による認知の支配・主導性が確立されてくる，初期集約的な把握型以降の段階での認知の条件にも耐えうる反応と考えられるという，前著書からの引用はすでに示した。両段階での認知は領域的にも概念的にも同一になるが，認知に際しての決定ポイントは異なっているのかもしれない。Ⅵカードの「動物」も翼状全体反応

---

* 翼状全体反応についての詳細は，前著書「Ⅱの5．翼状全体反応」を参照されたい（35～40ページ）。

ほどではないにしても，同じように領域的にも概念的にも同一になるが，決定ポイントに違いをもちうる反応でありうることを示唆している可能性が考えられる。

上述のように事例R1のプロトコールにおいては，外輪郭形体の識別的機能がまったく問われていない。その事例が事例提示の［臨床経歴］に示したように，本人が同乗していた車を運転していた母親が交通事故で即死し，助かった本人が，以後仕事ができなくなったということであることが注目される。この事態は事例R1が母親と精神的に一体化していたことを雄弁に物語っている。事例は母親を失ったことで一体化していた自分を失い，それで仕事にも出られなくなったのである。

⑵　原体験の世界
P2事例：女性　非定型精神病

P2事例に著者が出会ったのは21年前で，P2事例は37歳であった。27歳の頃からその時まですでに5〜6回の入退院を繰り返す病歴をもっていた。著者が出会ってからも現在までに，著者が勤務していた病院に6回の入院を繰り返している。つぎに示すのは最後の入院である16年前のある日の診察面接での対話である。

　　（あんたとは話のしようがないな）何でですか。
　　（先週どういう話やった）先生が言いもしないことを，先生が言うたと言うた。
　　（それ，どう思う）うん。
　　（私の言いもせんことを言うたという。だから言いようがない）でも先生……
という調子である。

対話の短いそれこそ断片であるが，P2事例の特徴はよく現れている。P2事例にはこの最後の入院に先立つすぐ前の入院からこの入院に至る間に，つぎのようなエピソードがあった。著者が出会ってから後の治療はすべて著者が担当しているが，それまでの経過の中でP2事例は診察のたびにといえるほど，著者に「先生は絶対や。前は退院してもすぐに薬も飲まなくなったし，外来へ

通ってもこなかった。それで悪くなった。今度は必ず薬を飲んで，先生を離さへん」と言うようになっていた。著者および著者との関係の理想化である。上掲の診察時の対話の内容もこの理想化も，結局Ｐ２事例が思っているだけで，Ｐ２事例の場合，事例の思っていることがすべてといえる状態であった。

　診察の対話にも現れているように，著者が実際に言ったことは飛んでしまって，自分の思っていることが著者の言ったことになっている。Ｐ２事例の問題点に気づき出していた著者は，状態が落ち着けば退院というこれまでのような繰り返しでは，入院を自分の問題に対する自分の気づきに役立てるという点ではよくない，そのうちに問題が表面化するであろうと腹をくくることにしていた。それでその入院期間は２年３カ月と長くなったが，終わりの10カ月間Ｐ２事例は外勤を連続して無事にこなした。この10カ月間の事実を著者は評価せざるをえなくなった。入院直前にＰ２事例は離婚になって，ひとり暮らしになっていた。ケースワーカーの協力で地方自治体の福祉事務所に連絡をして，Ｐ２事例はアパートの一室を手に入れ，慎重に何度かの試験外泊を試みた上で著者は退院に同意した。

　ところが，Ｐ２事例は退院をしてそれこそ半月もつかもたない間に，その安定は大きくくずれた。Ｐ２事例は仕事はおろか通院・服薬もできなくなり，アパートに閉じこもって周囲に向かってひとり悪態をつく状態になった。直前の入院期間中の安定とその持続期間とからすれば，考えられないほどの落差であった。アパートの同居者から家主に通報され，家主が保健所に相談し福祉の担当者に連れられてふたたび入院することになった。問題はそのように表面化したのである。

　これまでの経過に照らしてある程度は覚悟していたとはいえ，退院前と後とのＰ２事例の状態の激しい落差はやはりたいへん印象的であった。その上，再入院当初には強力に抗精神病薬が投与はされたが，Ｐ２事例が安定を取り戻すのにさほどの期間を必要とはせず，またさしての困難はなかった。

　まずは著者に，どういうことなのだろうという気持ちが生じた。当時すでに「人間であるからこそ精神を病む」という命題を獲得していた著者は，「人間であるからこそ，こういうことも起こりうる」ということを，読み通さなければならないということをも自覚させられた。毎週Ｐ２事例に会って，そのことを

考えさせられているうちに，つぎのようなことがひらめいた。それは，Ｐ２事例にとっては病院あるいは病棟は，さながらＰ２事例の母親の胎内のようであるという思いである。病院内というその空間は，Ｐ２事例にとってもっとも安んじておれる空間で，そこにいる限りＰ２事例は生き生きとして安定し，直前の10カ月の外勤に端的に示されているように，外界現実に適応的に対することができている。そして同時にこれを理解枠にすると，Ｐ２事例との間でそれまでにたまってきていた疑問，それと関連して著者が向かい合わせられている課題が，順次氷解していくことを感じ取ることができた。これはフロイトがはじめて体系化させて確立した，人のこころに生じることを人間が育ってきた道筋にたどる観点である。

　人間のこころはどの時点で生じてくるのかはわからないが，少なくとも生まれ落ちた時には，それなりのこころの働きをもっているということを認めるとすれば，それにすぐ先立つ母親の胎内生活で，すでにこころの働きは生じていたはずである。著者はそれを「原体験」と概念づけている。思っているだけの世界で，まだ外界現実とは出合っていない。まだ現実と出合っていない原体験世界では，「見分ける」「区別をする」ということは問題になっていない，いいかえるとすべてが合体的に体験されているはずである。もちろんこの合体的体験はその後の過程で分化的に生じてくるものの合体的体験で，それ以外のものは参加してはいない性質のものではあるが。

　生まれ落ちると自分と外界との境として決定的な位置につくこの皮膚さえも，その外は羊水という母親の体液で，皮膚の内側も臍の緒を介して母親から送られてきた体液を基にしてできている。そこでは自分の受け皿となってくれている胎内という空間と，自分とは一体として体験されているだろう。それは自分が身をおく空間という点では，将来区別して体験する力が育つとともに，自分がかかわる空間，つまり自分の部屋・家・社会・世界・宇宙へと分化的につらなる原体験であり，自分の受け手という点では，自分が出合う対象，またその対象との関係でもある。そしてその一体としての体験は，間違いなくまだ見ることができていない合一的に体験している母親である。

　Ｐ２事例が退院する，つまり病院という空間から離れた時，Ｐ２事例は自分と一体として受け止めていたその空間を失い，それはその中で安定していた自

分を失うことと同じ体験であったと考えられる。それによってＰ２事例の中に生じた動揺，混乱を，即座にＰ２事例は自分の中に残さないように外に向かって追い出そうとして，周囲に向かってひとり悪態をつく状態になったのであろう。Ｐ２事例の以前の繰り返しての入院のきっかけは，自分の受け止め難い体験に遭遇すると，それを外に向かって追い出そうとして，家族に悪態をつくということが主であった。

　もちろんこれは現実を知り，現実と自分の中で思っているだけの世界との区別の重要さを知るようになっている者からみれば，Ｐ２事例のひとり合点に位置づけられるものである。しかしＰ２事例の体験では，思っているだけの世界と現実の外界とが区別されていない。Ｐ２事例が退院前に「先生は絶対や。薬と先生を離さない」と言っていたのは，Ｐ２事例のひとり合点の世界での話で，Ｐ２事例はそのひとり合点を著者の姿に張りつけていたのである。それであるから，著者が言っていないＰ２事例が思っているだけのことを，著者が言ったと体験することができたし，Ｐ２事例の「先生は絶対や」は，もちろん事例自身は自覚はしていないが，「私の思っていることは絶対や」*にもなっているのである。Ｐ２事例が示すひとり合点は，事実との関係を重視する観点からすれば幻想である。この項の当初に示した面接会話は治療者である著者が，そのことについてのＰ２事例の気づきをターゲットとしての働きかけの一端である。

　上に述べたＰ２事例にみられたエピソードは，それぞれ「内的体験である思ったことと，外への表明である言ったこととが区別されずに同等になっている」「絶対や」の述語部分が一貫していて，「私」と「先生」という主語部分が融合的なのである。Ⅰ章「5.の(2)述語・状況性が支配，主導する原初的体験」で述べた，述語性つまり状況性が支配，主導する原初的体験の論理に従っている。述語主導，いいかえると状況主導の原初的世界は，「原体験」つまり人間原初の胎内体験に比定することができる体験ということができよう。前項でそのプロトコールを検討した，母親を交通事故で失って仕事ができなくなった事例Ｒ１には，原体験に由来する母親との合一幻想が強力に支配していた。事例

---

　*　Ｐ２事例のこの「絶対や」発言については，本章「2.の(6)原体験の性質と，(7)原体験世界の主導原理」でさらに考察を加える。

R1のプロトコールでは純粋型といえるほど外輪郭形体が識別的に機能していなかった。この事例にみられたプロトコールと臨床的事態とは，外輪郭形体が識別的に機能していないことが，原体験に由来する幻想的合一体験に本質的に対応することを示していると考えられる。すでにⅠ章では，主体の着想という内的状況と外界の図版状況との違いを問わない状況支配と，原初的体験，さらに精神分裂病（統合失調症）世界の論理との間の密接な関連をみてきた。本章の「1.の(1)事例R1プロトコールの解析1」とここで考察したことから，Ⅰ章で浮上してきた原初的体験は，原体験，つまり人間原初の胎内体験に比定することができ，さらに原体験に由来する合一・融合的体験が，ロールシャッハ検査法の上では外輪郭形体が識別的に機能していなことに対応すると考えられる。

　P2事例は動揺・混乱を追い出そうとして，周囲に悪態をついたということにみられるように，まるきりの受動的ではない一面を示している。著者の理解では，この点がP2事例が非定型精神病とされたことにつながっていると考えられるが，それについてはⅢ章の「3.の(5)『動』の契機といわゆる非定型精神病」でさらに考察を加える。

(3) 原体験着想と著者のロールシャッハ経験

　いま述べたP2事例との臨床経験での着想は，そこで示したように21年ほど前のことであるが，振り返って著者のロールシャッハ経験との関係に照らしてみれば，突然のひらめきのように生じたのではなかった。25年前の1978年に刊行された『現代精神医学大系』の「投映法」[15]の中で，著者はすでに「初期集約的把握型」の概念を提示するとともに，「初期集約期以前のW％の高値の時期は，正確・不正確の区別という命題も，まだ重要な位置を占めるにいたらず，－中略－未分化で，安易さを伴った形で周囲の状況によりかかり，とりこまれているのである」と記載した。初期集約的把握型とは前著書でも記載したように（20，33ページ），発達的に初めて正確な対象把握ということを焦点に，精神的な能力を集中させる時期にみられる把握型のことで，部分反応への必然的な結びつきを示す。対象把握に際して正確性が重要で，そのためには識別的な外輪郭形体による対象の把握が抜きん出ていることを知り，正確にとらえた部位をそうでない部位から分離して取り出すという，質による区別が定着した

ことを示す把握の様式である。

　初期集約期以前の把握型の特徴として『大系』に記載したことは，ここまでの考察で検討を加えてきた**事例R1**をはじめ，**保続・ST・MA**の精神分裂病（統合失調症）の状態にある事例のプロトコールにみられた把握型の特徴に対応しており，また上で述べたその把握型が示している意義についての要約は，原体験の性質という面から考察した諸特性と一致している。この『大系』に示した把握型についての観点は，発達的な面への関心の上に立っている。逆にすればそのまま人のこころに生じることを人間が育ってきた道筋にたどる観点になる。初期集約的把握型と発達的なその前後のロールシャッハ・プロトコールにみられる特徴については，さらに先立つ1968年頃にすでに気がついていたので，それに関連する数多くのロールシャッハ・プロトコールに接してきたことで，著書は長年にわたってこのような視点とプロトコールを介しての，多くの事実になじんできていた。それが下地として準備されていた。前著書に記したRorschachがその著書で示した複合*の概念を用いるならば，示した着想は著者のロールシャッハ経験と直接的な臨床経験との複合の体験であったといえるのだろう。

2．原体験と外界

(1) 見かけの識別的認知と認識を伴う識別的認知

　前項までに原体験に由来する合一・融合的体験が，ロールシャッハ検査法の上では外輪郭形体が識別的に機能していないことに対応性をもち，また原体験世界が精神分裂病（統合失調症）世界と密接な関係にあることをみてきた。**事例R1**の体験世界はそれと近接した位置にあることは否定できない。Ⅰ章「6．

＊　Rorschachが「色彩と形体とが単一の記憶蓄積に融合することは，明らかに全くのところ単一的ではなくて，習得してきていなければならない複合的な能力である」と記載していることから押し広めて，前著書（87，91，176ページ）でひとつの意味のある体験が性質の異なる2つ（あるいはそれ以上の）のものの同時的な参加によって，はじめて可能になることを読み取る力を複合力と概念づけた。認知の成熟度という点では，色彩と形体との複合に限らず反応の種々の側面で構造的な質と程度の違いがみられ，その複合の力は精神の成長にもっとも重要な役割を果たしているとした。本章「3．の(1)自分の気づきと認識の形成」でも取り上げる超越（可能）性によって成立する。

II．個と世界　31

内的状況性と図版における状況性」の考察では，前著書で収録した**保続・ST・MA** の精神分裂病（統合失調症）3 事例のプロトコールで，状況性の支配・主導性が通底することを確認することに焦点を当てていたが，しかし同時に F＋に反映される識別的形体による図形との対応の問題も浮上してきていた。その点で事例 R1 との関係が問題になってくるが，ここでまず精神分裂病（統合失調症）の 3 事例での識別的形体認知の問題に焦点を当てた考察をしておく必要がある。

　精神分裂病（統合失調症）の 3 事例のうち保続の事態が生じたプロトコールにおいては，図版との対応はほとんどないに等しい状態であったのに対して，事例 ST では F＋%の比較的高い数値からみても，プロトコール全体にわたって図形との対応，それも外輪郭形体による識別的な認知が，少なくとも見かけは相当の高さで保たれていた。両事例はその点では対極的であるといえるかもしれない。事例 MA は図形との対応という点で，事例 ST と冒頭の保続事例との中間に位置していることになる。それでいて状況性の支配・主導性が，3 者において相当の強さで通底していた。

　前著書の「Ⅴ．解釈の統合と臨床理解によせて」の「2.の(1)外輪郭形体の動向」で，「どこまでがそのものに属しているかの限界を明らかにする対象の外輪郭形体を，明確な識別性でとらえて，そうでないものと区別するようになると，対象の独立性を認知することになる。このように対象の独立とその限界との関係に気づくことは，その認知をしている主体が限界を持っていること，つまり独立していることに気づくことと表裏をなす関係にあるから，対象の識別的な外輪郭形体による把握が支配・主導性を獲得することは，必然的に認知主体の自我境界の形成，個体化 Individuation を導き出す基になる（172〜173 ページ）」という，統合的な解釈を行うための第一の柱を導き出した。その点では認知対象の識別的明確度は，被検者主体の独立性明確度の投影という関係が成立する。この明確な識別的認知の成熟には，発達的に前著書でかなり詳細に検討を加えたいくつかの段階を経なければならない。この点については本章「4．把握型の発達的展開をめぐって」でさらに考察を加える。それはそれとしてこの統合的な解釈の柱と，上にまとめた 3 つの精神分裂病（統合失調症）事例のプロトコールにみられた図形との対応の 3 様の様態，さらに通底する状

況支配との関係について当然検討を加えなければならない。同時に外輪郭形体が識別的に機能していない，事例R1の臨床的位置も問題になってくる。

　Ⅰ章「6．内的状況性と図版における状況性」で再録した，事例STの「外輪郭形体と反応の独立性について」の問題含みの反応に戻る。再録した問題点については前著書の［解釈の要点］において，「図形のつながっている部分を不問にして，おのおのの概念の外輪郭全体像を合理的に完成させること，そうでなければそのことによって生じる概念像の不合理の故に，反応とすることを捨てる，そのいずれもができずに，図形がつながっていることの認知は正確であるにしても，図形の示すところに主導されて一般妥当性からは不合理な概念の混成と合体とを許している。概念の外輪郭全体像のエングラムと一般妥当性の保持，不合理の認知，反応とすることの取捨選択，いずれも被検者における主体的営みである。それが作動していないことを示している（253ページ）」ことを指摘した。この指摘にあるように事例STの「図形がつながっていることの認知」は，この事例が相当高いF＋％を示したことと同様に正確でかなり高い識別度を示している。その点が冒頭の保続のプロトコールが外界図版への対応から遊離していることとは対照的である。しかし事例STの場合はこの正確さに基づいて，［解釈の要点］に記載した「一般妥当性からは不合理な概念の混成と合体」が生じている。この結果をもたらした欠落として記載したもの，つまり図形のつながっている部分を不問にして，おのおのの概念の外輪郭全体像を合理的に完成させるか，そうでなければ反応とすることを捨てる，また概念の外輪郭全体像のエングラムと一般妥当性との保持，不合理の認知，反応とすることの取捨選択，いずれも被検者自身に認識として保持され機能していなければならないもので，Ⅰ章「2．の(2)保続の構造解析」で管制塔の役割に比した被検者の主体的営みである。事例STの識別的な対象認知の正確さは，事例ST自身のこの認識の伴わない，いいかえるとこの認識を保持し機能させる主体的な営みの伴っていない，事例STからの見えたままにとらえているだけの，見かけの正確さなのである。

　事例STは色彩の有無によって分けたカード別の全体反応と部分反応の数の分布は，無色彩カードでは7：3であるのに対して，色彩カードでは2：18で，前者で部分反応がわずかであるのに対して，後者では圧倒的に部分反応が多い

結果を示している。前著書で述べたように「無色彩カードにおける分割は，同一の『地・質の表出』の中で行われているのであるから，形体条件による分割が行われていることを示している（83ページ）」と考えられるが，事例 ST の色彩カードにおける部分反応の数に比しての無色彩カードでの部分反応のこの微々たる数は，外輪郭形体による識別的な認知が見かけは相当の高さで保たれているにもかかわらず，それによる区別が主要な命題とはならず，図版の地をなしている色彩性の違いに導かれて分割が生じた結果と考えるよりない。これは事例 ST が色彩の存在に反応していることを物語るが，それでいて前著書の事例の［解釈の要点］で示したように，色彩に実質的に意味づけされた色彩反応がみられない。これは色彩の違いが図版に位置して，はっきりとした見えたままの見かけの違いを構成しており，事例 ST はそれに影響されるのであるが，一方そこで考察したように，「色彩を反応として用いることは，それが直接的で即座的な反応であるだけに，反応を自分の中に感じること，したがって受け止めている主体の存在認知のインパクトが強く」，それには応じることができていないのである*。要するにここでは色彩の存在とその違いは，見かけの正確な認知としてのみ受け止められているのである。

　保続においては図版対象には無頓着になっていた。しかし I 章「2．保続プロトコールの解析」でみてきたように，はじめのカードでは「こうもり」を認知し，全色彩カードでは色彩の存在でふたたび外界現実である図版に注意が向くようになると，F＋の対象認知をしたという正確な認知力を備えていることが示されていた。しかし保続において図版対象に無頓着になるという，この検査の本質に対する認識の欠落を示しているから，やはり認識を保持し機能させる主体的な営みの伴っていない，見かけの識別的認知力なのである。事例 MA のプロトコールにおいては，取り上げている保続事例ほど典型的ではないが保続の傾向がみられることと，図形状況に支配されて不合理な対象認知がみられる点で，事例 ST と保続事例との中間に位置していることも I 章「6．内的状況性と図版における状況性」で述べた。したがって事例 MA をも含め

＊　「実質的に意味づけされた色彩反応」については，III 章「2．の(1)実質的に意味づけされた色彩反応と意味を知る体験」で考察を加える。

て，精神分裂病（統合失調症）とされる病態にある3者のプロトコールは，認識を保持し機能させる主体的な営みがみられないという点で共通しており，かなり正確な識別的対象認知が示されている場合にも，見かけの正確さと呼ぶべき正確さということになる。この見かけの正確な識別的対象認知は，それが機能している時には事態はそれによって覆われることになるが，それに見合う認識が主体の側に保持されていない以上，見かけの正確な識別的対象認知が届かないところでは，状況性支配が主になるのが必然とならざるをえないのである。

　いま述べたことがいわゆる精神・心理病態像の，発症時期といわれているものとの関係を理解させてくれる。精神分裂病（統合失調症）の好発時期は思春期・青年期であることが知られている。それまでは当然子どもの時期に該当する。思春期・青年期にそのつまずきを示す事例は，それまでの子どもの時期の外界現実との対応を，必要な認識を身につけていない見かけの正確さで覆うことができて，残りは成人のカバーにゆだねることが許されていたのである。思春期・青年期という精神的な自立が問われる時期になって，それでは対処ができなくなってつまずきが現実のものとなるのである。前著書「Ⅴ．解釈の統合と臨床理解によせて」の「2．の(1)外輪郭形体の動向」で，「対象の識別的な外輪郭形体による把握が支配・主導性を獲得することは，必然的に認知主体の自我境界の形成，個体化を導き出す基になる（173ページ）」の末尾の記述を，「導き出す」で切らずに「基になる」としたのは，その支配・主導性の成立は個体化の重要な必要条件ではあっても，みてきたように十分条件ではないからである。対象の識別的な外輪郭形体による把握が相当みられるようになったとしても，それだけでは必ずしも認識を伴う識別的認知とはいえないのである。

　考察を加えてきている3つのプロトコールで，精神分裂病（統合失調症）者のプロトコールに反映する特徴のすべてを押さええたといえるかどうかはなお慎重でなければならない。その点は今後もさらに考察を加える必要性のあるプロトコールを注意深く集めて，検証を積み重ねることが求められるだろう。しかしそれがどのように発展するにしても，精神分裂病（統合失調症）者の精神世界の構造を理解するその展開は，ここで押さえたことを包括するものとしてでなければならないことは確実である。この点は精神分裂病（統合失調症）の

場合に限らず，いわゆる臨床的な病態といわれているものの精神世界の，重要なプロトコールの解析による構造理解のすべてに当てはまることである．

⑵　発達的観点からの見かけの識別的認知

　人のこころに生じることを人間が育ってきた道筋にたどる観点からすると，これまで検討してきたこれらの事実は，つぎのようなことを語りかけている．本章「1．の⑵原体験の世界」で胎内体験に比定することができるとしたもっとも原初の状態では，外界は存在していない．そこには認知の対象は存在せず，認知という現象もいまだ成立していない．誕生とともに身体生理的条件の発達に従って，次第に外界が見えるようになってくる．論理的にいえば外界が見えてくるには，外界が存在するだけではなくて，見ている自分の存在が不可欠であるが，発達の過程でまず外界が見えるようになってきた時には，見ている自分にはまだ気づくことはできないと考えられる．見えているものの中に自分はいないのである．見ている自分に気づくようになるためには「3．の⑴自分の気づきと認識の形成」でその条件を考察するように，発達的にさらにつぎの段階への展開が必要である．見ている自分に気づくことができずに外界が見えてきている時には，見えているものがすべてである．その時本人を支配しているのは当然それまでの原体験心性であるから，すでに存在はしているが気づきの対象になっていない自分は，P2事例が見えている空間や対象に自身を合一させて体験していたように，見えているものに融合・合一させて体験されることになる．自分の気づきが成立していない状態では，認識を形成することもできない．認識を伴わない見かけの識別的認知は，この時点での外界認知に該当する．

　前項で精神分裂病（統合失調症）のいわゆる発症は，外界現実との対応を見かけの正確さで覆うことができて，残りは成人のカバーにゆだねることが許されていた子どもの時期とは別れて，思春期・青年期において自立が問われることになって，それでは対処ができなくなって生じたつまずきと考えられることを述べた．**保続事例**はそのつまずきに際して，外界現実とのかかわりから引き上げて，原体験の内的状況性世界に引きこもることになった．**事例 ST・MA** においては，外界とのかかわりは何とか保持された．しかし支配しているのが

区別の重要性が認識としては定着しない原体験心性である以上は，外界現実とのかかわりは必然的に不合理をもたらすことになる。原体験の内的状況性世界に引きこもった保続事例の状態はいうに及ばず，その外界現実とのかかわりの不合理性は，周囲から症状としてとらえられることになる。すでに考察してきたように，それは外界から自分を自覚的に区別することから生じる負担・葛藤を体験しなくてすむという（現実に生じることに対して無頓着であることから，そう思っているだけと表現できる体験で，現実にはありえないことであるから）幻想と表裏をなしている。

　I章「6．内的状況性と図版における状況性」で，事例MAはかなりの保続傾向を示しながらも，それが絶対的ではなく，その分図形との対応をもっていることが認められたが，一方保続傾向が示された分，図版との対応からは離れており，その点事例STが相当数の反応，つまり図版への対応量と，F＋％に反映する正確な認知を示していたこととは異なり，外輪郭の識別的形体認知度が劣っていることをみてきた。両事例に外界現実との対応を見かけの正確さで覆うことができていた態勢の破綻が訪れた時期（いわゆる発症）は，事例MAは18歳頃で，事例STは40歳を越えた頃である。両者の破綻が訪れた時期には相当の年齢の開きがみられるが，現実との関係を覆うことができていた効率の違いが，その間の期間の長さの違いに反映している。たとえ認識を伴うことにはなっていない見かけの正確さであっても，識別的認知の力の差は現実に対する対応力において差をもたらすことを示しているのである。

⑶　事例R1プロトコールの解析2ーー反応概念の主体と被検者の状況性†

　事例R1のプロトコールと，みてきた**保続・ST・MA**の精神分裂病（統合失調症）事例のプロトコールとの比較検証をすすめるために，本章の「1．の⑴事例R1プロトコールの解析1」で押さえたことだけでなく，さらに解析をすすめておかねばならない。事例R1のプロトコールでは実施段階での表現と質疑での表現との間に，かなり明白な違いが見いだされる。とくにそれは運動ないし動態関連の表現に関して著明なので，その検討から始めることにする。

　事例R1が実施段階で運動ないし動態に関連すると思われる表現をしているのは，

Ⅱ② 　あとはぶつかってくるもの
　Ⅹ 　　カニとか…，虫とか群がっている

だけである。それもⅡ②の表現は体言止まりになっており，Ⅹカードのものは力点が「動き」よりも，「群がり」の様態におかれている可能性が考えられる。そうであればＦあるいはＦに近くなる。それに対して質疑での運動ないし動態関連の表現は，

　Ⅰ② 　跳びはねている感じ；こっちへ飛んできそう。
　Ⅱ① 　火がでて回転しそう，足がでたり，首がでたり；噴射しているみたい。
　　② 　噴射してどんどんこっちにくる。
　Ⅲ 　　いま思ったのは，両方の女の人が祈りを捧げて泣いている。
　Ⅳ 　　襲ってきそう。どんどん近づいてくる。
　Ⅴ① 　襲ってくる感じ，黒いものが近づいてくる，襲われる。
　　② 　死にかけそう，助けてあげたいけど助けられない。
　Ⅵ 　　たためば動くけど，本当は生きているあれだけど，剝製にされた。
　Ⅹ 　　取り合っている。全体が取り合っている。

とはるかに数も多く多彩ともいえる。このうちⅢカードのものは質疑での付加であり，Ⅴカード②，Ⅵカードはスコアするレベルの運動かどうかには問題がある。しかし少なくとも表現の段階で，事例の内面に運動ないし動態に関連する感覚が生じていたことは確実であろう。この質疑における運動ないし動態関連表現の一覧の中に入っていないカードはⅦ・Ⅷ・Ⅸである。Ⅶカードは本章の「1.の(1)事例Ｒ１プロトコールの解析１」で述べたように，広い中央空白部の存在のために，対応ができなかったカードである。またⅧカードは事例が反応ができなかった唯一のカードで，質疑で「色をつけちゃうとわからない」といっており，Ⅸカードも実質ほとんど反応ができていないことからみて，両カードでの事態は全色彩カードに出合っての収縮と考えられる。ということは対応の引き下がりを示したカード以外のすべてのカードにおいて，質疑段階では運動ないし動態関連表現が行われていることになる。

　つぎに運動ないし動態関連の表現された内容をみると，数からみてもその主力をなしていると思われるのはⅠ②・Ⅱ②・Ⅳ・Ⅴ①で，被検者に向かって「飛んでくる」「くる」「近づく」「襲ってくる」と，図版上ではなくて図版と直

接被検者という，図版の二次元平面に対する図版上には存在していない三次元軸に生じる運動の表現である。

その他は，Ⅱカード①は運動主体をガメラというSFものにしていることと，その着想ポイントが甲羅という地の表出であることから，スコアでは（FM）系とみるよりもmとしてあるが，スコアがいずれであれこの運動の様態はⅩカードのそれとともに，運動の主体が外輪郭形体上確定されているとはいえず，位置の移動である。Ⅲカードの付加反応は2人の人間像は識別形体として認知されるが，与えられた運動の様態はⅤカード②の動態関連表現と同様，外界へ向けての形象化が困難なもので，それが行われているとはいえない。残りのⅥカードでは剝製にされて，運動ないし動態そのものが消去されている。

前著書に引用したように（106ページ），Rorschachは運動反応を「形体知覚に加えるに運動感覚の流入によって決定される，そういう判断である」と定義している。普通みられる多くの運動反応はそうであるが，事例R1のプロトコールは本章の「1.の(1)事例R1プロトコールの解析1」で，すでに外輪郭形体が識別的に機能していないことを押さえたし，上に詳細にみた表現された運動ないし動態関連の様態そのものも，その形体が図版上で押さえられていない。ということはこの運動ないし動態の感覚とテーマは，図版によって被検者の内面に触発されたというよりも，被検者自身の内面で準備されているものの表明と考えねばならない。その中で主要な位置を占めているのは，図版上には存在していない三次元軸で生じる運動であるということは，上の解析で明らかであろう。

数多い質疑での運動ないし動態関連の表現に対して，事例R1の色彩に関連すると思われるものを質疑の表現で拾うと*，

Ⅱ①　火がでて
Ⅲ②　蛙を切って内臓が出てきた［赤色部］

---

*　形式・構造解析「学」の面からいえば，広義色彩についての被検者の言及は，実施段階および質疑のいずれの段階であっても，反応認知の根拠についての提示である。いずれの段階であっても，その提示を重要な参考にしなければ，用いられたか否かの判定が困難になることが多い。それに対して運動の言及は，運動感覚の投入・付加であって認知根拠の提示ではない。実施あるいは質疑のいずれの段階で運動関連の表現が行われたかを区別して解析することによって，この事例の解析でもそうであるように，しばしば重要な知見が導き出される。

Ｘ　黄色でインコ

となる。Ⅱカードの「火がでて」は（W）の「火を噴射するガメラ」の「火」で，Ⅲカードの「内臓」はこれまた（W）の「蛙」を解剖して出てきたもの，Ｘカードの「インコ」はいろんな生物が全体に群がっている中のひとつである。色彩関連の表現は運動ないし動態関連の表現に比べて数が少ないだけでなく，扱われ方も部分的で付随的である。さきにⅧ・Ⅸのカードで全色彩における反応の収縮をすでに押さえた。それとあわせて色彩に関しては事例は収縮的である。運動関連に比べて対照的と思われる，この色彩に関する収縮の理由については後に考察する。

(4) 事例Ｒ１と前述の精神分裂病（統合失調症）３事例とのプロトコールの対比†

　繰り返してきたように，**事例Ｒ１は外輪郭形体が識別的に機能していない**。これまで考察してきた**保続・ＳＴ・ＭＡ**の精神分裂病（統合失調症）の３事例では，もっとも図版からの遊離の傾向が著明であった冒頭の保続事例の場合でも，最初の図版との対応のみられる「こうもり」は翼状全体反応で事例Ｒ１にも出現しており，本章の「１．の(1)事例Ｒ１プロトコールの解析１」で述べたように特異な位置にある反応なのでこれは措くとしても，Ｘカードでは色彩の存在で図版に注意が引き戻されると，「カニ」と「犬」というＤでＦ＋の反応をしている。図版に対応したところでは，識別外輪郭形体による認知が行われているのである。図版との相当の対応がみられた事例ＳＴでは比較的高いＦ＋％でみても，識別外輪郭形体による認知が行われており，また図版との対応という点では両者の中間に位置する事例ＭＡも，Ⅳカードの上半身の「蛙」，Ⅸカードの「ヒヤシンス」など，保続傾向に取り込まれていないところでは識別外輪郭形体による認知が行われている。その点で事例Ｒ１の外輪郭形体が識別的に機能していないのとは違いをみせている。

　さらに注目される精神分裂病（統合失調症）３事例との違いは，事例Ｒ１の上に示した運動ないし動態関連の表現は，当然のことであるけれども述語に該当する表現である。それに対して実施段階での事例Ｒ１の表現は，この述語に対する主語に該当している。すでに指摘した実施と質疑とのそれぞれの段階に

おける表現の違いは，主語該当部分と述語該当部分との表現場所が分かれていることによって生じているのである。これは明らかに両者の区別が生じているとみるべき分かれで，偶然に生じたものとは考えられない。保続においては被検者が現実との対応から遊離して，被検者自身の内的状況に丸ごととりこまれていた。また事例MAと事例STとにおいてはすべてが図版側に位置づけられて表現され，3事例のいずれにおいても，このような主語部分と述語部分との表現場所の区別ということはみられなかった。

　この区別は次項で考察するように，事例R1が述語部分を自分に位置づけて，それを自分と同一視している，つまり同一視する自分を少なくとも他と区別して，発生的に準備してきていることを示していると考えられ，その点で重要である。精神分裂病（統合失調症）3事例はいずれにおいてもそのような他と区別される自分の発生的準備はみられず，状況に融合的であった。それに比してそのように重要な区別が生じていると思われる事例R1の対象認知に際して，識別外輪郭形体による認知が支配・主導性を獲得していないということは，区別において通常ロールシャッハ検査法上識別的外輪郭形体が占めている位置に照らして，めずらしいという表現が可能なプロトコールである。とりあげた精神分裂病（統合失調症）3事例にみられたような特徴をもつプロトコールは，一般的という点では遭遇しやすいプロトコールではない。しかし精神分裂病（統合失調症）といわれる状態にある者に出会う機会の多い臨床家であれば，プロトコールの上で探し出すのにさほど苦労はいらない。それに対して事例R1が示したような構造をもったプロトコールは，著者の半世紀に及ぶロールシャッハ検査法経験でも記憶にないといえるほどである。

(5) 事例R1の世界
1) 事例R1の内的世界

　事例R1のプロトコール全体を通しての表現でみると，明らかに実施段階での表現よりも，質疑における被検者の発言が量の上でも多く，その中心を占めているのは運動ないし動態関連の表現である。主語部分に該当する対象認知も本来は「しみ」にしかすぎない漠然図形に対するものであるから，被検者がなぞらえてみた被検者内部での着想であるが，成人の被検者がそれを承知してい

II. 個と世界　41

る場合に普通用いる CS 表現でなしに，ほとんどが AS 表現で，図版に対応していると思える認知内容が，いってみれば対岸視されるような形で，図版の側に位置づけて表現されている。それに対して述語部分に当たる運動ないし動態関連の表現は上述のように明らかに量も多く，いきいきと表現され，したがっていきいきと体験されていることがうかがえる。その分その体験の客体化が乏しいことになるが，しかしそれは明らかに自分の内に位置づけられて体験されている。前項で示したように図版上には存在していない三次元軸に生じる運動の表現が主であることからみても，被検者はこの述語部分に合一的であると考えられる。

　前項で数多い質疑での運動ないし動態関連の表現に比して，事例の色彩に関連する表現が少なく，みられたものは部分的で付随的な扱いで，事例が色彩に関しては収縮的であることを指摘した。前著書ですでに述べたように（79〜81ページ），色彩は被検者に受動的に，直接的で即座な反応を促す刺激として，外界の図版の中に存在している。それに対しては被検者が収縮的で，被検者内面に準備されている自生的な運動ないし動態表現が活発で多いことも，いま述べたことを裏づけている。事例 R1 の運動あるいは動態として表現されたものの様態は，外界へ向けての形象化が欠落していた。被検者の内的状況が主導権をもち支配していることに符合している。被検者にとって客体に位置している図版が「何に見えるか」と問われている実施段階では主語部分のみが取り上げられ，「それがどうなっているか，どうしてそう思ったか」を問われた質疑段階で述語部分が表現されたということも，被検者の述語部分を埋めている被検者の内的状況性が，より被検者の側に区別して位置づけられていることを示している。

　それに対して，主語に該当する認知対象の部分は，上述のように図版の側に対岸視されるように位置づけて体験され，前項でみたように，「飛んでくる」「くる」「近づく」「襲ってくる」と，事例が圧迫され被害を受けるような位置にあるものとして体験されている。述語が論理的には整合性をもつ主語に所属するものとして体験されれば，事例 R1 の場合，事例が直接合一して自分の内に体験している述語性が奪われて自分が消滅することになり，その関係を被害的感覚で体験しているのであろう。事例が主語に当たる認知された対象を対岸

視するように図版の側に，述語部分を自分の内に位置づけて，その間に直接的な三次元的距離をおいていることは，関係がもたらす被害的な関連を防ぐ役割を果たしていることになる。

　事例Ｒ１は識別外輪郭形体による認知が支配・主導性を獲得していない。それはこの項冒頭で，事例Ｒ１が内にする体験は客体化が乏しいようであるとしたことと符合する。事例Ｒ１がＩカード④の質疑で，「恐かった」と直接的な情緒性で表現しているのは，その体験の直接性を示しているのであろう。

　事例において識別外輪郭形体による認知が，支配・主導性を獲得していないことに関するより重要なことは，述べてきた区別がどれほど自身に認識されたものになっているかが定かではないことにある。しかしそれはともあれ，確認してきた区別が生じているということは，他と区別される自分がたとえ認識を獲得してはいなくとも，認識されたものになっていく発生的な準備状態として形成されてきていることを示してはいると思われる。

　2)　**事例 R1 と外界現実**

　本章「１．原体験」において，**事例 R1** では「外輪郭形体が識別的に機能していないことが，原体験に由来する幻想的合一体験に本質的に対応する」ことをみてきた。さらにこれもそこでみたＰ２事例の，喪失に対する反応で明らかになった重要な合一の対象は，主として病院・病棟という空間，あるいはその空間での状況であった。事例Ｒ１では喪失によって明らかになった重要な合一対象は，本章の「１．の(1)事例Ｒ１プロトコールの解析１」で示したように母親で，それもかなり母親にしぼられていたことが推定される。母親という対象は人間一般の問題として考えても，発達の過程の初期段階では当然と思われる最重要な人物である。身をおく空間への合一が強かったＰ２事例と比べて，その点でも事例Ｒ１における対象認知の分化度が進んでいたことが裏づけられることになる。

　事例Ｒ１に交通事故で母親を失ったことに触発されて臨床的事態が発生したのが27歳で，以後仕事ができないということであった。事故が発生して以後仕事ができないということは，その程度やかかわる領域の広がりなどにはあるいは問題があったかもしれないが，それまでは仕事につくことができていたことになる。通常仕事に代表される成人期に入っての現実適応には，前項から問題

にしてきている識別的認知力が必須の位置を占めるが，事例R1の場合には，ロールシャッハ学上は識別的認知力の定着を独占的といえる形で示す，外輪郭形体による識別的認知が示されていない。事例R1のプロトコールでは，主語部分と述語部分との表現場所が区別され，述語部分を埋めている被検者の内的状況性がより被検者の側に区別して位置づけられていた。この区別する力は上述の合一の対象が，母親に分化的にしぼられてきていたことに対応すると考えられる。

　外界の現実に対応する場合に要請される識別的認知力の定着は，前項「(1)見かけの識別的認知と認識を伴う識別的認知」で考察したように，F＋認知に反映される能力だけでは十分とはいえない。しかしそれがたとえ見かけの識別的認知の反映にとどまる場合が含まれていようとも，F＋認知に反映される識別的認知の能力は，その認知が認識を伴ったものに進展するための重要な必要条件である。事例R1の場合はロールシャッハ上識別的形体認知に投影される，外界対応に必要な働きの部分は一体化していた母親にゆだねられていたのであろう。その点で母親は代理自我の役割を担い，事例R1の現実適応，したがって生活適応はそれが成立している範囲内のものであった。それが事例R1のみてきたような母親との合一を成立させていたと考えられる。

　事例R1が主語に当たる認知された対象を，対岸視するように図版の側に位置づけて表現しているのは実施段階で，述語部分を自分の内に位置づけて表現しているのは質疑段階であった。前項で示したように，実施段階では検査者から教示で「図形対象が何に見えるか」を問われ，質疑では「それがどうなっているか，どうしてそう思ったか」を問われている。実施と質疑のそれぞれの段階では，検査者からの教示あるいは問いの性質は段階の違いによって構造的に異なっている。この場所を区別しての表現は，その外界からの指示枠に忠実にしたがっていることになる。表現場所の違いにみられるこの事例の区別は，この枠に直接受動的に従ったより結果的区別とでもいえる性質をもっており，その点で事例自身の認識の裏打ちからは遠ざかる。また同時に，外からの枠づけの受動的な把握における正確さと，それによって自分が同一視している内面の活動を守る，この被検者の外枠と内面活動との関係がうかがえる。被検者自身の気づきを伴った意図によるとは考え難いが，被検者の姿勢が刺激となって，

いま示したような周囲の者からの指示的な枠づけを引き出していることも考えられ，その点代理自我としての母親との関係をもうかがわせるといえよう。

　交通事故で母親を失ったことによって臨床的事態が発生したことに示されるように，事例R1が考察してきたような態勢をいつまでも維持することは所詮無理であると考えられる。外界現実は事例R1が圧迫され被害を受けるようなものとして体験されている。しかし現実に維持することができなくなる事態は避けられなくなりはしたが，それまでの態勢を維持する，つまり事例R1が外界を対岸視しうるものとして位置づけておくことができている限り，受けるはずの圧迫と被害の感覚は隔離されて現実領域に直接結びつける体験，つまり投影される体験になることはなく，周囲から被害・迫害妄想に位置づけられる体験を形成しなくてすんだであろうことは，それまでの経過が示している。

　ただそれはそれまでの態勢を維持することができている限りにおいてのことで，事例の臨床事態の発生は，現実との関係の仲立ちをして，事例のそれまでの態勢の維持を保証してきた代理自我としての母親を失った時点で生じ，その時事例は仕事，つまり現実からの退去を示している。それが許されている限りは積極的に迫害妄想と受け止められるような表現型は示さないであろうが，外界現実がそれを許さなくなれば事例の混乱は避けられない。その混乱の過程であるいは迫害妄想ととらえられる表現型が示されるかもしれない。その時周囲の者は，I章「3．の(3)尺度（測定）法論理と投影法」で引用した，Zilboorgが「それ自体これほどはっきりしていない事柄」である精神病を，「何であるかということは誰でも知っている，はっきりしたものである」とする「他に類を見ない謎」と記載したことに関連することなのであるが，やはり精神分裂病（統合失調症）であったと奇妙な安心を獲得するということがあるかもしれない。事例R1の臨床診断的な位置づけについては，V章「3．の(2)人格障害」で考察する。

⑹　原体験の性質

　各プロトコールに基づいてこれまでに検討を加えてきた，精神分裂病（統合失調症）3事例ならびに事例R1は，いずれも原初的な原体験のままの心性にあるとは考えられない。しかし，本章「2．の(1)見かけの識別的認知と認識を

伴う識別的認知」ならびに「(2)発達的観点からの見かけの識別的認知」で考察したように、かなり正確な識別的対象認知が示されている場合でもそれらは見かけの識別的認知で、その時本人を支配しているのは原体験心性であった。**事例 R1** のプロトコールでは本章「1.の(2)原体験の世界」で考察したように、まったくといえるほど外輪郭形体が識別的に機能せず、そのプロトコールと臨床的事態でみられた母親との合一とは、外輪郭形体が識別的に機能していないことが、原体験に由来する幻想的合一体験に本質的に対応することを示すものであった。しかし事例 R1 は、一方本章「2.の(4)事例 R1 と前述の精神分裂病（統合失調症）3 事例とのプロトコールの対比」と「2.の(5)の1)事例 R1 の内的世界」で考察したように、たとえ認識されたものとはなっていなくとも、認識されたものになっていく発生的な準備状態となる、他と区別した同一視する自分を準備してきていると考えられたことは重要である。**保続・ST・MA の精神分裂病（統合失調症）3 事例**はいずれにおいても、そのような他と区別される自分の発生的準備はみられず、状況に融合的であった。

　これらのことをも視野に入れながら、これまでの考察で浮上してきた原体験の性質をここにまとめておくとともに、それらのことからさらに原体験の性質について考えられることをここにつけ加えておこう。

　本章「1.の(2)原体験の世界」の考察で、原体験はつぎに示す1)から3)の性質をもつことが浮上した。

1) 思っているだけの心内世界の体験

　まだ外界現実とは出合っていない原体験世界は、思っているだけの内的世界であった。

2) 述語・状況性が支配、主導する世界

　I 章「5.の(2)述語・状況性が支配、主導する原初的体験」で述べたように、原初的には自分が何ものとして存在しているかが問題になる以前に、先立ってすでに成立しており、まずどのようにあるか、つまり述語・状況性が支配し、主導する。

3) 区別のない融合・合一的な体験世界

　原体験世界は「見分ける」「区別する」ということが第一の命題にはならない、融合・合一的な性質の体験世界で、自分は後の過程で分化的に体験される

「身をおく空間」「かかわる対象」「その対象との関係」などと，融合・合一的に体験される。

 4) 受動的な体験世界

　Ⅰ章「5.の(2)述語・状況性が支配，主導する原初的体験」で述べたように，原体験を支配し，主導する状況性は，何ものとして存在しているかが問題になる以前にすでに存在しており，その点でその体験は受動的である。

 5) 直接的な体験世界

　Ⅰ章「2.の(2)保続の構造解析」で，保続における体験の受動性と直接性について述べた。「5.の(2)述語・状況性が支配，主導する原初的体験」で，この体験の受動性と直接性は保続に限定されるものではなく，精神分裂病（統合失調症）世界の状況の重要な構造基盤をなすものであることをも述べた。この体験の性質はそのまま原体験の性質に当てはめることができる。

　間接化過程の複合がない直接的な体験は，その時その時の体験がすべてという性質のものである。本章「1.の(2)原体験の世界」でＰ２事例が退院前に「先生は絶対や。薬と先生を離さない」と言っていたこと，またその「先生は絶対や」は事例は自覚はしてはいないが，「私の思っていることは絶対や」にもなっていると考えられることを述べた。しかしこの「絶対や」は，正確には相対を知っての絶対ではなくて，「それだけ，それがすべて」の体験だったと理解される。事例は院内，さらに診察という自らの医療状況の中にいた。事例の関心はその状況の中で治療者に向いた。目の前に治療者が見えていた。自らの関心という自分の内面に生じていることも込みにして，すべてが見えている治療者に位置づける区別のない体験となり，自分の思っていることも治療者が言ったと体験することも生じた。事例の自らの医療状況の中で，事例に思い浮かぶことは治療者と薬しかなかった，それがすべてという直接的体験が，「絶対や」だったのである。

 6) 問題を意識することがない世界

　ここで**保続・ST・MA**の精神分裂病（統合失調症）3事例と，**事例R1**のプロトコールでみられた違いが教えることに目を向けよう。繰り返してみてきたように，保続の事例においては現実との対応から遊離して，自身の内的状況に丸ごととりこまれ，また事例MAと事例STとにおいてはすべてが図版側

に位置づけて表現されていた。一見，自身と図版側という区別が問題になっている可能性が浮かぶかもしれないが，それを問題としてとらえているのは自身の内的領域と外界の図版領域との違いを心得ているわれわれだけで，上に整理して示したように，原体験はかかわる対象と自分とを合一的に体験しているので，区別が問題になっているとは考えられない。5)で述べた直接的な体験に対する間接化過程という自分の内での働きの分化がいまだないのと同じように，自分がかかわる対象と自分との分化もいまだ生じていないのである。それに対して事例Ｒ１が示した主語部分と述語部分との表現場所の違いは，明らかに区別が働いている。その点で事例Ｒ１の方が分化度が進んでいる。事例Ｒ１は前項「(5)の1) 事例Ｒ１の内的世界」で考察したように，自分の内に体験している状況性が自分の内に合一的に体験され，論理的にはその状況性が所属しているはずの主語該当部分が図版側に追いやられ，その点で不合理性を担っていた。しかしここで事例Ｒ１が示した営みは，つぎの点で重要な示唆を与えてくれる。

　事例Ｒ１は自分が合一している述語部分，つまりポジティブに合一できている自分に対して，主語に位置づけられた認知対象との関係を，圧迫され，被害を受けるものとして体験していた。精神分裂病（統合失調症）体験をしている事例では，自身の内的状況に丸ごととりこまれ，現実から遊離していた保続の事例は，正確には思っているだけの原体験の世界なので，そう思っていることができるだけの体験ではあるが，このような問題を意識するような事態が生じない。現実の認知を無視しなかった事例 ST，MA が示した，自分の内に体験したことのすべてを外界対象側に位置づけておく態勢は，問題を意識する自分を区別して形成していない。もっとも原初的にしても現実の外界を認知して，同時にそれと区別される自分を感じだすと，葛藤的事態が必然的に体験されるということを事例Ｒ１は示している。区別，とくに自分の分化をもたらす区別は，区別の体験をしている主体に必然的にもつれ，葛藤体験をもたらすのである。問題を意識するのは現実との関係が生じ，それと区別して自分が形成されてくることに原発している。原体験の世界は現実との関係で生じる，問題を意識するというような体験がそれこそ問題にならない世界なのである。

(7) 原体験世界の主導原理

つぎには原体験世界を主導している，原理的な法則をみておくことにしよう。

1) それまでの状況の持続へのよりかかり傾向

上に述べたように，自分が体験していることの性質や意義，体験が生じる事情などを知るためには，直接に体験するだけではなしに，体験していることを客体化させて気づきの対象にする，間接化の過程が必要である。それが欠落している直接的な体験は，すでに体験している・いないによって有無が決定的に分かれることになり，この有の体験は身体で感じると表現することができる実感を伴う。その実感は自分がすでに存在した実感になり，その有無は理屈抜きの存在の決定的な保証の有無になる。おそらくこれは人間さらには生物に，状況の持続によりかかる傾向が観察されるその原点をなすものであろう。それはいわゆる「なじみの感覚」を形成する。間接化過程が伴っていない直接的な原体験の世界で働く主導原理の第一は，こうしてそれまでの状況の持続へのよりかかり傾向を挙げなければならない。体験の「既－」「未－」による生体の反応の違いは，識別的認知と判断に基づいていないが，すでにひとつの区別の体験であるとみることもできる。この区別はいま述べた原体験の主導原理に導かれているが，識別的認知と判断に基づいていないこの原体験の主導原理に導かれた区別を，原体験区別と呼んで前者の区別と区別しておこう。

2) ポジティブな体験に一体化しようとし，ネガティブな体験を遠ざけ・排斥する

いまひとつ原体験の主導原理に挙げられるものは，好ましいとでも表現すべきポジティブな性質の体験は，求め・近づいて一体化しようとし，好ましくないネガティブな体験は，遠ざけ・排斥するか，遠ざかろうとすると定式化することができる。これは Freud, S.[6] が現実原則 Realitätsprinzip に対立し，一次過程・無意識過程を支配するとして定式化した快・不快原則 Lust-unlust-prinzip に当てはまる。

この第二の主導原理に基づく反応は，とっさの危険を感じての行動などが代表的な例になるが，そのような場合にはいちいち判断している暇さえも争われねばならない。生物はより原初的にこれを身につけなければ，その生命を守ることができないのであるから，この直接的な反応は重要である。ポジティブな性

質のものとしては、食物の摂取などが該当するだろう。この体験はその時々に体験している状況の性質に対する直接的な反応で、その時の直接体験に対する間接・客体化の働きなどの分化も、「(6)の6)問題を意識することがない世界」で述べた、対象と自分との分化も生じていない、融合・合一的でトータルなものである。その反応はポジティブかネガティブかの性質の違いが加わるだけで、基本的には第一の主導原理に従う既体験の持続・復元で、それ以上の選択を働かせるよりも、時間の方が問題なのである。

　しかし人間の生活では成長とともにこの身体的な直接水準での反応よりも、こころを中心にした生活の方が重点化されてくる。生活の重点が精神面に移動するほど、主語が支配・主導する論理につながる、対象を識別的に明確にし客体化してとらえることの重要性が決定的といえるほど増大して、この直接的な原体験質の区別がそぐわなくなり、両者はしばしば対立的な関係に陥ることになる。ただ後の「4.の(1)融合・合一的認知の動向と、その区別・識別性との関係」で述べるように、成熟によって未成熟の側にあった原体験ならびに原体験区別が消滅、あるいは疎外されるのかといえばそうではなくて、原体験ならびに原体験区別が常にその後の体験の基層となって、それに識別的明確化や客体化が重層して複合し、展開をもたらしてくることになる。

3．外界現実と体験の超越的展開

(1) 自分の気づきと認識の形成

　ここまで識別的認知が、見かけの識別的認知と認識を伴う識別的認知とに分かれること、およびその違いについて述べてきた。重要なのはもちろん認識を伴う識別的認知の成立である。認識の形成には、その認識の形成とその保持とが成立する自分が必要である。自分の気づきと認識の形成とは極めて重要であるが、なかでも認識がいかにして形成されるかは、全貌的には定かではない。ここでも全貌的に押さえることは難しいが、これまでに検討を加えてきたことから、これらの点について十分条件になりえているとはいえなくとも、必要にして欠くことができない、必要条件としていくつかのことが浮上してきている。それについて検討を加えておこう。

1) 自分と見えない実在とについての気づき

「2.の(2)発達的観点からの見かけの識別的認知」で述べたように，発達の過程でまず外界が見えるようになってきた時に直接見えているものの中に自分はいない。自分について見えてくるとすると，直接見える自分の身体部分から始まることになろうが，中心の自分の顔に出合うには鏡という媒体が必要になる。さらに重要なことはそこまで目に入ったとしても，認識はこころの働きであるから直接見るということはできない。その気づきには一段と段階の異なる，目に見えないこころの働きの存在とそれが目に見える「物」としての存在と同様に，あるいはそれ以上に重要な存在であることに気づく力の展開が必要である。それは見えている世界だけでなく見えていない世界，外の世界だけでなく内（こころ）の世界を知ることでもある。状況性に主導された内の世界を直接体験することと，内の世界を知ることとは次元の異なる体験なのである。

2) 体験の間接化

外界が見えてくるということ自体は，身体生理的に自然に発達してくる感覚の力による，受動的で直接的な体験である。「2.の(6)の5)直接的体験世界」で，P2事例の「先生は絶対や」の発言についての考察で述べたように，直接的な体験はその時に体験していることがすべてという性質のものである。それだけでは体験していることの性質・意義・位置づけなどを知ることはできない。体験していることの性質・意義・位置づけなどを知ることなしには，認識の成立はありえない。それを知るためには，I章「2.の(2)保続の構造解析」で管制塔の働きに比定した，直接的な性質の体験が客体化されそれを観察的にとらえる，間接化された営みが必要である。自分の内的な直接体験に対する観察する働きであるが，識別的認知が認識を伴ったものとなるためには，この観察する働きの成立が求められる。

3) 区別と独立体の境界

事例R1には本人に自覚されていたか否かは別にして，ポジティブに合一できる自分が形成されていた。その直接ポジティブに合一していた自分は，状況主導の下に体験していた述語性に該当する部分であった。自分の消滅を体験しないですむためには，自分の中に直接体験した述語・状況性を自分の中に保持しておかねばならない。事例R1は主語に当たる認知された外界対象との関係

を迫害的に受け止めていたが，述語を主語に従属させて自分が消滅しない，いいかえれば迫害的に体験しないですむようになるためには，認知した主語部分をも本来の認知部位である自分の中に位置づけて，体験することができるようになることが求められる．

　それは最終的には見えているものが限界，つまり境界をもった独立体として存在しており，表裏をなして内と外との境界をもった独立体としての，自分の存在を知ることによって成り立っている．それによって直接合一していた状況性に主語に従属する位置を与え，そうすることで主語と述語とが意義あるひとつの連続態となっても，自分の中に存在しており，自分が消滅する体験とならなくてすむ．それは体験の直接性の間接化でもある．独立体の境界の存在とそれをもつことの意義を知ること，つまり自我境界の確立である．独立体の境界の存在とそれをもつことの意義を知ることはまさに区別であり，区別を知ることのもっとも重要な意義といっても差し支えないであろう．

　保続事例が保続を示す状態にあった時には現実との対応から遊離して，自身の内的状況に丸ごととりこまれていた．**事例 ST と MA** では，外界対象の認知とそれなりの対応はみられたが，すべてが図版側に位置づけて体験されていた．これらの精神分裂病（統合失調症）事例においては，事例Ｒ１のようにポジティブに合一できる自分の区別が，いまだ生じていない点で共通していた．本章「２．の(1)見かけの識別的認知と認識を伴う識別的認知」のいわゆる発症時期との関係の考察で述べたように，この態勢を持続させることができている限りは，現実との関係を被害・迫害的に実感しなくてすむであろう．しかし事例Ｒ１にみられたような区別さえもない以上は（事例Ｒ１の段階の区別であることが，母親という現実との関係を担当する代理自我の形成を可能にしていた），現実との関係で態勢持続が困難となる事態が生じる必然性は極めて大きい．その時現実との関係を被害・迫害的に実感することは避けられず，精神分裂病（統合失調症）体験構造は外界との関係を被害・迫害的に感じ取ることと親和性が本質的に大である．しかもそれは現実領域に直接位置づけられて投影され，周囲から被害・迫害妄想と位置づけられることになりやすい．

　原体験の世界では区別が問題になる余地はほとんどなかった．誕生とともに始まる現実とのかかわりでは，見分けをつけ区別することを欠かすことができ

ない。見えているものの区別をもっとも明確に成り立たせるものが，前著書でもみてきた外輪郭形体による識別的認知である。これまでに考察してきたことからいえばそれは見かけの識別的認知から始まり，次第にここでの考察の対象になっている認識を伴った識別的認知へとすすまねばならない。その点では誕生とともに始まる現実の生活は，見分けへの過程の中にある。

4) 葛藤の内包と自分の存在の実感

本章「2．の(5)の1)事例Ｒ１の内的世界」で述べたように，**事例Ｒ１**は識別外輪郭形体による認知が支配・主導性を獲得していない。区別が認識されたものになるためには，識別外輪郭形体による認知が支配・主導性を獲得していることが求められる。しかし事例Ｒ１には他と区別される自分が，たとえ認識を獲得してはいなくとも，認識されたものになっていく発生的な準備状態として形成されてきていることが認められた。この区別は本章「2．の(7)の1)それまでの状況の持続へのよりかかり傾向」で示した原体験の主導原理に導かれて，持続した自分の状況を他と異なるものと感じ取ることが生じ，それによって繰り返し体験し直接支配するその述語・状況性を，同一視対象とする自分が芽生えたのであろう。それ故に同一視している述語・状況性が論理的には整合性をもつ主語への従属を被害的に受け止め，主語に該当する認知対象を対岸視するように図版の側に位置づけることが生じたと考えられる。論理的整合性は支配している原体験心性に対立し，葛藤をもたらすのである。それは本章「2．の(6)の6)問題を意識することがない世界」で述べた，原体験世界を成り立たなくさせる。もし問題を意識することはないという原体験の性質の支配性の方が上回ると，それがすべてとなる体験の直接性という性質の故に精神の成熟はおぼつかなくなる。

しかし事例Ｒ１が望ましい成熟を獲得するためには，認識の途を開く識別外輪郭形体による認知が支配・主導性を獲得しなけらばならない。そのためには原体験心性の葛藤が避けられない。葛藤が精神の成熟の展開に必然的に伴うとすれば，この精神の成長のもっとも根本をなしている展開の成立には，内的な葛藤の体験を忌避せずに，内に受け止めておくことが必須の条件になる。それは自分が内と外との境界をもった独立体として存在することによって可能になる。融合的で境界のない原体験の世界での葛藤の体験は，自分がさながら葛藤

という水中に没した時のような，果てしなく広がる葛藤の中に没せしめられ，それがすべての体験となる。内と外との区別を知り境界を成立させることができることで，葛藤は限界をもつ内に収まる体験となり，それよりもいってみれば大きい独立体としての自分の存在が成立する。これは境界を成立させることで葛藤の内包が可能になるのか，葛藤を内包させることに成功すると境界をもった独立体となりうるのか，いずれが先かということが重要ではなくて，要するに両者が表裏をなして同時に成立することなのであろう。重要なことは葛藤を遠ざけるのではなくて，内包することによって独立体としての自分が確立するという事実である。

葛藤という体験そのものは，先立つ状況に伴って結果的に生じる直接的で感覚的な体験である。その体験は内に実感の体験を生ぜしめる。葛藤は苦痛の性質を伴っているために，その実感はより切実である。しかしこの切実な苦痛を伴う実感が，独立体としての自分が確立するという事実と並行して，自分の存在の確かな実感をもたらすことになる。

5) 超越（可能）性

前著書で「われわれは心の働きは，体の働きがなければ存在できないことを知っている。しかしそれでいて心の働きは，体の働きそのものではない。手でつかむことができる実体として存在する体の働きは，体の働きの自然科学的な法則に従って働いており，それから離れることがほとんどできない。それに対して実体として手でつかむことができない心の働きは，体の働きを決して無視することはできないが，そのものでない分それにしばられていないといい得る」ことを述べた（180〜181ページ）。こころの働きは体の働きがなければ存在しえないのであるから，こころの働きは体の働きに根本的に規制されている。しかしこころの働きが体の働きそのものでない以上，体の働き以外の要因がこころの働きに参加していることになる。この根本的に規制されていながら全面的にしばられているのではない自由性で，規制以外の要因を参加させることができることを超越性あるいは超越可能性と概念づけて（91ページ），それが体の働きと対比することから得られるこころの働きの特性と考えられることをも述べた（181ページ）。前著書でも指摘したし，この著での解析でも示されるが，こころの成長は超越（可能）性によってもたらされるといいかえることができ

る。被検者は各自の超越（可能）性が，どれだけまたどのように展開しているのか，あるいはしていないか，またそこで実際にどうしているのか，一人ひとりがそれをその人らしくユニークに生きており，その様態を事実としてプロトコールに反映させる。プロトコールの解析はその具体的な様態を，示された事実に即して解析することである（177ページ）。

　見えてくるという直接的な体験を客体化させる営みは，見えてくる体験がなければ成り立たない。しかし見えたという直接的な体験だけでは，その性質・意義・位置づけなどをとらえる営みが生じる余地がない。自分に生じたことの観察には，生じた直接的体験を超越性でとらえ返す営みがあってはじめて成り立つ。そういう点からいえば，ここで取り上げている直接的体験の間接化だけでなく，1)で述べた見えているものだけでなしに，見えない実在の気づきの場合にも，2)で述べた見えたという直接的な体験を間接化させる観察，それによって性質・意義・位置づけなどを知ること，いずれも見えているものを超越的に受け止めることが必須である。また，3)で述べた区別と，独立体の境界の存在とそれをもつことの意義を知ることには，1)と2)で取り上げてきた「見える実在から見えない実在」「外の世界から内の世界」の認知，さらに「直接的体験の間接化」という超越的体験がすでに参加しており，またそれは直接述語性部分に合一し主導されてきた体験の超越的体験でもある。4)で述べた葛藤の内包的体験の成立もまた，問題意識をもつことのない原体験心性の超越的体験である。

　精神分裂病（統合失調症）の状態にある**事例ST**および**事例MA**は，「2.の(1)見かけの識別的認知と認識を伴う識別的認知」で取り上げたように，外界の対象である図版図形がつながっていることの認知が正確ではあっても，その認知の直接的な性質に主導されて，一般妥当性からは不合理な概念の混成と合体を示していた。図形のつながりを不問にしておのおのの概念の外輪郭全体像を合理的に完成させるか，そうでなければ反応とすることを捨てるという認識を保持した営みは，この正確な直接認知を超越的にとらえ直すことによって成立するのである。自分の気づきにも認識の成立にも，超越性が不可欠であるし，30ページの脚注に示した形体，色彩のそれぞれの認知の複合は，この性質の異なる2つの認知が相互超越的にとらえられることによって成立すること（前著

書，91ページ），ロールシャッハ検査における認知に際しては，これ以外にもひとつの反応の成立に次元の異なる営みの複合がみられ，それらがいずれも発達的にみた場合の重要な画期を形成していることも前著書で示した（176ページ）。

⑵　成熟の進展と未成熟の疎外

　見ている自分に気づき認識を身につけていく過程は，みてきたようにこれまでの原体験が主導している世界と比べて，格段に構造的複雑さを増している。いままでに浮上してきたポイント項目の主だったものを，とりあえず羅列的に示せば，

　　状況同一性ならびにその主導性 ➡ 主語同一性とその主導性
　　体験の直接性 ➡ 体験の間接化
　　思っているだけの内的世界 ➡ 外界現実との関係
　　融合・合一 ➡ 区別と識別性
　　見えている存在のみ ➡ 見えない実在も
　　葛藤の忌避・排除 ➡ 葛藤の内包

などとなる。その他にも項目立ての可能性が考えられる。羅列的に示した項目対照をながめると，誰しもが右側が成熟型であることに気づく。前著書で「傾向法則の抽出」に関連させて，「発達という時間的な推移のある問題においては，必然的にその時間的な推移の中で，一定の方向への動きが生じる。発達という時間的な推移に限らず，人間理解に際して重要なその人の精神的姿勢もまた，一定の意義ある構造を持った方向性として示されることが多い。重要なことは，その構造を持った方向性の性質と意義」とを知ることにあると述べた（8〜9ページ）。ここでは一定の意義ある構造をもった方向性には精神的な成熟が該当するが，それは羅列的に示した項目軸の統合された複合的集合＊として成り立っている。

　この成熟の過程に直接関連して通常つぎのようなことが生じる。いまその中の「思っているだけの内的世界→外界現実との関係」の項目軸を取り上げると，

＊　複合の概念については30ページの脚注を参照のこと。

右側の外界現実との関係は認識の領域では現実的認識となり，それとの対比でいえば左側は非現実的なこころの働きとなる。生まれ出てしまった以上は外界現実の中でしか生きることができない。したがって成長の過程では，現実との関係の中で次第に現実的認識が形成され，形成されてくるとその方が重要であることについての気づきも生じてくる。「非現実的↔現実的」という対照的概念化にすでに入り込んできているのであるが，右側成熟型が成立し重要であることに気づけば気づくほど，左側未成熟型は誤りとされて否定されることになりやすい。事実非現実的なこころの働きは現実適応という点では誤り，つまり非適応に導く。そうして成長の過程を進んでいることを自認するようになってきた人間は，非現実的と否定形で概念化されていることに示されているように，未成熟型を捨てて顧みないようになり，自身が未成熟型とは無関係の存在になっているという気持ちにとりこまれることになりやすい。

　上の項目対照をみればわかるように，「わかる」というこころの働きに直接連環する「識別性」は成熟型のひとつの重要な性質を構成しているから，反対の未成熟型は厳密にいえば「わかる」「わからない」の分化以前の状態であるが，「わかる」との対比からは「わからない」という性質を担うことになる。未成熟型の心性になお主導されている人間はわからないこころの働きに主導されている人間ということになり，成熟型と自認する心性を共有している人たちからは，いま述べたことによって「わけのわからない人」として捨てて顧みられなくなる，つまり疎外されることになる。Ⅰ章「3.の(3)尺度（測定）法論理と投影法」で，Zilboorgが永い間の学問的態度にみられる「……精神病とは何であるか，ということは誰でも知っていることであるし，それは或るはっきりしたものである，という仮定」，ならびにそこにみられる「それ自体これほどはっきりしていない事柄に関するこの確信」を，「学問において他に類を見ない謎の現象である」としたことを引用した。「それ自体これほどはっきりしていない事柄」とは，「精神病とは何であるか」という問いに対して自然科学が確立してきたような，客体化できる実証的確実性を獲得できていないということが代表的に該当している。それに対して「学問において他に類を見ない謎」とした「精神病とは何であるか，ということは誰でも知っていることであるし，それは或るはっきりしたものである」という仮定に対する確信は，この

精神の成熟の過程で成熟型を自認するようになれば，未成熟型を疎外することになるのが普通であることに由来すると考えられる。それは古来といえるほど長期にわたって，精神の成熟の過程を歩む人間が普通に陥りやすかった，識別認知を最重要視する学問の領域でさえも，というよりも識別認知を最重要視する領域であるが故に一層のこと，陥りやすい落とし穴であったというべきなのであろう。

しかし見えている体験に際しての，ただ直接見えているだけという未成熟型の体験と，その体験の性質・意義・位置づけなどを知るという成熟型の体験への展開などの場合がわかりやすいのであるが，後者のより成熟の方向にある体験が生じると前者のより未成熟の方向にある体験が捨てられる，つまり消滅するのではなくて，後者の体験の成立には常にその時点での前者の成立が前提されていなければならない。両者の関係はこのわかりやすい場合だけに限らず，基本的にはどの関係の場合をも含めて密な関係をもっていると考えるべきものであるようである。この関係の一層の探索をロールシャッハ検査法の知見で，次項でさらにすすめることにする。

(3) 形式・構造解析における発端の対象の客体・固定化

I章の「1．いとぐち」で，ロールシャッハ理解と臨床実践からの理解との相補的な関係を追うことが，本書の大きい目標のひとつであることを述べた。すでに把握型の意義を根本に向けての構造的解析に問うことと，臨床からの原体験着想との間にその相補的関連が示されてきた。ここへきて「(1)自分の気づきと認識の形成」ならびに「(2)成熟の進展と未成熟の疎外」とにその相補的関係が一層具体的に展開してきている。そこでいくつかの項目に分けて示した考察には，前著書での考察がいずれも被検者が直接図版との関係で示したものの解析に集中させていたのに対して，明らかにそれに収まり切らない視点が参加してきている。それは著者の臨床実践から直接もたらされたものと考えてよい。

ロールシャッハ検査法の形式・構造解析は，被検者が客体として存在している図版に接したことから始まって，プロトコールとして客体化される結果に至る内面のプロセスに焦点を当てている。外部の者が直接見ることができないかかわる対象の内面のプロセスを，できるだけ正確に読み取りうることが精神・

心理臨床にたずさわる者にとってもっとも重要であることは，臨床の実際においても変わりはない。「(1)自分の気づきと認識の形成」の考察においても，この内面の見えないこころの働きである「見えない実在についての気づき」が，重要な項目としての位置を占めていた。この場合に人間はしばしば対象の見えない領域の働きについては，気づかぬうちに自分のそれを当てはめる傾向を示しやすい。それはしばしば対象の実際とかけ離れることになりかねない。同じ機制は成熟のこころが，未成熟のそれを疎外することにおいてもみられた。

　対象の見えない領域の働きに自分のそれを当てはめるという傾向には，基底で原体験の融合・合一の機制が働いている*。したがって少なくともかかわる臨床家は対象の実際を正しく認知するために，人間一般にみられやすいこの傾向を心得て，それに対して超越的かかわりを心がけることが求められる。臨床の場では対象とかかわる臨床家との関係は，常に流動性の中にある。そこではいま述べた心得はしばしばその流動性に取り込まれて，保持しておくことが困難になる。それに対してロールシャッハ検査法では，上に述べたように発端としての図形と結果としてのプロトコールとが，客体化されるとともに固定化され，臨床家が正しい認識に到達するまで同じたたずまいでいつまでも待っていてくれる。したがって臨床家のいま述べた力を育てるのに，重要な役割を果たすことになる。その場合の臨床家の作業は，そこでの自分のこころを見つめ，さらにその見つめ方の点検を繰り返すことになる。

　認知に際してのこの統合・複合的に働く各側面の営みの羅列的な一覧は，発端と結果とが客体として固定化することで得られやすくなっているが，この複合に関与する条件とその相互関係を明らかにしてくれる。さらに「(2)成熟の伸展と未成熟の疎外」に関していえば，こうして臨床家が総覧的枠組みを保持することができると，気づきと認識の形成ということを中心において成熟・未成熟が問題になった場合には，どういう項目軸が問題になるかを一覧的検討枠とし心得ていることになり，ある項目軸での対象の成熟・未成熟に関する位置が読み取れれば，たとえばそれが右寄り成熟側にあれば，成熟に向けて複合的関

---

*　この原体験機制が基底で気づかぬ間に働くことについては，次項「4．の(1)融合・合一的認知の動向と，その区別・識別性との関係」の末尾を参照されたい。

連にあると思われる他の項目軸においても，同じ程度の成熟側にあるであろうことがかなりの確度で予測できる。逆の左寄り未成熟の側の場合もまったく同じで，「右寄り」を「左寄り」に，また「成熟側」を「未成熟側」と読み替えるだけでよい。後は臨床の実際での確認を心がければよいのである。これはさきに述べた臨床家がつい見えない対象のこころの様子に対して，自分のそれを当てはめてしまう危険を防ぐ役割を果たすので貴重である。

　ここでは，ロールシャッハ検査法における発端の図版と結果としてのプロトコールとが客体・固定化する中で，発端としての図版が客体・固定化していることの有益さについて述べたが，結果がプロトコールとして客体・固定化していることがもたらした効果については，つぎの「4．の(2)結果のプロトコールとしての客体・固定化」で述べる。

　これらいずれの項目においても，その成熟への進展には体験の受け止め方の超越性が求められ，また一挙に成立するというようなものとは考えられない。各項目とも，ましてや相互の複合的な関連ということになれば，成長の過程の中で時間をかけて順次次第に深さと広がりを増していくのであろう。その程度またそれと同程度の進展が想定される各項目間の相互の進展でも，個々には細部での凹凸が考えられ，人によって，時期によってさまざまな様態となり，それが人間の生き方のユニークさにもっともあずかって力となっているに相違ない。

　なお，ロールシャッハ学の立場から付言すれば，「(2)成熟の伸展と未成熟の疎外」の右側，成熟側の諸条件，それは「(1)自分の気づきと認識の形成」で順次取り上げた項目に該当するが，その成熟側の諸条件は反対側に位置する未成熟側，つまり直接的な原体験側の事態についての，その性質・意義・位置づけなどを見分ける間接化をもたらす諸条件に該当する。ここに示されたものの見分けには，ロールシャッハ学の観点からはこれまでに重要視されてきた，外輪郭形体による識別的認知が該当する。したがって通常の成長が見込まれる場合の外輪郭形体による対象の識別的認知の確立がみられる場合には，つまり認識を伴わない見かけの識別的認知でない限り，それはその被検者に「(1)自分の気づきと認識の形成」で順次取り上げた各能力が身についてきていることを意味することになる。

4．把握型の発達的展開

(1) 融合・合一的認知の動向と，その区別・識別性との関係

「2．の(1)見かけの識別的認知と認識を伴う識別的認知」において，前著書で（172〜173ページ）被検者が示す対象認知の識別的明確度を，統合的な解釈の第一の柱としたことと，その要約的な理由とを示した。識別的認知の成熟の過程における重要さは，それが前項の「区別」・「わかる」というこころの働き，さらに前々項で述べた独立体の境界の存在とその意義を知ること，つまり自我境界の確立のそれぞれに直接連環していることからも再確認される。その成熟の発達的過程については，前著書でかなり詳細に検討を加えたが，その順序の概要的な大枠を繰り返して示せば（141〜144ページ），次のようになる。なお4つの段階に分けて示す大枠は，外輪郭形体による識別的認知をターゲットにして，前著書で数多くの事例の検討から浮上してきた，対象認知の一般的と考えられる発達的な展開を，概要的な大枠として示したものである。個々の事例がすべてこの枠のいずれかに，すんなりと収まるとは限らない。ことにこれまでに登場した，**保続，MA，ST，R1** の事例は，いずれも何らかの病理性とされるものを伴っており，その関連で収まりきらない点をもっている。大枠を再掲した後にこれまでの4事例の4つの段階との関係について，個別的な検討を加えておく。

1) 融合的大域的把握の段階。
2) 被検者に蓄積された記憶像と図版図形との，識別的な外輪郭形体による部分的な一致がみられるが，そうでない領域とが区別されていない段階。一致している領域がまだ小さく，一致領域が複数の場合には一致領域が相互に分離したままである。一致をみた領域とそうでない領域との分割が行われていないので，ひとつの概念であるにもかかわらず，認知の条件の質の均質性が保たれていない。
3) 「初期集約的把握型」と概念づけられた，識別的外輪郭形体でとらえることができた領域と，そうでない領域とが分割される段階。外輪郭形体が識別的認知において他の条件よりも抜きん出ており，識別的認知が重要であることを知り，それを中心にした質による区別の定着を示す。媒体が漠然図形である

II. 個と世界　61

ことがそこに識別形体を認知させることを困難にさせ，識別性優位を認識したはじめの認知は部分認知になる。

4) 一致をみた部分を部分として包含する概念が，概念的にも図形的にも全体となり，その全体性の支配・主導性と，全体性からのフィードバックが確立される段階。

　はじめに示した保続の反応は図形，つまり外界の対象は，反応する対象としては存在しているが，それ以上には頓着の対象になっていなかった。認知のもっとも未成熟なものとしては外界が認知の対象とならない状態が考えられるが，それは反応が示されないはずであるからここでは論外として，この保続でみられたかかわり方が図版についてのもっとも未分化なかかわり方と考えてよいだろう。保続の場合では認知領域を問うことができるか否か，それを問うことが意義をもつかどうかも疑問であるが，あえて標識的に問うとすれば（W）とするより他ない。これはすぐつぎの1)の「融合的大域的把握」とさらにそれ以前の段階とを合わせた，認知の特徴として考察することにそのまま当てはまっている。

　事例 MA は I 章の「6. 内的状況性と図版における状況性」で示したように，I カードで「こうもり」を反応すると，この着想が適切ではない2枚を除くつづく7枚のカードが「羽→羽のある動物」になっており，かなりの保続傾向が示されていた。一方適切でない2枚のカードではそれ以外のものを着想したということに代表的に示されていたように，その分図形との対応をもっていた。ただ2枚のカードの反応も分割のない全体反応で，図版との関係は基本的に「融合的大域的把握」の段階にある。

　事例 R1 は本章「2.の(5)事例 R1の世界」で考察したように，述語的体験部分に該当するポジティブに合一できている自分を形成して，主語に位置づけられた認知対象との関係を被害的に体験していた。それだけ区別が生じていたことになるが，しかしそれは自分が思っている内的世界での体験で，外界にある図版との関係はまったくといっていいほど外輪郭形体が識別的水準では機能せず，その点では「融合的大域的把握」の段階にある。

　事例 ST は I 章「6. 内的状況性と図版における状況性」で取り上げたように，相当数の図版対応量と正確な現実認知と思われるものを示していた。その点では「初期集約的把握型」以降の段階が考えられるのであるが，本章「2.の(1)見かけの識別的認知と認識を伴う識別的認知」で考察したように，事例 ST の識別的認知は認識の伴わない，事例 ST から見えたままの見かけの正確さであった。色彩カードにおける部分反応の数の多さに比しての（とくに46.7％の反応数百分比を占める，全色彩カードでの反応のすべてが部分反応である。そのように色彩に反応しているのであるが，一方固有の色彩で意味づけされた実質的な色彩反応は存在しない。その点に関しては33ページの脚注に示したように，III章「2.の(1)実質的に意味づけされた色彩反応と意味を知る体験」で考察を加える。事例 ST では全色彩の存在は多種類の地の表出として働いており，事例の特徴である見か

け上の正確な認知対象に位置づけられている），無色彩カードでの微々たる分割，1個であったとはいえ2)の段階の代表的な反応とみられるDWがみられたことなどは，事例STの認知には被検者に認識が成立してきたことに対応する「初期集約的把握型」の段階に至らない，それ以前の段階のものが根を引いていることが示されている。その点ここで取り扱った4事例の中では，事例STが示した認知がもっとも4段階のいずれかにすんなりとは収まりきらないといえるかもしれない。

　成熟の過程の鍵となっている，外輪郭形体による明確な識別的対象認知力の展開についてのこれ以上の詳細は前著書にゆだねて，本書のここまでの考察の展開で浮上してくるのは，区別と識別性という成熟への鍵に対立して未成熟の位置にある，融合・合一的認知のその間での動向と，その成熟の位置にある区別と識別性との関係である。
　1)の「融合的大域的把握」，さらにはそれ以前の段階の認知は，対象の限界あるいは境界の有無は認識の対象となっていないことはもちろんのこと，意識されているか否かさえも定かではなく，対象の限界あるいは境界はその有無の問題をも含めて，かかわる状況にゆだねられて体験されていると考えられる。体験は融合・合一的で，なかでも未成熟側にあればあるほど思っているだけの内的世界に重点があり，次第に見える対象に重点が移動していくことになる。本章「2．の(6)原体験の性質と(7)原体験世界の主導原理」で，原体験を支配・主導しているのは述語・状況性であることをみてきた。前著書で引用紹介した（29～30ページ）この段階での図形把握を示すものとして，Dworetzki, G. が記載した認知パターンのいくつかは＊，対象の領域限界を明確にして何である

＊　Dworetzki が初期の未熟な，融合的で大域的な把握として挙げた4つのタイプの全体反応とは以下のとおりである。
　①最初にでまかせに反応して，それが保続したようなものがその代表で，もっとも未熟なもの。ブロットが示されなければ反応がないのであるから，ブロットが背景上の単なる形象としてとらえられている。
　②灰色の陰影が，ブロットに対して漠然とした意味づけを引き出したような反応。
　③ブロットの全般的な形状が，「丸」とか「腕輪」というように，おおまかで，大域的にとらえられた反応。
　④部分決まりの全体反応で，ひとつはある部分がその部位を部分とする概念を思いつかせたもの（DW：著者）で，もうひとつは部分にみた形象と全体との混乱（D'W：著者）である。なお，④はここではつぎの2)に該当している。

かを問うのではなくて，まさしく図形が示す状況性に反応しているのである。独立性の認識は伴わないにしても次第に対象は対象としての性質を帯びるようになり，見かけの識別性にもつながってくる。図版図形はそこに何らかの性質の違いをみて区別・分割されるということが中心命題に位置しないので，結果的に全体になる。

　この段階の全体反応が，4)の識別的な外輪郭形体によって覆われ，それが主導性を獲得している全体反応と異なることは疑問の余地がない。ここで問題になることは，両者の関係が「3.の(2)成熟の進展と未成熟の疎外」でも問題になった，成熟した体験が成立すると未成熟の方向にある体験が捨てられて消滅し，未成熟とは関係のない成熟の体験によって取って代わられる，その結果であるのかということになると，ロールシャッハの結果からは大きい疑問が生じてくる。

　2)の被検者の記憶像と図版図形との部分的な一致はみられるが，そうでない領域とが区別されていない段階は，事例R1にいくつかみられ，事例STにも1個ではあるがみられた，DWがその性質を典型的に示している。概念決定は識別的な外輪郭形体によって把握された概念に支配されるが，領域的には1)の「融合的大域的把握」に支えられて成立している。いってみれば「融合的大域的把握」の全体を基層にして，それに識別的な外輪郭形体が部分的に付着しているような認知である。

　3)の「初期集約的把握型」の段階で，はじめて識別的外輪郭形体認知優位の法則とそれによる区別が定着し，その認識が被検者に成立していることが示され，それ以前のような非識別的認知*は影をひそめることになる。4)の段階と異なる点は，4)の段階が認知対象がより全体であるのに対して，3)の段階はそれ自体は正確であるにしても，認識対象が認知領域的にまだ部分止まりである

---

* 前著書の事例1は無色彩部位で「雲」，色彩部位では「火」「葉っぱ」として，識別的外輪郭形体ではない不定形体の反応をしている。これらの反応は全領域を識別的良形体で処理することが困難なので，これによって定着してきた識別認知の支配・主導性を補完して，$\Sigma|D|\to W$を完結させたもので，しかも不定形体であることが一般妥当性をもつ概念を選んでいるから，ここでいう非識別的認知には当たらない。ここでいう非識別的認知とは，選ばれた概念に一般妥当性をもって認められている形体質と図版領域の形体質との関係に，留意しているとは考えられない認知を指している。

ことにある。この識別的外輪郭形体で把握されたものとそうでないものとの区別と，識別的外輪郭形体認知優位の法則とは，認知を支配する法則が明らかにそれまでのものから移動したことを示しており，それまでの法則は取って代わられたと受け取ることもできる。「(2)成熟の進展と未成熟の疎外」で問題にしたように，一般的には成熟型が成立すると未成熟型は捨てられ疎外されるのが普通ということになりやすいが，ここで前著書に記載した発達的にちょうどその時期に位置して，典型的といえる初期集約的把握型を示した事例1に，標識的に $\Sigma|D|\to W^{*}$ で示した機制が，ほとんどすべてのカードでみられたことが注目される（27ページ）。これは事例1が部分反応では図版全体を処理し得ていないことを感じ取り，部分反応を繰り返すことで図版全体を処理したことを示していることになり，全体反応ではないけれども図形全体に反応していることになっている。

　前著書の「全体－部分の選択構造」で述べたように，そのものが何であるかはその全体によって決定され，部分によって決定されるのではない（21ページ）。図形が実物写真のように構成度が高い場合には，形体把握の正確性が要求されはするが，この全体という条件はほとんど絶対的で，そこにみることができるのはただひとつのものである。この検査法の媒体図形は漠然図形であるために，この条件は相対化されて絶対ではなくなっている。それだけにかえって図形全体をひとつの F+ でみることの困難度は増すのであるが**，4)の段階の認知はそれをクリアできていることになる。

　事例1が示した $\Sigma|D|\to W$ での全体への反応は，「全体・ひとつの対象・正確な認知」という，正確な全体認知の必要条件を認識していることによって，もたらされたとは考えられない。事例1はその条件をクリアすることが困難であるから，識別形体による部分認知になっているのである。事例1が示した全体への反応は，それまでの認知段階で主導性を示していた「融合的大域的把

---

*　$|D|$ は種類別を問わず部分反応であることを示し，また Σ はそのカードでその種の反応を集めることを示す記号として用いた。この標識はそうすればちょうど，そのカードの全体になることを示している。

**　漠然図形の全体をひとつの F+ でみることの困難の理由と様態については，前著書の「全体－部分の選択構造」で詳細に考察した（20～26ページ）。

握」が基層となって，その上にこの段階では部分認知とならざるをえない，識別的形体認知の層が重層してきていると考えた方が，それまでの段階との連続にも無理がなく理にかなう。さらにこの基層となってきている全体への枠づけといえるものに導かれて，識別的な外輪郭形体による認知力の一層の発達に伴って，その認知が全体を覆って4)の段階に至ると考えられる。

　「融合的大域的把握」，あるいはそれ以前というもっとも未成熟な段階の融合・合一的な認知は，これまでの考察によって原体験に由来することは明らかである。一方「3.の(1)自分の気づきと認識の形成」の「3)区別と独立体の境界」で，「誕生とともに始まる現実の生活は，見分けへの過程の中にある」と述べた，見分けの過程の中心をなすものは識別的形体による認知と，それをもたらしているその重要さの認識とである。識別的認知の成熟の過程に関してこの項で考察してきたことは，もっとも未成熟の側にある原体験の受け止め方と，そのひとつの対極をなしている識別的認知との関係は，成熟によって未成熟の側にあった原体験が消滅，あるいは疎外されるのではなくて，原体験が常にその後の体験の基層にあって，それに重層してきた識別的認知が複合し，展開するという根本的ともいえる重要な理解をもたらしてくる。

　それは大脳生理学での発生的に古い古皮質と，もっとも新しい新皮質との関係になぞらえることができるかもしれない。新皮質の機能は認識や思考などの高次の機能を司っているのに対して，古皮質の機能は個体維持や種族保存に関連する本能やそれに関連する情動などに対応し，通常は認識の対象からははずれて位置するが，しかし生きることを支えるもっとも重要な基層になっている。識別的認識が形成されてきても基層となる原体験区別や選択は消えずに常に働くが，通常の生活ではそれは疎外されて以下に述べるように，認識の対象から消えていくことになる。

　前著書でこの検査法と臨床的視点との関連として，「ある時期に明確さと区別との重要さをわきまえる力が育ってくるとすると，それまでは明確さ・区別というものと不明確・合体的というものとが，区別されない心の状態にあったと考えられる。そこから明確さ・区別の重要さをわきまえる力が芽をだして，枝分かれのように分かれて育ってくると，残りのものも新しい枝分かれを出したのであるから，元のままにはとどまることができなくなる。以前の状態を原

体験と概念づけると，原体験は明確さ・区別というものと不明確・合体的というものとの，区別を知らない状態であったことになる。そこから明確さ・区別を知る力が分かれ育ってくると，残りのものは不明確・合体的な心の動きという性質にまとまらざるを得なくなる。残りの心つまり原体験を受け継いでいる方の心は，こうして新しい心の動きを枝分かれさせると再構成されることになる」ことを述べた（179～180ページ）。識別的な認知力の進展とともに，原体験は一方で元の性質を引き継ぎながら，また一方で元のままの姿をもち続けることはなく再構成されて，さながら昆虫などに見られる脱皮の如くに変容し，その存在，その姿，位置が見分けにくくなる。明確に見分けるのは識別的認知の性質で，原体験の性質を引き継ぐものはその対極にあるから，見分けにくさは一層のことである。原体験系譜の体験は常に活動しながら自らは識別的認知を要求せず，その点ではサイレントに潜在化する。識別的認知の方から気づきがその活動領域に到達して両者の複合が生じない限り，気づきの対象とはならないのである。それが「(2)成熟の進展と未成熟の疎外」で述べた，Zilboorgが「学問において他に類を見ない謎の現象である」とした，成熟の過程を歩む人間が陥りやすかった落とし穴を構成したと考えられる。その点に最初にはっきりと光りを当てたのは，やはりフロイトであった。

　この複合は識別的認知，つまり見分けの方からの超越的展開によって，見分けの重要さを無視はしないけれども，しばられない自由性に立った接近によって成立する。それは頼りにしている重要な見分けの帽子を常に離すことができずに被っているのではなくて，必要とあればいったんその帽子を脱いで横におき，自分の身を見分けをあまり問題にせずに活動している領域においてみて，慣れとそれによる親しみが生じてきたらやおら横においていた帽子を被って，周囲と自分とを見つめてみるとたとえることができよう。その力を育てるにはそれを意識した，相当の経験と努力とが必要である。

(2) 結果のプロトコールとしての客体・固定化

　事例1のプロトコールに $\Sigma|D|\rightarrow W$ の機制をみたことは，上に述べた理解の成立の重要な鍵となっている。上に述べた複合的展開は外部の者が直接見ることができない対象の内面的なプロセスである上に，考察したようにとくに見

分けにくい性質のものであるから，それに対する気づきをもたらした $\Sigma|D|\to W$ の機制の確認は，臨床的にも非常に重要な理解をもたらすきっかけとなったとみなければならない。前項で述べたように臨床の場での対象とかかわる者との両者の体験は，常に流動性の中にある。仮に臨床の場での対象が発達的に事例 1 のように初期集約的把握型の段階にあったとすれば，当然その正確な部分認知とそうでないものとの区別という 2 つの特徴が前景に現れて，プロトコールにみられた $\Sigma|D|\to W$ の機制に該当するものを，臨床の場での流動する両者関係の中で見いだすことは至難の技になるであろう。

前項ではこの検査法の発端の図版が客体・固定化していることがもたらしたものをかなり具体的に述べたが，$\Sigma|D|\to W$ の機制に気づくことができたのは，結果がプロトコールとして客体・固定化していたことによる。事実事例 1 は前著書の元となった，ロールシャッハ検査法の現在まで回数を重ねてきた講座で，「初期集約的把握型」の概念と構造を明確にするものとして拾い出した典型事例で，事例番号が 1 となっているように講座の当初からのものである。「初期集約的把握型」を典型的に示していることに，初めから気づいていたことは当然のことであるが，$\Sigma|D|\to W$ の機制を発見するまでには，数回の講座ごとの当然行われる解析の反芻を経ている。これは結果がプロトコールとして，客体・固定化していたから可能であったことを証明していることになる。

常に流動性の中にある臨床の場で，というよりも流動性の中にある臨床の場であるからこそ，かかわる者がこの $\Sigma|D|\to W$ の例で示したような理解枠をもち，それに気づいたプロセスを経験を介して知って臨んでいることは，そうでない場合と比べて治療にもたらす効果は大きい。その点については本書末尾の，V 章「4．の(4)臨床関係の理解とロールシャッハ検査法」で，さらに検討を加えることにしよう。

5．臨床事態成立の構造

ここまでに積み重ねてきた，ロールシャッハの解析と臨床経験との相補的な考察によって得られた，原体験を基盤にして識別的認識が複合することで成熟が展開してくるという理解は，われわれをさらに多くの重要な理解に導いてく

れる。その中からここでは臨床的に重要と思われる「臨床事態の成立」と「合一と共感との関係」をみておくことにする。

(1) 臨床事態成立時の様態

事例R1の臨床事態は臨床的経歴に記したように，本人が同乗していた車を運転していた母親が事故で死亡したことから生じている。本章「1．の(1)事例R1プロトコールの解析1」で，これについて「この事態は事例R1が母親と精神的に一体化していたことを雄弁に物語っている。事例は母親を失ったことで一体化していた自分を失い，それで仕事にも出られなくなったのである」と考察した。臨床事態の発生を内因・外因＊・心因とに分ける立場からすれば，この点に関しては心因という考えがまず浮かぶであろう。前項で述べたような母子の精神的合体の傾向についての，何らかの情報を得ておれば一層のこととなるに相違ない。

この考察は観察された事態について観察者の認識枠，つまり主語同一性とその主導性に基づく論理形態，さらに詳細に述べると現実にそれぞれ独立主体である母子を，それぞれ独立した主語に位置づけて，それに従って観察された事態を理解する枠組みに従って，見ただけではわからない対象の内面事態を，観察者が自分の内に体験することができると思うそれで埋めることによって得られている。それによって了解が成り立つ場合に心因という概念枠が登場し，「3．の(2)成熟の進展と未成熟の疎外」で述べたそこから疎外されるものは，その了解からはずれて内因という概念枠に収められる可能性が高くなる。

取り上げてきた**保続・ST・MA**の精神分裂病（統合失調症）3事例では，保続を示した事例は著者がロールシャッハ検査法に取り組んだ比較的早期のある期間，精神分裂病（統合失調症）の診断で入院した患者で検査の可能な状態の者のすべてに，この検査法の実施を担当していた時のもので，プロトコール以外の臨床情報は得ていないのでここでの考察からははずしておく。事例MA，STについては前著書［事例提示B］の，それぞれの臨床的所見の概略

＊　この分類での外因は物質として客体化しうる，つまり身体的原因を意味しているので，考察の対象には無関係である。

II．個と世界　69

に記したとおりで（244，259ページ），通常検査に際して得る臨床情報はこの程度のものが多いであろう。MA，STには事例R1のように目立ったきっかけが見当たらず，通常範囲の日常生活の中にいたように思われることから，その点3つの因から考える考え方では，事態は自生的に，つまり内因的に発生したと考えられる可能性が高い。

　ここでこれまでの考察を踏まえて，いわゆる発症事態を再検討してみることにしよう。事例R1を含めての3事例はこれまでに考察してきたように，原体験論理の支配性が極めて高い位置にある。したがってそれにのっとった再検討が必要である。事例R1の「母親を失ったことで一体化していた自分を失い」という主語同一性主導の論理に従った考察は，原体験の述語状況性主導の論理に従うと以下のようになる。「母親が亡くなった」，「自分を失った」で変動せずに一貫しているのは，喪失が主題の述語・状況性である。それが支配的な位置を占めて，主語はなお自分と母親とが融合・合一的で確立していない。事例R1におけるこれらの体験は，識別的な認知力が分化してくると感覚的という性質に再構成されてくるその分化がまだ生じていないが，分化している者からすれば感覚的という体験にもっとも近い直接的なものとして，また事態の性質や事情が理解できていない，当然理解でカバーしてやることもできない，その意味で絶対的つまりどうしようもないものとして体験されているのであろう。こうして事例R1は必然的なものとして，できていた仕事もできなくなったという臨床事態を体験していると考えられる。この理解がなければいかに重要であったにしても，母親を失うことで何故事例R1に事例のような臨床事態が生じたかについて，本当の意味で理解を手にすることができたとはいえないであろう。一般の多くの人が母親を失うことで仕事ができなくなるのではない。その多くの人たちにとっては母親が事例R1ほど重要ではなかったなどとは，到底いえないことである。

　事例R1は本章「2．の(5)事例R1の世界」で考察したように，ポジティブに合一できる自分が形成されていたのに対して，事例MA，STは「2．の(2)発達的観点からの見かけの識別的認知」で考察したように，そのような分化がみられず自分は見えている対象に融合・合一的に体験されていた。そのことだけからでも事例R1よりも，なお原体験心性の支配力が大きいと考えられる。

述語・状況性の支配性は一層大きく，また事例の内的体験は見える外部の状況に移して，合一的に体験されることになる。臨床的経歴に記された両事例のいわゆる発症時の事態を，この線に従って読み取ってみると以下のようになる。「　」で示されたものは訴えとして事例が示したもので，つづく‖以下はそれに対する読み取りである。

事例MA「隣の中学の同期の生徒に，自分の考えていることが皆知られてしまっている」‖「知られてしまっている」は，述語同一性と主語の融合という視点からすれば，自分が知っている，つまり自分の思いである。この思いは自分の秘密，いいかえれば存立を守りきれない危機感が伴っている。存立基盤のぐらつきが生じており，それには気づくことができないでいる。しかしぐらつきは直接的体験として感じ取ることになるので，それを被害的に体験している。その自分の内部状況が，見えている周囲の問題に移して体験されているのである。移された対象が隣の中学の同期の生徒であるのは，自分の変わり身としてもっとも自然である。

「外へ出ると家族の声が聴こえてくるし，近所の人が悪口を言うのが聴こえてくる」‖直接外界へ身をおくと，安全の空間・状況として体験していた家庭空間とその状況が心に浮かぶ。自身の体験をネガティブに受け止めざるをえない事例は，それを周囲・近所に移して，近所がネガティブな思いをもつ，つまり外からの悪口として体験してしまう。

実際に生じたそれまでの家庭の崩壊と転居とは，事例の存在基盤の危機・崩壊を増強させるだろう。

「隣の人，近所の人が大人も子どももいろいろ悪口を言うように思う，夜中まで大勢でうるさく言ってくるので困る」‖心内は穏やかさを失って騒がしく，そのネガティブな体験も周囲に移して体験される。

つぎに述べる事例STと比較すると，事例MAの体験の受け止め方は自分のことか周囲のことかが融合的であいまいである。幻聴体験は外界からのものに位置づけられているが，体験場所は自分の中に位置している体験である。その幻聴が多いことにもそれが示されている。「2.の(1)見かけの識別的認知と認識を伴う識別的認知」で考察したように，プロトコールに現実に頓着を示さない傾向と見かけの識別的認知の両面が見られたこととに符合して，見かけのも

のにしろ外界の認知の正確さに注意が払われていると思われる度合いが低い。

事例 ST「店を妨害されている」「車がこわれた」「店の様子が筒抜け」‖妨害されている，こわれた，筒抜けの述語部分が体験の中核を占めている。店と車，ならびにそれに象徴される仕事が，合一的に体験されている自分の変わり身である。事例の生活経営が立ち行かなくなってきていることがうかがえる。

「集団での攻撃で参っている」「いらだちを強制される」「母が作った料理を食べない」「以前の先方が断ってきた結婚話を，母が断ったという」「愛用していた哲学本を母が金に変えた」‖事例 MA とは異なり自分にとってのネガティブな体験は，すべて周囲の具体的に目に見える空間あるいはその状況に位置づけられている。自分の内部に位置づけられているものは，「参っている」「いらだち」で，しかも明らかに外界から強制的に仕掛けられたものになっており，他人事のように位置づけようとしている印象を受ける。存在基盤を失う危機体験は身の存立を支える食物への毒物混入の疑いに，またポジティブに合一できていた哲学本の喪失に置き換わり（プロトコールにもみられた知性化親和性は，具体的な哲学本に置き換わり，価値は金銭になっている。食物もともに，いずれも目にすることができる物質である），それらは事例の現実実現の蹉跌であった結婚話の破綻とも合わせて，同居の母親に原因するものとしてそこに位置づけられている。

ネガティブな内的体験を置き換える周囲の見かけ上の認知は，「２.の(1)見かけの識別的認知と認識を伴う識別的認知」でみたように，事例 MA とは対照的に正確度が高い。事例の内面世界はさながら聖域のごとくに，問題を意識するような余地がまったく与えられておらず（問題を意識することがないはずの原体験の支配を引き継いでいる），ネガティブな体験を内的に包含することができない。現実生活の中では結果するところ，そのように問題を意識することなく存在しうる自分を手に入れることができないので，自分の中に自分の存在を見ることができない。事例 MA では多くみられた幻聴体験は，外界からのものに位置づけられるにしても体験場所は自分の中に位置づけている。そのようなネガティブな体験が位置しうる余地がないので，幻聴体験はほとんどみられない。

以上に示したように，原体験の述語・状況同一性とその主導性の論理に従っ

て検討を加えると，事例R1を含めての3事例の発症時の事態については，それぞれの存在基盤喪失の危機という点で共通しており，違いは融合・合一的な位置にある主語の位置づけとその様態の違いとして，十分な了解に達するといって差し支えないだろう。

(2) 臨床事態発生の時期と人生周期の課題

　危機発生の時期と事態という点では，**事例R1**の場合は観察する立場の者からはわかりやすい事情があるが，**事例MA，ST**のように観察する立場の者からは目立った事情が見当たらない場合には，つまずきが生じた年齢に注目しなければならない。人間の一生にはそれぞれの発育の年齢にだいたい一致して，いわゆる人生周期の課題としてクリアしていかねばならない事態が，ことに現実との関係で生じてくる。つまずきを示した時期は，事例MAは18歳の思春期・青年期で，事例STは40歳節目にある。

　思春期・青年期の課題は，一言でまとめれば自立である。より詳細にみればそれは自分に生じた性の成熟の受容，それに直結する異性間相互受容，親の傘の下からの巣立ち，職業適応に代表される社会的自立などからなるが，事例MAのようにより未成熟，原初性の度の強い心性の支配下にある場合には区別の働きが弱いので，これらの詳細化された課題のいずれかととくに結びついてというよりは，自立の課題はそれまでの思っているだけの内的世界を主にした生活が奪われる体験として，存在基盤喪失の危機にさらされているのであろう。自分のことと周囲のこととが融合的であいまいな事例MAの場合には，思春期・青年期の自立の課題で対応が困難にならざるをえないのである。

　40歳節目は人生実現の最盛期に差しかかっている。それまでの自立へ向けての生活の実績が問われるとともに，人生の頂上付近に近づいていることによって，はじめて自分の人生全体を見通してのまとめに向かわせられる。いってみれば，自分の人生がそのようにまとまりそうであるが，納得できるのかの問いである。事例STはネガティブな体験が存在しない内面世界の聖域を幻想的に守ることができている限り，そしてその力がかなり備わっているということはプロトコールからも，また実際の経過からも示されており，その限りで破綻はまぬがれる。しかしそれを守るためには，外部とのかかわりは制限され狭くな

らざるをえないので，納得できる自立生活の実績は得られず，40歳節目での破綻にさらされたのであろう．

　このように考えると事例Ｒ１の場合にも，母親の事故による死という出来事がなくとも彼の態勢は早晩維持ができなくなり，破綻に見舞われることは避けがたいことであったであろう．母親の事故による死はその事態を，急激にという形で来る時期を早めさせたにすぎない．人間の現実の生活はすべてが人生周期の課題を基盤にして，その上に成り立っている．破綻に見舞われるか否かは，各人のこの基盤との関係で生じているといっても過言ではないであろう．

　人生周期の課題に向かい合わされることは，いかに思っているだけの内面世界に沈潜し，現実との関係を頓着の外においていようとも避けることはできない．もっとも純粋な形で内面世界に沈潜している場合でも，その沈潜を許し守っていた周囲が事例の成長とともに，その事態を守りきれなくなり（事例Ｒ１の場合は守る立場にいた母親の急死があったが，そうでなくとも事例に合一していた守る立場の者が，事例の年齢とともに事例の状況に事例の成長の不都合を見ざるをえなくなることによって，また両者が融合的に沈潜している場合でも，やがて周囲からその維持を困難にする圧力が加わることによって）破綻は避けられない．多少なりとも見かけ上のものであっても事例が周囲を認知するようになれば，見えている自分と同年代，同じ状況にいる者と比較して，自分がネガティブな位置で違っていることにどうしても気づかされ，問題を意識しないですむはずであった原体験世界が崩れる．

　人生周期の課題に向かい合う，つまり人生の節目を迎えるということは，多かれ少なかれそれまでそれによりかかって生きてきた態勢では対処できない事態に向かい合わされていることになる．それはこのようにそれまでに体験してきた世界の喪失という側面をもっており，しかもその喪失は避けることができないものである．その喪失によって臨床事態を発生させるほどの，本人にとって重みをもった蹉跌が生じているのであるから，逆転させればそれまで体験してきた世界が本人にとって重要な支えとなってきていたことの証しとなっている．本章「２．の(7)の1) それまでの状況の持続へのよりかかり傾向」で述べたように，原体験性質の支配が強ければ強いほど，すでに体験した状況はその体験をして存在したという状況性の支配力によって，自分の存在を保証すること

になる。原体験の体験の直接性という性質によって，それは理屈抜きの直接的な体験であり保証である。そこで述べたように，これは人間，あるいは生物に状況の持続によりかかる傾向が観察されるその原点となっている。

　直接的という性質の体験は「3．の(1)自分の気づきと認識の形成」で考察したように，その時その時の体験で，体験の性質・意義・位置づけなどの理解とは結びついていない。しかしそれだけにかえってすでに体験している・いないによって，有無が決定的に分かれる体験になる。この有の体験は身で感じると表現することができる，実感をもった体験をもたらす。それまでの内面世界の継続は，その時その時の有の連続した体験になる。そこから体験の性質・意義・位置づけなどと結びついてはいないが連続性の実感が生じ，保証された存在の連続した実感として決定的な位置を獲得するのであろう。それまでの体験にポジティブな性質が伴っておれば，それは一層のことになる。

　こうしていわゆる発症のきっかけとなる破綻は，人生のどういう時期に，どういうことで，それまでの内面世界の継続を維持できなくなったかによってもたらされると考えられる。

(3)　人生周期と喪失の体験

　人生周期の課題に出合って，それまでの内面世界が継続できなくなることは，すべての人間が体験することである。それを破綻として体験せざるをえない者と，そうでなくてすむ者との違いが問われることになる。「3．の(1)自分の気づきと認識の形成」で，精神の成長についてのいくつかの要点を考察した。そこにその答えを求めることができる。その項の「4)葛藤の内包と自分の存在の実感」で，「融合的で境界のない原体験の世界での葛藤の体験は，自分がさながら葛藤という水中に没した時のような，果てしなく広がる葛藤の中に没せしめられ，それがすべての体験となる。内と外との区別を知り境界を成立させることができることで，葛藤は限界をもつ内に収まる体験となり，それよりもいってみれば大きい独立体としての自分の存在が成立する」ことを述べた。ここではそれまで続いていた内的世界の喪失が葛藤である。

　フロイト[7]は重要な対象を失った時に人間のこころに生じることを，喪（悲哀）の作業 Mourning work として明らかにした。重要な対象の喪失によって

生じる悲哀は，失った対象や失ったことについての，意義や価値の判断という間接化過程を経てはじめて生じるようなものではない。その点，より直接的に生じる体験である。そこでは失った対象との間に融合・合一の心情がすでに働いており，その意味では合一している自分の喪失でもあったことが理解される。しかし一方フロイトは，悲哀に際して人間は医師に治療をゆだねようとはせず，また悲哀の起こらぬことを目的に沿わぬ不健全なことだとしていることを指摘した。そこには失った対象を重要視し，対象を失ったことを重要なこととして受け止めている自分が形成されている。その自分にとって悲哀は，自分が対象とそれを失ったこととを重要視していることの証しであり，その自分の肯定的確認なのである。上記「4)葛藤の内包と自分の存在の実感」で述べたように，このつらい悲哀の体験によって，重要であった対象とそれを重要視していた自分とがしっかり自分の内に記憶として収められて，いってみれば自分の中で再生し，喪（悲哀）の作業はその内での再生の作業であるともいえる。そこでは融合・合一的に実在が保証されていた自分の喪失を，自分の丸ごとの喪失ではなくて，その喪失体験を自分の内なる苦悩の体験として保持する自分が分化的に形成されており，その作業は当人が現実に生きていることによって行われている。つまり悲哀の体験はその体験を内なる体験として保持しえている，独立体としての自分の存在を保証するものともなっているのである。それによって悲しみを内包し，そうすることができている自分を肯定的に受け止めている，その自分で対象を失った現実の外界との関係に，戻っていくことができるようになる。

　フロイトがこの悲哀に対比させてメランコリーとしてとらえた人間の状態は，融合・合一的に実在が保証されていた自分の喪失を，自分の丸ごとの喪失と体験していることによって生じている状態に該当する。この独立体としての自分の形成については「3.の(1)自分の気づきと認識の形成」でいくつかのポイントに分けて考察した，超越的にとらえる体験の展開が必須である。「(2)臨床事態発生の時期と人生周期の課題」で，すでに体験した状況の自分の存在を保証する力について述べた。その点でこれらの超越的体験の展開が，それまでにどれだけすでに体験した状況性の側に移されて，獲得されてきていたかが決定的な鍵になる。

人生周期の課題に出合ってそれまでの内面世界が継続できなくなることを，破綻として体験せざるをえない者とそうでなくてすむ者との違いの鍵となるものが，こうして準備されてきた精神の成長の度合いにあることが理解される。ただ治療的観点からすれば，その時を破綻として体験している人たちは，その精神の成長に気づく機会に遭遇していることを，当の本人として気づくことが決定的に重要である。その気づきが戸惑いに巻き込まれている時の周囲の援助は，周囲の者がそれに対する気づきをたずさえて寄り添うことである。

　「3．の(2)成熟の進展と未成熟の疎外」で，精神の成熟とともに未成熟心性は顧みられなくなって疎外されやすいこと，ならびにそれが人間精神の営みの了解に大きなひとつの盲点をつくってきたことを述べた。ここではそれとは反対に，未成熟心性の述語・状況性の支配と主語の融合・合一の論理を知ることによって，了解を得ることをみてきた。それだけでも意義は非常に大きいと思う。

6．共感の構造

(1) 事例R1の母子合一形成の様態

　本章「2．の(5)事例R1の世界」で考察したように，その喪失によって母親との合一の中にあったことが明らかになった**事例R1**は，外界との対応の部分は一体化していた母親にゆだね，その点で母親は代理自我の役割を担って両者の合体が成立していた。それを成立させているのは両者の原体験である。事例R1は外からの枠づけに対して受動的であるが正確な把握を示し，それによって自分が同一視している内面の活動を守るとともに，事例のその姿勢が刺激となって周囲，ことに母親からの指示的な枠づけを引き出している可能性が考えられることもそこで述べた。このような事態が把握されると，そのような事態の成因としてしばしば，①事例自身の，母親あるいは母親との関係への合一，②逆に母親の事例へのそれ，③関係への両者の合一，④事例自身の内面への親和性；周囲，ことに母親に向けられた受動的な支配，⑤母親の，子どもあるいは子どもとの関係の支配，などのそれぞれの，またいくつかが重なり合った欲求の存在が想定されがちである。当事者が丸囲いの番号で示したような欲求を

もっているから，それぞれに示したような事態が生じるという考え方である。そうでなければこのような事態の発生を，理解の枠に収めることが困難になる。

　この想定は，本章「3.の(2)成熟の進展と未成熟の疎外」の総覧的枠組みでも示した，成熟側にある「主語同一性とその主導性」，つまり主語が主導・決定権をもつ成熟した論理，上記のような想定をする者にとっては当然のものとなっている論理であるが，その論理に従えば各主語によって事態は決定されるはずであり，したがって事態を動かしているものとして，「はじめにおのおのの欲求あり」とならざるをえないのである。しかし前項「5.の(3)人生周期と喪失の体験」の悲哀（喪）の体験でも述べたように，母親と子どもとの間にはすでに先んじてある状況性としての，原体験に由来する融合・合一の世界があり，その土台の上で母親と子どもとの関係が実際に展開している。その相互交流の事態の中では，原体験につながる事態に受動的に導かれる性質が程度は次第に軽減の方に向くと思われるが影響を残しつつ，次第にこの体験の中で上のいくつかの項目にして示した欲求としてとらえうる，子どもあるいは母親の方からの能動性の性質をもった動きも，いろいろの程度に形成されてくると考えた方が素直である。

(2)　合一体験と成熟型の共感

　上の考察は，関係の体験には「はじめに原体験に由来する融合・合一体験がある」という視点を導き出している。この視点はそれに認識のひとつの公式という位置を与えることができるほど，**事例R1**の母子に限ることなくこれまでに考察してきたことのすべてに該当している。この視点が成立するのであれば公式という位置を与えることができるという点からしても，また原体験の性質からしても，事例R1の母子あるいはこれまでのそれ以外の事例に限ることではなく，人間誰しもに，また母子の関係に限ることではなく人が体験する関係の全体に，程度の差こそあれ当てはまると考えられる。本章「3.の(3)形式・構造解析における発端の対象の客体・固定化」で，「人間はしばしば対象の見えない領域の働きについては，気づかぬうちに自分のそれを当てはめる傾向を示しやすい」ことを述べた。そこでも同じ公式の基底での支配がみられる。精神・心理臨床の領域で重要視されている，人間の共感という現象がある。この

共感という現象も，人間が関係に入った場合には「はじめに原体験に由来する融合・合一体験がある」という視点に立つと，その成り立ちがよく理解される。ただここでいう共感が，事例Ｒ１が母親との間で体験した，そしておそらく母親も事例Ｒ１との間で母親の立場で共有していた，合一の体験での心情と必ずしも同一とはいえない。

　「3．の(1)自分の気づきと認識の形成」の「3）区別と独立体の境界」で，「誕生とともに始まる現実の生活は，見分けへの過程の中にある」とした。見分けへの過程は原体験の融合・合一とは対極をなす成熟の側にあるが，見分けへの過程が進むことは通常は自分の気づきの進展と並行する。この気づきの対象となっている自分は独立体としての自分で，日常生活の会話で「自分は自分」と表現した時に，思い当たることのできる自分である。「5．の(3)人生周期と喪失の体験」で述べた喪（悲哀）の作業でもそうであったように，関係に入った時にすでに先んじて成立している，そしてそのままであればあるほど直接性の側にある，原体験に由来する融合・合一体験と，次第に形成されてきたこの「自分は自分」の気づきとが（それは当然正確な区別の方向を向いている），相互超越的に複合されてはじめてそこに成熟型の共感が成立する。

　両者の関係は融合・合一的な原体験が基底層をなして，その上に自分の気づきあるいは識別的認知が程度に応じて，複合する層を形成して重層してくるとたとえることができよう。その時原体験に根をおいている体験の側で，その体験にまつわる実感が直接受動的に生じ，同時に気づきにつながる体験の側がそれが生じていることとその意義を気づかせる。それによって体験をともにした両者は，自分が人間として存在していることを保証する人間に共通する体験をし，同時に自分が自分として存在していることを，理解を伴って実感することができる。もちろんこの共感が関係の中で共有されるためには，両者にこの体験が生じていなければならない。しかしたとえ当事者の一方に生じただけという場合であっても，それは両者が共有しうるようになる，いいかえればもう一方の当事者もまた，同じようなレベルの共感を獲得することになることを助けるに相違ない。

　その情報はないがおそらく事例Ｒ１に「自分は自分だけど？」という問いをした時には，その表現が思い当たる状態に到達している対象とは違った反応が

返ってくると思われる。その時に「そう言われても戸惑う？」という問いかけが，事例Ｒ１が「そう」と応じることができる可能性が高い。その問いかけが自分の気づきに必要な，自分の直接体験を見つめる働きへの呼びかけになっている。事例がそこで思い当たるという体験ができた時共感の成立に必要な，事例に先んじて生じている体験と，生じてきた自分の気づきとの複合的展開になる。自分の気づきの展開がなく，したがってこの複合体験もない事例Ｒ１は，ここにいう共感はまだ体験することができない。識別的認知力が展開してきながらこの複合が生じない場合は，情動面が離間した知性化になると考えられる。

　精神・心理臨床の治療的な実際という面からは，事例Ｒ１のように自分の気づきが不十分であることが推定された事例には，このような「自分は自分だけど？」という問いかけを行うことは治療的に有意義で重要である。「自分は自分だけど？」という問いかけの機会に気をつけて，機会があればその問いかけをする。この場合，問いかけの内容に気づかせることを直接の目的とするのではなく，問いかけに対する対象の精神的な「構えと距離 stance & distance」を見ることに重点をおくことも重要である。治療者がその点へ注意を向けていると，たとえば事例で推定した戸惑いなども見いだしやすい。そうすれば「そう言われても戸惑う？」と，読み取った戸惑いを対象に提示する。対象が思い当たる体験に達するまで，「構えと距離」の読み取りとそれをことばにすることを心がける。対象がそこに達することができれば，その時対象自身は自分の直接水準の体験を間接化させて見つめる姿勢を獲得したことになり，治療者は対象の精神的な状態の理解を伝達しえたことになる。そこで治療者として何が可能かを治療者自らに問うてみることは，極めて治療的である。

7．把握型に投影される個と世界

　この章ではじめに原体験に由来する融合・合一の体験世界があって，一方誕生とともに始まる現実の生活は見分けへの過程の中にあるといえること，見分けへの過程は原体験の融合・合一とは対極をなす成熟の側にあるが，見分けへの過程が進むことは通常は自分の気づきの進展と並行することなどをみてきた。状況性が主導する先立って成立している融合・合一の体験の世界の中で，自分は自分，つまり個としての自分が形成されてくると，体験は個と世界との関係

の体験となってくる。個としての自分が形成されてくるに従って，分化してきた世界は「1.の(2)原体験の世界」で述べたように，自分がかかわる空間，つまり自分の部屋・家・社会・世界・宇宙と分化的に体験されることになり，また自分の受け手という点では，自分が出合う対象，その対象との関係となり，こころを中核においた自分にとっては，自分の体もその受け手に位置づくことになる。この章で詳細に追ってきたようにロールシャッハの把握型の解析は，被検者の体験の個と世界との関係の読み取りであった。その読み取りができたということは被検者の個の形成と世界の体験とが，それに投影されていたということである。

考察は著者の臨床経験とロールシャッハ・プロトコールの解析とから始まったのであるが，ロールシャッハ・プロトコールの解析がこの展開に大きく寄与したのは，この投影があってのことに相違ない。考察の展開によって得られた理解は人間一般の精神生活において重要な共感，さらに喪（悲哀）の作業の構造を理解させ，一方精神分裂病（統合失調症）といわれている状態をはじめ，いわゆる精神病理の精神世界についての了解を深めたということができるだろう。ということは解析は著者の臨床ならびにロールシャッハ経験について始まっているが，獲得した理解は著者の臨床ならびにロールシャッハ経験に狭く限定されるものではなくて，精神・心理臨床の理解，さらには人間生活全般にも該当する，その意味でより広く全般を覆う基本的な法則といえるものに位置している。したがって到達・獲得された理解が根本的な法則であって，そうであるからこそロールシャッハ検査における被検者の認知に際しても働いていると考えるべきであろう。

「投影」の概念は本書ですでに用いられてきており，ここでも用いられている。それを挙げるまでもなく，この検査法は「投影法」を名乗っている。考察がここまで進んでくれば，「投影」そのものの構造的検討を避けて通ることは許されないかもしれない。その問題はIV章で取り組むことにしよう。

III. 体験のドラマ（I）
——体験型；色彩，形体，運動——

1．それぞれの個と世界との関係での体験の展開

　誕生とともに始まる現実の生活，つまり発達の過程は，途絶えることなく連続している。前章の終わりに要約したように，はじめに原体験に由来する先立って成立しており，状況性が主導している融合・合一の体験世界があった。その一方で，誕生とともに始まる現実の生活は見分けへの過程の中にあって，通常はそれに伴う発達の過程の中で，自分は自分，つまり個としての自分が形成されてくる。こうして体験は前章で検討してきたように，個と世界との関係の体験となってくる。

　連続した発達の過程の中では，それぞれの発達段階に達してから生活が始まるのではなくて，連続したその時その時の段階の個々の平面で，常に生活がありそれに応じた重みをもって体験が生じ積み重ねられている。個と世界との関係のそれぞれの段階という平面に対して，縦軸に相当する発達の程度という点では，見分け，識別的認知の程度が重要な目安となるが，ロールシャッハ体験だけからみても，識別的形体認知だけが時々の体験のすべてではない。図版の中に反応に際して用いうる材料は形体だけをみても，識別的形体認知を直接支える外輪郭形体以外に，図版図形の構造性もある。また天然色に該当する狭義色彩もあれば灰色系の広義色彩もあり，運動反応のように図版にはない，したがって被検者の中に準備されているものが図版の中の材料に結びつけられることもある。これらのものの用いられ方が，発達のその時々の平面での被検者の体験の様態を反映させてくる。この章では本書でのこれまでの目の向け方に立

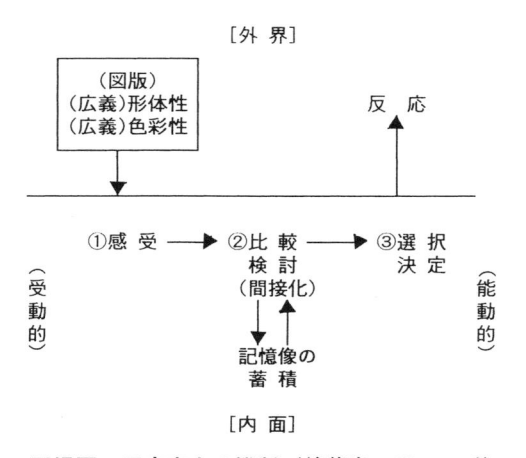

```
            [外界]
┌─────────────┐
│   (図版)    │     反 応
│(広義)形体性 │      ↑
│(広義)色彩性 │      │
└──────┬──────┘      │
       │             │
       ↓             │
────────────────────────────
(受   ①感受 → ②比較  → ③選択   (能
 動          検討      決定     動
 的)        (間接化)            的)
              ↓
            記憶像の
             蓄積
            [内面]
```

再掲図　反応産出の機制（前著書，79ページ）

つときに浮かぶ，発達のその時々の平面での被検者の体験の様態を追うことにするが，その前に前著書での考察の中から本章での考察に関連して必要と思われるものを拾い出しておくことにする。

　再掲図は前著書で反応産出の過程を，図式的に示したものである（79ページ）。
　この検査法の規定枠である図版には広義の形体と色彩としか存在しない。両反応の意義は2つしかないその用いうる材料についての，選択の構造的解析に求めなければならないとしてその意義を考察した（79〜82ページ）。要約すれば，反応産出の過程は図版の材料の感受から始まり，反応として外界に表出するまでの，被検者の内面での心的過程である。①の材料の感受は②以下の過程に比較すれば，受動的な過程で，感受された素材は，②に示した被検者に蓄積された記憶像との比較・検討が行われる。比較・検討という過程自体，材料の感受という直接的で比較的受動的な過程の間接化であり，自分の方から行おうとする能動性が必要である。よりよい反応を見いだすためには，より多くの記憶像の蓄積が求められる。混乱を起こさずに記憶を増加させるためには，記憶条件の識別性が重要になる。

　具象的な事物の識別性としては，輪郭形体が決定的な位置を占めている。記憶像の増加はより細部的な識別性の重要度を高めるが，細部的識別性の重要度が高まることは，漠然図形との離間を増大させる圧力になる。この離間の処理の問題はここでは措くとして，反応は②から③の選択・決定という過程を経て産出される。図示された内的過程の左側，丸で囲んだ番号の小さいものほど受動的・直接的であるのに対して，右の番号の大きいものほど間接化から能動性の過程を必要とする。良質の形体性によって選ばれた反応は，間接化と能動性の高さが要請される。それと対比すれば，色彩を用いた反応ははるかに受動的で，間接化される度合の低い直接的な過程にとどまることになる。こうして図版の中の色彩は形体に比して，被検者に「受動的で，直接的・即座的な反応をうながす刺激価」として存在することになり，色彩反応は「それに反応することに対する許容性，あるいはそのような刺激に反応することの統制困難の反映」という位置を占める。一

方，この文脈での良質の形体反応は，間接化過程への親和性と能動性・主体性の高さとに結びついて，抑止力の反映になる。

　一方運動反応に関しては，① Rorschach が「運動反応は，形体知覚に加えるに運動感覚の流入によって決定される」と定義したこと（106ページ），②また「正常者の場合には，一般に運動反応の数と形体視の正確さとの間には，はっきりとした比例が存在する」という彼の観察事実を記載していることを述べた（120ページ）。②に示した観察は成熟型の運動反応の場合に通常みられることであるが，この観察は①の定義の形体知覚が，識別的な外輪郭形体に基づいて正確に認知されていることが前提されていることになる。③一方運動感覚の方は図版が静止図形である以上は，被検者の内面に準備されていなければならず（107ページ），④図形にない運動感覚が図形に結びつけられることが合理性を失わないためには，図形が時間的に変動する運動の様態の瞬間断面として形体的に対応していること，つまりそれだけ図形の限定的指定度が大になっているその条件をクリアしなければならないこと（125～128ページ），⑤さらにそれが成立するためには被検者の内面で，内面的に生じた直接的体験である運動感覚を客体としてとらえる客体化が必要で，それではじめて外界の客体である図形と客体化された水準として対応性をもち，その内面・外界のそれぞれの客体が複合的に結びつけられるという（119～123ページ），成熟型の運動反応では相当高度の認知が求められることを，前著書の運動反応についての考察で示した。

以上，色彩・運動いずれに関連する体験においても，一言でまとめればその成熟型の反応について，その成立ならびにその構造的明確化が考察の焦点となっていた。いずれの場合にもこの項はじめに縦軸と表現した発達の度合いの目安とした，識別的形体認知の程度とそれとの複合の動向が解析の中心である。それはロールシャッハ学の基礎を固めるために欠かすことのできないことであるが，それを前著書で固めることができた現在，本書で追っていることの中心は，これらの成熟の過程の原体験側からの逆照射の取り組みである。識別的形体認知の複合の主たる対象は運動反応での「動」体験であり，色彩反応での色彩である。この章でさらに加える考察で明らかにされるが，「動」体験はもともと原体験に位置している。「受動的で，直接的・即座的な反応をうながす刺激価」として存在する色彩への反応は，そのより受動的，直接的，即座的である分，識別形体への反応よりも原体験側に位置する。したがってここで追うものはそれらの動向が中心となる。

2．意味を知る体験生成準備の様態

(1) 実質的に意味づけされた色彩反応と意味を知る体験

　本書でこれまでに取り上げてきた事例の中で，**事例ST**は反応数が30ともっとも多く，この面での活動性が高かった。前著書の［事例提示A］に収録して，ロールシャッハ検査法における反応としての運動についてを中心に，相当広範囲にかつ詳細に考察を加えた**事例25**は（プロトコールを巻末の［事例再録］欄に再録している。前著書では事例25のプロトコールについての解釈的なまとめは，前著書本文での考察と重複になる可能性が高いので行わなかった。本書ではそれを考慮して解釈的なまとめを［解釈の要点］として再録に付した），反応数が39と事例STを上回っていた。前著書の事例25のプロトコールには，体験型の各標識（いわゆるデターミナントの各標識）関連で分けた，基礎形体水準別の分布表を付した（232ページ）。事例STにはそれを行っていない。事例STには必要がなかったからである。しかし両者の比較のために，事例25のその表に事例STのスコアを同じように処理したものを付して，ここに再掲すると次ページの表のようになる。

　この対照表で見ると，両者が反応数が30を越える点では同様であるが，事例25はFのみの反応の数に対して運動ならびに広義色彩に関連する反応の数は，2.6倍を越えているのに対して，事例STの方はそのほとんどが（86.7％）Fのみの反応となっている。体験可能性幅の収縮と拡張という理解枠*からすると，事例25は今回付した［解釈の要点］の「3．超越可能性の視点とまとめ」に記したように弛緩型拡張に，対して事例STのそれは反応の量よりも体験可

---

*　前著書「Ⅴ．解釈の統合と臨床理解によせて」の「3．の(2)体験型に反映する収縮と拡張」で，統合的解釈に際しての体験可能性幅の収縮と拡張という理解枠を示した（190〜191ページ）。色彩刺激がもたらす直接的で即座な反応は，自分自身の統制から離れた反応が出現しやすくなる。また，被検者の内面に準備されている運動感覚を反応に付与するには，それだけ安全な統制の可能性が高いF認知との結びつきから離れることが必要で，必然的にそれだけ安全性が低下する。つまり，MとCとの反応への拡張はその分統制の方向から離れる自由性，Rorschachのいう体験可能性の拡張を示す可能性と，Fによって示される統制の弛緩を示す可能性とをもち，Fへの集中，つまり収縮は外的規定枠に対する的確・有効な対応か，あるいは体験可能性の萎縮あるいは犠牲を示す可能性をもつことになる。

事例25ならびにSTの体験型関連の基礎形体水準別分布表

【事例25】

	F+	Fpm	F−	計	含まれる☆,＊の数
Fのみの反応	6(54.5%)	1(9.1%)	4(36.4%)	11(28.2%)	1(9.1%)
運動関連	6(40.0%) Sp−2個をBFL+に加えると8(53.3%)になりF反応にだいたい匹敵	3(20.0%)	6(40.0%) 内Sp−は2	15	10(66.7%)
色彩関連	2(22.2%)	4(44.4%)	3(33.3%)	9	8(88.9%) 運動,色彩関連合計では18/24(75.0%)
単彩関連	1		1	2	0
Chiaro.関連	1	1		2	1
計	16(41.0%)	9(23.1%)	14(35.9%)	39	

【事例ST】

	F+	Fpm	F−	計	含まれる☆,＊の数
Fのみの反応	16(61.5%)	1(3.8%)	9(34.6%)	26(86.7%)	0
運動関連	3			3	2
色彩関連	1			1	1
計	20(66.7%)	1(3.3%)	9(30.0%)	30	

☆：提示反応内で継時性がみられるもの。
＊：必ずしも継時性に該当するとはいえないが，前出概念の残遺がみられるもの。

能性幅という点で収縮型に該当している。両者はその点で対照的であるが，この対照的なパターンにもかかわらず，両者がともに識別形体と色彩，同じく運動感覚との一次性複合を欠落させているという点では共通している。この対照的な両者の様態から，発達の時々の平面での被検者の体験を構成しているものとその様態について，つぎのような重要な理解を獲得することができる。

　表でもわかるように，事例STの識別的形体認知度は事例25と比べると格段に高い。また，II章「2.の(2)発達的観点からの見かけの識別的認知」で述べたように，無色彩カードと色彩カードでの全体反応と部分反応の数の分布は，無色彩カードでは部分反応がわずかであるのに対して，色彩カードでは圧倒的に部分反応が多い。この事実は事例STが体験可能性幅の収縮タイプであるにもかかわらず，色彩の存在を認知しそれに反応していることを示している。色彩は明らかに図版の中に存在しているから，被検者の外界現実への関心とかかわりは確実であることになる。形体も図版の中に存在している。しかし形体認

知の場合には，外輪郭形体による識別的認知だけでなく，図版図形の構造性に対する反応も加わっている。外輪郭形体による識別的認知の場合には，対象は対象として図版の中に認知されていることになるが，図版図形の構造性が主になっている形体反応では，前章で綿密に検討を加えてきたことから明らかなように，図版が被検者のかかわる単なる状況性として位置している可能性が増してくる。それだけ被検者の体験が原体験側に位置することになり，被検者が明確に図版，つまり現実を対象として認知し，対応しているのか否かが判然としなくなる。事例STは見かけの識別的認知の一環として，色彩の存在を正確にとらえているのである。

　表に事例STの色彩関連の反応が1と示されている。これはⅧカードの「黄色い馬が二頭ですね」で，F↔C（強いられた形体色彩反応 forced FC）のスコアが与えられた反応である。この反応での色彩についての言及は前著書の事例STの［解釈の要点］で述べたように（252〜259ページ），単なる部位指示のための言及に限りなく近いもので，その色彩固有の色として実質的に用いて意味づけされた反応とはいえない。他に色彩関連の反応を見ないから，色彩に影響を受けていることは確実であるにもかかわらず，事例STには実質的に意味づけされた色彩反応はないことになる。事例STは実施段階の発言を「一見したら」からはじめている。これも事例STの［解釈の要点］で考察しているように，事物が自分の視野に入っただけの状態のものであることの断りである。事例STの図形によって触発された着想は，すべてその都度に着想を触発させた図形の側に位置づけて体験されており，上記のF↔Cのスコアに関連する発言も，その一環である。Ⅱ章「5．の(1)臨床事態成立時の様態」で，事例STの内面世界はさながら聖域のごとくに，問題を意識するような余地がまったく与えられていないことをすでに考察した。このような内面世界の様態ならびにその形成と，すべてを見えている側に位置づけて体験することとは表裏をなしている。前項の前著書の要約に示したように，色彩に反応することは形体に反応するよりも，受動的でより直接的で即座的に反応することにつながっている。そのような反応の位置は，反応する者の内面にある。

　事例25には，固有の色で用いられた実質的意味づけの色彩反応が比較的数多い。ただ色彩と形体との複合がほとんど不全複合で，その形体性は不定形体で

あり，外輪郭形体の識別的認知でその独立性が明確にされた反応が見当たらない。全色彩カードでは反応概念と図形領域との対応があいまいから不明になっているものもみられる。その事例25はⅡカードで「動」関連のものと，色彩関連のものとの2つの系列の反応を示しているが，その実施段階で第一反応の途中で「……忘れた」という発言をしている。この発言は事例STの場合とは対照的に，自分の着想を明らかに自分の内に位置づけて体験していることを示している。

両事例の対照的な反応姿勢から得られた事実は，固有の色で実質的に意味づけされた反応の出現は，その反応に結果する体験を自らの内に位置づけることで成立し，さらにそれにそれをもたらした外界刺激の識別的認知が複合すると，体験していることの意味が当人が認識する体験となることを示していると考えられる。

事例MAにみられる事実は，この考察の確実性を保証する位置にある。事例MAは図形把握の部分化という点では，Ⅱ［D］，Ⅲ［W］，Ⅷ［dr］カード以外のすべてのカードがWである。部分化傾向を示している3枚のカードはすべて色彩カードであるから，部分化傾向は事例STの場合ほど鮮明ではないが，色彩の存在の影響によると考えられる。その事例MAはⅨカードで「ヒヤシンスの花に，葉っぱがくっついている」と反応しており，ひとつではあるが色彩が固有の色で意味づけて用いられている。Ⅱ章「5．の(1)臨床事態成立時の様態」で示したように，事例MAには幻聴体験がみられたが，事例STは幻聴体験が表面化してきていない。幻聴体験は外界からのものに位置づけられているが，聴こえるという体験の体験場所は自分の中に位置している。事例MAの体験の受け止め方は，自分のことか周囲のことかが事例STよりも融合的であいまいなのである。その事例MAには幻聴体験が存在し，同時に実質的に意味づけされた色彩反応が出現するのに対して，ネガティブな体験を内におくことがない事例STでは，幻聴体験が生じていないし，実質的に意味づけされた色彩反応も出現しないのである。

述語・状況性が支配・主導する世界への一体化を示した**事例R1**の色彩関連の反応は，Ⅱ章「2．の(3)事例R1プロトコールの解析2」で検討したように，実質的に意味づけされた色彩反応がみられはするが，その数も少なく扱われ方

が部分的・付随的で，色彩という外在する刺激に対しては収縮的であった。したがってここでとくにつけ加えることは見当たらない。

⑵　「動」と意味体験

「動」に関連する側面においても，上述の色彩関連でみた「実質的に意味づけされた反応の出現は，その反応に結果する体験を自らの内に位置づけることで成立する」ということに関しては共通しているのではあるが，しかし「動」に関連する側面の方が複雑である。色彩関連に比して「動」に関連する側面が複雑となるのは，「1．それぞれの個と世界との関係での体験の展開」の前著書の要約に示した，Rorschachの運動反応の定義にある流入する運動感覚は，図版が静止図形である以上は被検者の内面に準備されていなければならないということと，いまひとつは「動」の体験が本質的に時間の連続の中で生じるので，時間的連続性と離れがたく結びついていることとによっている。

1)　「動」体験の位置

運動感覚ならびにその基になる「動」の体験が，被検者の内面に準備されていなければならないことと，それに関連しての「動」体験の位置に関する考察から入ろう。動物は原初的状態においてすでに「動くもの」として存在している。つまり「動」の体験とそれに付随して生じてくる直接的な「動」の感覚とは，もともと原体験に位置して自生してくる性質をもっている。

事例STが示した30を数える反応の中で「運動」の関連を思わせる反応は，わずかにⅣカード「⑤女の子，体操でもやっているような」，Ⅴカード「こうもりが女性を持っている」，Ⅹカード「③男の人が上で頭をぶっつけあっている」の3個である。しかも後の2反応はスコアシートでFMとMとにそれぞれ「post」を付してあるように，その位置で静止した状態の表現ともとれる姿態運動反応で，それ以外のものとしてはⅣカードの「体操」しかないから，これもそのようにスコアしてはいないけれども姿態運動反応である可能性が大となる。結局事例STの内面に位置づけて体験される，実質的な「動」の感覚あるいは体験は準備されていないと考えられる。

さきに述べたように事例STの図形によって触発された着想は，すべてその都度に着想を触発させた図形の側に位置づけて体験されている。色彩感覚にし

ても運動感覚にしても, 感覚体験は直接体験という性質をもっており, 実際は直接内面に位置する体験なのであるが, いずれの体験においてもそのように位置づけて体験する領域が, 事例STには形成されていないのである。こうして事例STの体験可能性の幅が収縮しており, 気づきや認識につながる意味を知る体験の生成も準備されないのである。

事例25は事例STとは違って, 運動関連の反応は色彩関連同様, 数が多い。しかし基礎形体水準は表のように事例STに比して低く, 運動関連だけではさらに低くなっているので, 前項の要約で示した「一般に運動反応の数と形体視の正確さとは比例する」というRorschachの通常の場合の観察事実とは異なって,「形体がよくなればなるほど運動反応が少なくなり, 逆に形体視が不正確になればなるほど運動反応が多くなる」場合があるという, もう一方の事実としたものに該当している（前著書, 120ページ）。それだけでなくIV・VIIIカード以外の8枚のカードで, つまり図版の違いにほとんど関係なくM系列の反応をしており, また連続したM系列の表現において, その主体が図版に確認されないものまでもみられるので, その体験を色彩感覚と同様に事例の内に位置づけて体験して, しかも現実から遊離して, その感覚にのめり込むように取り込まれる体験をしていると考えられる。

事例MAの「動」関連の表現は, VIカード「セミが羽をひらいたよう」, Xカード「羽をいっぱいに伸ばしている」である。すでに指摘したように事例MAは「羽→羽を持つ動物」概念のかなりの保続傾向と, 見えたそれでしかない具象として, 1カード1反応で認知しているので, その点などから考えて姿態運動表現の可能性が考えられる。しかし一方, すでに考察したように実質的に意味づけされた色彩反応がひとつみられ, 体験を自分の内に位置づけているという面もみられた。II章「5.の(1)臨床事態成立時の様態」で考察したように, 事例MAは内面に生じた「動」の体験を「隣, 近所が大勢でうるさい」と, 騒がしさとして体験し, 同時に周囲に移して体験している。自覚が伴ってはいないにしても騒がしさは幻聴体験と同じように, 自分の内に位置づけて体験していると考えることもできる。その点に照らして考えると, 事例MAの「羽をひらいた」,「伸ばした」は多少なりとも内面に「動」感覚を伴っている可能性も考えられる。

2) 「動」体験と独立体としての自分

　述語・状況性の世界への一体化を示す**事例R1**は，Ⅱ章「2.の(4)事例R1と前述の精神分裂病（統合失調症）3事例とのプロトコールの対比」，および「(5)事例R1の世界」で考察したように，主語に当たる認知された対象を，実施段階で対岸視するように図版の側に位置づけて表現し，質疑段階で自分が同一視している述語部分を，自分の内に位置づけて表現していた。認知された対象は外輪郭形体の識別的認知からも，また概念的明確化からも引き下がり傾向が顕著であったが，しかし文法的とでもいうべき論理上の不合理は見当たらなかった。同一視する自分を少なくとも他と区別して，発生的に準備してきており，その点で上記**保続・ST・MA**の3事例とは異なっている。

　事例が直接同一視していた状況性を客体化させて主語に従属する位置を与え，そうすることで主語と述語とが意義あるひとつの連続態となっても，それが自分の中に存在して自分が消滅する体験とならなくてすむのは，内と外との境界をもった独立体としての，自分の存在を知ることによってであることは，Ⅱ章「3.の(1)自分の気づきと認識の形成」でみてきたところである。それはロールシャッハ検査法上は前著書の運動反応で考察したように，内的に自生する「動」の体験から派生する直接的な動感覚を客体化させ，その感覚を刺激した外界の対象と複合させ，外界対象像をその運動のその瞬間の様態として認知することによって成立する。外界対象を形体識別性で認知するだけでは事例MAやSTでみてきたように，見かけの意義として体験するだけの可能性を排除できないが，このように体験された運動反応は，本来内的に自生している体験を認知対象に有意に結びつけて，自分もその体験をする可能性を自らの内に感じ取るものとしての，意味ある体験となっているのである。

3) 「動」体験と継時性

　考察を反応の継時性の問題に移そう。前項で再掲した図式に示されている反応産出の過程は，被検者の図版材料の感受から反応としての外界への表出に至る間の，内面で動く一連の時間的過程として進行し，内面的過程の表示の③選択・決定を経た結果として，表出された反応は通常は変動を示さない。Ⅰ章「6．内的状況性と図版における状況性」では，継時性における被検者の内面での着想の位置の時間的推移について述べた。反応の表出という被検者の直接

的な「動」体験との関係という点では，継時性反応における継時的な表明は，反応産出に関して通常は内面で進行することになる過程が，そのまま外に表明されているようなものである。内的な過程にその直接外界への表出という行為が交錯しており，前項の要約で述べた成熟型の運動反応の場合に要請される，内的に生じている運動感覚の間接化も客体化も生じていない。

事例STの運動関連表現は少ないが，そのほとんどのものが姿態運動表現であることは上に述べた。Xカードの「両側男の人・上で頭をぶっつけあっているのかな」，「頭部が無くなって鎖で中心くくりつけられている」，「二人の頭が一緒になっているのかな」に代表される継時的な発言でも，表現の力点は認知対象のたたずまい，その様態におかれている。Vカードの「こうもり」，「女の人」，「こうもりが女の人を持っている」の継時的展開においても同様である。図形によって触発された着想を図形の側に位置づける事例STにおいては，図形が静止している以上着想も静止的になり，したがって事例STの継時性に伴っている「動」は，着想の類比同定をその都度に図形の側に位置づける，事例ST自身の反応産出過程としての「動」である。

事例25は継時的表現が多い。事例25は運動関連の反応が多く，その運動感覚は事例の内に位置づけて体験されており，その感覚にのめり込むように取り込まれていると考えられることも上にみてきた。事例25の継時性反応の多さはその取り込まれによるもので，したがって運動関連の継時的表現も，運動の様態の時間的流動にまで及び，むしろそれが中心になっている。

事例25が色彩に反応した場合にはそのすべてに継時性がみられ，その継時的な連合に際して，Ⅱ・Ⅲカードでの赤は「火」，全色彩のカードではXカードではその全色彩性が雑多な多種性を感じさせることに働いているのみではあるが，それでも「全色彩性＝雑多な多種性」という関係は失われていないともいえ，さらにⅧカードはその色彩性が「解剖」，Ⅸカードでは「しみ」，「りんごから柿にいたる食物」となって，その意味方向の関連性は一層明瞭で失われていない。運動と結合の表現の場合は，たとえばⅠカード⑤の反応での表現を例にとると，「血吐いてる」につづく「片手上げてる」，「マキシ着てる」は，運動様態の連合の展開には同一の運動主体に対して連続して行われているにもかかわらず，運動様態間の意味関連がみられない。その点色彩に対する継時的連

合の場合と対照的である。

　色彩感覚も運動感覚も感覚的直接体験としては同じで，いずれも被検者の内面に位置している。しかし色彩自身はたとえばⅡ・Ⅲカードの赤色部は赤として外界の図版の中に目に見えるものとして変動せずに存在しており，事例25の色彩に関連した着想の展開にみられる意味方向の一貫性は，それに依っていることを示していると考えられる。それに対して「動」体験は自生的に被検者の内面に準備されていなければならず，「動」体験に直接取り込まれている事例25は，自身の着想展開の一貫性が保てず時間的に流動しているのであろう。

(3)　意味を知る体験の生成と臨床的視点

　以上，**事例 ST** でみられたように，外界にのみ位置づけられた正確な認知は，気づきや認識へとつながる意味体験を準備しないことがわかる。Ⅱ章「3.の(1)自分の気づきと認識の形成」で，5項目に分けて抽出した認識を形成していく諸条件が展開成立するためには，気づきや認識の対象となる体験が先立って自分の内面に位置づけられて成立していなければならないのである。**事例25**では認識へと展開するために必要な，直接体験を間接化させるとともに，その性質・意義・位置づけなどを知る識別的認知力を複合させることができず，直接性で体験されてそれに取り込まれている状態なので，この場合にも認識の成立にはいまだ至っているとはいえない。しかしその直接体験を自分の内面に位置づけて体験してはいる。その内面に位置づけての体験が認識への展開を準備する意味をもつものとしての体験を成立させていることが，運動反応や実質的に意味づけされた色彩反応が多く出現していることに示されている。

　臨床的な視点との関連でいえば，Ⅱ章「2.の(2)発達的観点からの見かけの識別的認知」で**事例 MA** と事例 ST との対比から，たとえ認識を伴うことにはなっていない見かけの正確さであっても，識別的認知力の差は現実に対する対応力において差をもたらすことをみてきた。事例 MA の臨床事態の発生年齢は18歳頃で，事例 ST は40歳を越えた頃であった。事例25は25歳で事例 MA の方に近い。考察してきたことから，事例25の場合には直接体験は自分の内面に位置づけて体験されているから，それに対する認識の形成にはそれを間接化させることと，その性質・意義・位置づけなどを知る識別的認知力が育って複

合が生じればよいことになる。いいかえると後者の形成が弱体であったことが臨床事態の発生をもたらしており、それが弱体であることが、比較的若年での臨床事態の発生となっていると考えられる。これは事例25の弱点と表現できると思えるが、この弱点は「弛緩型拡張」型の弱点である。事例25でいまとらえた点は、「弛緩型拡張」の問題は当てはまらないが、その他の点は程度の差があるだけで、基本的に事例MAにも該当する。

　比較的若年での臨床事態の発生ということは、事例に事例の支えとなるものの形成も弱体であることを意味しており、支えとなるものが少しでも形成されてくると、事例自身のその受け入れには比較的複雑な事態は生じにくいことになる。要はその弱体部分の育成強化に集中すればよく、臨床的支援もそこへ焦点化がしやすいことになる。それに対して事例STの場合には、まずは直接性を帯びた体験を内面に位置づけて成立させることが必要になる。事例STの外界にのみ位置づけられた正確な認知が、それを困難にしている。それはこの年齢に至るまで何とかではあっても、臨床事態の発生を防いで事例を守ってきたものである。それを手放すことになる直接性を帯びた体験を内面に位置づけて成立させることは、相当の困難が避けられないであろう。その望ましい展開が不可能であるとは当人をさておいて、他者が勝手に断定することはできないが、困難度は事例STにおいて相当高いということは避けられない。反応量という現実とのかかわりでかなりの量を示すにもかかわらず、体験可能性幅の収縮型が重い困難と結びつくひとつの例になる。

3．特異な「動」体験を示す事例R2と、構造的にみた「動」体験の性質のまとめ

(1) 事例R2プロトコールの特徴と整理†

　［事例提示］に示した**事例R2**のプロトコールは、全体を通して「動」の契機を中心にした述語・状況性の表明が前景に立っている。図版との対応という点では、事例R1などとは違って図版の図形に対応している対象像の認知が認められ、一見それが各図版ごとの事例の着想展開の起点と思われるような表現になっている。この図版と対応している認知を対象認知としておくが、通常み

られる主語が支配・主導する論理に基づく場合には，認知対象が主語の位置を占め，述語・状況性はそれに従属しているので，主語同一性，つまり認知対象によって反応の独立性が認定される。このプロトコルでは図版に対応している認知対象がそのような主語の位置になく，認知対象が複数の場合でも，反応は結果的に各カード1個とするよりないようなプロトコルになっている。

検査結果は上記のようにかなり特異な性質を帯びているので，通常用いられる解析手順ではこのプロトコルの特徴をうまくとらえることが難しい。それを考慮して，ここではまず各カードごとに，その認知対象を示すとともに，示された述語・状況性の特性を概観しておくことにする。

Ⅰカード：認知対象；蛾 W F+

「述語・状況性」；「襲われて」の襲う，「下から来る」，「攻撃」，「身構え」の，それぞれの主体と認知対象との関係が定かでなく，また主体が図形像として存在するのか否かも不明である。内容的には「後ろ・上↔前・下」，「襲う↔身構える」の対極論理に支配されており，それが主題に位置している。質疑で図版との関係を質されての応答は，図像・概念表象いずれにおいても，全体像を明確にすることや，それとの関係が問題にされておらず，部分的にばらばらである。

Ⅱカード：認知対象；熊 D_2 F+，鳩 D_3 F+，蝶 D_4 F+
　　　　　[$\Sigma D = W$]

「述語・状況性」；「熊がローソクを持つ」には図形像対応があるが，「熊が蝶や鳩の邪魔をしている」は，赤色部の蝶・鳩に黒色部の熊が，図形構造の上で割り込んでいるようになっていることの影響によるものと考えられる。その他にはダンスをも含めて図形対応はない。

Ⅲカード：認知対象；カッパ D_2 F+，ロクロ（付随的）D_5 F+
　　　　　[$\Sigma D = W$]

「述語・状況性」；中央部の空白で灰色部が2体を，さらに下部で灰色部がつながりを示唆する灰色部全体の図形構造が，ロクロ回転着想を刺激している可能性がある。ロクロ回転が同一で，回転主体がロクロからカッパに移行している。

Ⅳカード：認知対象；人物像（雪男〜登山家）　W　F＋
　「述語・状況性」；図形像対応はない。「威嚇↔おびえ」、「上↔下」の対極論理が主題化している。認知対象ははじめ雪男であるが、質疑後半の登山家とおぼしき人間の「足が浮いている、手が縮こまっている」は、ふたたび認知対象の人物像を描写している可能性が高く、混交の疑いが強い。少なくとも被検者はそのような不明確性に意を用いていない。
Ⅴカード：認知対象；惑星人（2体の混合）　W　F－
　図形のわずかな左右不対称部分から2体と着想し、1体を示唆するW状況に支配されて混合されている。
Ⅵカード：認知対象；弦楽器　W　F＋
　「蛇皮線」から語呂合わせによって連想が進行し、図形像対応は消散している。ここでの「動」は、語呂合わせによる連合の直接的進行である。
Ⅶカード：認知対象；フランス人（ふたりが連結）　W　F＋
　ことば・ダンス・シャンソン・幸せな世界・自己満足と、音声・行為・メロディー・内面心理のジャンルの別なく、流暢な流れの感覚に主導されている。
Ⅷカード：認知対象；カメレオン D_1　F＋、鮫 D_4　F＋、肺 D_7　F－、
　　　　　　肝臓 D_8　F－、肛門 D_2　F－
　　　　　　$[\Sigma D = W]$
　「述語・状況性」；認知対象の相互関係は図形上は部分的に表現された対応をみるが、その結合表現には有意関連がまったくない。異なった色彩の集合が「いろいろある」という状況性としてとらえられ、それに意味関連が支配されてばらばらなのであろう。
Ⅸカード：認知対象；タツノオトシゴ D_3　F－、芯 D_4　Fpm、
　　　　　　桃太郎 $D_1 / 2 \times 2$　F＋
　　　　　　$[\Sigma D = W]$
　「述語・状況性」；ロクロ回転の芯でわずかに図形との部分対応がみられるが、結合表現の意味関連に関してはⅧカードと同じである。
Ⅹカード：認知対象；蟹 D_1　F＋、ロケット D_3　F＋、オウム D_{12}　F＋、
　　　　　　猿（犬）D_5　F＋、人（心臓）D_{11}　F？、アメリカ D_6　F－

$$[\Sigma D = W]$$

「述語・状況性」；結合表現の意味関連はより一層ばらばらである。

⑵ 事例 R2 の対象認知†

示された**事例 R2** の対象認知を一覧してみると，つぎのようなかなり明確な特徴が読み取れる。

①無色彩カードでは，すぐつぎに述べるⅦカード以外はすべて W で1体の対象を認知している（Ⅴカードでは融合型になっている）。Ⅶカードでは2体の対象を認知しているが，質疑で2人が連結していると断っており，同一色調で下部領域があまり分割を示唆していないことによって，領域の不分割に導かれている。Ⅴカードの融合型もその点では同じ機制に基づいていると思われる。それに対して色彩カードではすべての認知対象が部分領域である。認知対象の次元ではその色調の違いによって分割・区分されていることになる。色調つまり図形の地は図形の状況性である。図形の外輪郭形体の識別性の違い，つまり認知対象の独立性に従って区別されるのではなく，図形の状況性に支配されて区別されているのである。

②しかし表現された次元では，はじめに述べたように分割・区分された認知対象が独立体に位置づけられることがなく，カードごとの発言が結果的にひとつの反応とせざるをえないような形になっている。

③色彩カードでの認知対象の領域を集めると，全体かあるいはほとんど全体の領域になっている（$\Sigma | D | \to W$ または W）。前項で再掲した前著書の反応産出の過程の図式でいえば，被検者の内面での過程の中のとくに「③選択・決定」という，被検者の主体的な営みの部分がまったくといっていいほど働かず，ひとつのカードでの反応の終結が図版図形を一通り網羅し終えたという，図版状況枠によりかかって成立しているのである。

④すべてが集合概念も用いないまったくの具象概念で，①～③に示した事実はひとつの領域はひとつの概念に当てはめられていることを示している。

⑤推定される基礎形体水準は全色彩カードで正確度が低下するのに対して（推定 $F+\% = 57.1$），それ以外ではⅤカードで木星類と金星人の融合型とされていることによる F− 以外はすべて F+ である（推定 $F+\% = 90.9$）。

上記①のパターンはこれまでの事例との関係でいえば，**事例 ST** にみられたパターンに類似性が高く，無色彩では W でほとんどが 1 体の対象であるのに対して，色彩カードでは部分認知であることは一層鮮明で，色彩の存在にそのように反応しているのであるが，それでいて固有の色で実質的に意味づけされた色彩反応がみられないことも同じである。対象認知では全色彩で正確度が低下し，そうでないカードで対象認知の正確度が高いという点でも事例 ST と同じで，しかもその傾向も一段とはっきりしている。色彩と識別形体との複合が困難であることは確実であろう。

　事例 R 2 は対象認知に限ってみても，外輪郭形体が反応概念の合理的な独立性を守ることができていない反応がみられる。V カードの反応はそれぞれ独立体であるはずの「木星人」と「金星人」とが合体されて一体のものとして認知されており，IV カードでは W が「雪男」とされて「登山家」は質疑ではじめ見えていないとされているのであるが，質疑の終わりの登山家のことと考えねばならない人間が，「足からガタガタ？」と問われてのその様態の説明は「雪男」とされた W の人間像に従っていると考えられるそれになっている。これはともに具象的な独立的存在はその空間を占有し，同時に他のものがその空間を占めることができないという，心得られているべき論理的大前提が無視された認知である疑いが大きい。少なくともその大前提に抵触する可能性が問題になるということに意が用いられていないことを反映しており，識別的外輪郭体が反応の合理的独立性を守ることができていない，主体性の障害度の大きい認知となっている。この特徴からだけでも事例 R 2 の識別的認知は，事例 ST 同様認識を伴わない見かけの識別的認知であることがわかる。II 章「2．の(2) 発達的観点からの見かけの識別的認知」で，認識を伴わない識別的認知は見えているものがすべてで，自分もそれに融合・合一されて体験されていることを述べた。上に述べた事例 R 2 の対象認知にみられた特徴は，事例 R 2 もそれに該当することを示している。

　以上，事例 R 2 の対象認知は図版図形は相当の正確さで認知されているにもかかわらず，それが主語に位置づいて主導・支配するということがみられない。支配・主導しているのは述語・状況性で，対象認知は見かけの識別的認知で，識別的外輪郭形体が反応（結局のところ被検者自身）の合理的独立性を守るこ

とができていない，精神病水準にあることは明らかである。

　いまひとつ，事例R2の対象認知にみられた④の事実は，Ⅳ章「3．具象に限定される体験」で考察する，自分のかかわる対象が，ただそれひとつのものとして存在する具象としてしか理解できず，したがって形あるものとしてはみえない「抽象」の理解が身についていない，こころの世界をこころの世界として理解することができていないことを示しているので，この点も事例R2の病態理解には重要である。

(3)　表明された述語・状況性の様態
1)　事例STならびに事例25との対比

　前項で**事例R2**の対象認知のパターンは**事例ST**のそれと類似しているだけでなく，その傾向を一層鮮明にさせているともいえることをみてきた。「2．意味を知る体験生成の準備の様態」で考察を加えたように，色彩感覚にしても運動感覚にしても，感覚体験は直接体験という性質をもっており，そのような体験は本来は直接本人の内面に位置する体験である。それにもかかわらず事例STにはそのように内に位置づけて体験する領域が形成されず，気づきや認識につながる意味体験の生成が準備される状態が成立していなかった。そのようにして事例STは反応領域の関係で色彩の存在に明らかに反応しているにもかかわらず，固有の色で実質的に意味づけされた色彩反応がなく，また実質的な運動反応をもみなかった。事例R2は事例ST同様に，固有の色で実質的に意味づけされた色彩反応を産出することができていない。しかし事例R2は事例STと異なり，結合表現にまつわる「動」の表現を多く示している。

　「動」の表現を数多く示していた**事例25**の方は，実質的に意味づけされた色彩反応をも数多く示して，両者に関係する体験が直接内面に位置づけられていることが確認できた。同じ直接性をもつ感覚的体験であっても，外界の図版に存在する色彩に対する対応は，直接体験を内に位置づける領域が準備されていない場合には，事例ST，R2のようなケースをも含めて，反応が生じないとしても不自然ではない。事例R2の特異な点は，本来ロールシャッハの図版には存在しない「動」の体験は，被検者の内に自生的に準備されるはずのもので，それが生じている証しとなる「動」の表現が示されているにもかかわらず，他

方に事例STと共通する，つまり直接感覚を内面に位置づけて体験する領域が形成されていないと思われる結果をも示しているという点にある。

　ここで事例25の「動」の表現とを対比させてみると，つぎのような重要な違いが浮かんでくる。たとえば事例25はＩカードで，「女の人と男の人，背中合わせ，血吐いてる，片手上げてる，……マキシ着てる」と反応している。「背中合わせ」，「血吐いてる」，「片手上げてる」，「……マキシ着てる」と連続して表現されている個々の「動」の表現が，全体として意味上どう関連し合っているのかが，あまりはっきりしない。つまり意味関連が散漫で密でない。しかし一方，個々の表現された「動」の様態は，それぞれにどのような意義をもつかは散漫であるにしても，いずれも主語に該当する対象，この場合は「女の人」か「男の人」，あるいはその両者であるが，その動作として日常的にありうる，その意味で有意の動作になっており，同時にその「動」の様態は主語に直接従属する，つまり主語の様態を直接明らかにする「動」の表現になっている。事例25では図形上の主語と事例自身とは合一的であるはずであるから，事例が気がついているか否かは別にして，直接体験という述語・状況性を事例自身という主語の下においていることになる。それに対して事例Ｒ２の場合はさきに述べたように，結合表現にまつわる「動」の表現，つまり対象間の関係の様態についての「動」の表現が主力となっていて，事例25のように主語に直接従属する「動」の表現になっていない。以下に事例Ｒ２の表明された述語・状況性自体に目を移すことにする。

2）　図形状況と結びつく「動」の契機

　この**事例R2**のプロトコールの解析のはじめにも述べたように，検査に先立って全体を支配している「動」の契機と検査との結びつきで，もっとも数が多いのは表題の図形状況との結びつきで，10枚のカードの中でⅡカード以下の６枚，つぎの3）との両方にまたがっているⅦカードを加えると７枚になる。以下に７枚のカードについて，個別的にその様態を示すとつぎのようになる。残りの３枚は3）に示すように，「動」の契機が外連合に結びついたものになっている。

　Ⅱカードは色彩の存在で，認知対象は複数になっている。このカードでの反応の「動」の表現は，ていねいにみると３つの性質の異なるものから成り立っ

ている。その中で「熊が蝶や鳩の邪魔をしている」は，図形全体に対する対応となっている点からみて，このカードでの主題に位置すると考えられる。一応有意の「動」の結合表現となっていて，図形との対応をももっている。しかしこの表現は主語に該当する位置にある「熊」，「蝶」，「鳩」自身の識別的な図形上の様態，あるいはそれぞれの認知対象概念上の必然で着想・表明されたものではなくて，赤色部の蝶・鳩に黒色部の熊が割り込んでいるようになっている図形構造に支配されて認知されたもので，有意表現となっているのは2種で複雑さがない単純な対比構造によると考えられる。この図形構造の状況性による意味づけは，結局主語自体のありようとは無関係である。

　その他の2種のものは副次的な位置にあって，まず「ダンスをしている」，「かばう」，「ほっつき歩いている」は，表現はそれぞれ個別に主語に従属する「動」の表現になっている。主語に該当するものは図形つまり現実対応があるが，述語表現はいずれも図形対応がなく被検者自身の主題である。いまひとつの「熊がローソクを持って」には図形対応がみられるが，この反応は姿態運動反応で「動」の契機が弱い。

　ⅢカードもⅡカード同様灰色系と赤色よりなるが，このカードでの赤色部は灰色系の領域から明瞭に分離し，灰色領域に対して付加的な位置にあるので，事例R2はそれに従って，赤色部認知をはずしていると思われるので，事例R2にとっては無色彩系のカードと同じように位置していると考えてよいであろう。そのⅢカードではロクロ回転の「動」に直結する「述語・状況性」が支配・主導して，回転主体がロクロからカッパに移行する，典型的な原体験論理構造に支配されている。ロクロ回転は「3.の(1)事例R2のプロトコールの特徴と整理」に示したように，このカードでも運動主体の動態図形像とは関係なく，図形構造に触発されている。

　Ⅴカードでは図形のわずかな左右不対称部分から2体を着想しているが，1体を示唆する図形の全体構造に支配されて混合されている。「図形のわずかな左右不対称部分からの2体の着想」，「1体を示唆する図形の全体構造に支配されての混合」，やはりいずれも図形状況に反応しているのである。このカードでの「動」が上述のⅡ・Ⅲカードと異なる点は，Ⅱ・Ⅲカードでの「動」は一応図形自体の中にある対象のそれとなっているのに対して，このカードでは図

形の構造いじりに由来する2体の様態描写で,「動」の主体が事例R2自身になっている点である。しかし事例R2のように原体験が支配する事態では,主語に該当する対象は融合・合一的で移行は容易であるから,認知対象と認知している被検者自身とは論理的にはまったく異なるが,原体験が支配するこの事態では相互に移行の容易な密に近接した位置にあると考えられる。

VIIカードで表明されている述語・状況性は,ことば・ダンス・シャンソン・幸せな世界・自己満足と,音声・行為・メロディー・内面心理のジャンルの別なく,流暢な流れの感覚に主導された連合の中に「動」が現出している。これはつぎの3)で取り上げる外連合と結びつく「動」の契機である。しかしその連合を触発している流暢な流れの感覚は,このカードの図形構造の軽快感によると思われる。はじめに両者にまたがっていると言ったのは,このカードである。

最後の3枚の**全色彩カード**では,最初のVIIIカードの「動」の表現を取り上げると,「カメレオンが鮫の肉体を変えたい」である。この表現の重要な特徴は,着想された主語該当部分の相互関連を示す述語・状況性の意味関連が欠落していることにある。その点に関してはこのVIIIカードだけに限らず,残りの全色彩カードのいずれにおいてもまったく同様である。「3.の(1)事例R2のプロトコールの特徴と整理」に示したように,異なった多種の色彩の集合が「いろいろある」という状況性としてとらえられ,それに意味関連が支配されてばらばらなのである。

3) 外連合と結びつく「動」の契機

本来の無色彩系のカードのうち,I・IVの2カードでは表明された述語・状況性としての「動」が従属すべき主語に,図形に一体で認知されている認知対象が該当するのか,あるいは主語は図版上には認知されていないのかが不明である。したがって表現は対象明確化よりも,表明された述語・状況性が主になっている。その「動」の内容は対極論理に支配されており,図形像とは関係が見当たらない。対極的論理構造は図形構造とは無関係の被検者自身によるもので,それも内的必然性のない外連合によるものである。IVカードではその述語状況の中で,主語該当対象が混交している疑いが濃厚である。

VIカードは「蛇皮線」から語呂合わせによって連合が進行し,図形像対応は消散している。ここでの「動」は「3.の(1)事例R2のプロトコールの特徴と

整理」に示したように，図形にみられた対象，あるいは図形構造に結びつけられたそれではなくて，語呂合わせという被検者自身の知的な外連合の「動」である。

4) 付帯主題

Ⅰ・Ⅳ・Ⅴ・Ⅸ・Ⅹの5枚のカードには，「攻撃（論理的対極は被害）」のテーマについての言及がある。いずれも図形像とも認知対象概念からの必然性とも関連が見当たらないので，事例R2自身の主題であると考えられる。事例R2自身の状況から判断すれば，自分が現実の状況にかかわらねばならないということ自体を，被害的に位置づけているのであろう。

(4) 「動」の契機の支配と主語と述語との偽性複合

1) 主語となる形体知覚と運動感覚との偽性複合

本章「2．の(2)の2)『動』体験と独立体としての自分」の末尾で，成熟型の運動反応は「内的に自生する『動』の体験から派生する直接的な動感覚を客体化させ，その感覚を刺激した外界の対象と複合させ，外界対象像をその運動のその瞬間の様態として認知する」，それによって「本来内的に自生している体験を認知対象に有意に結びつけて，自分もその体験をする可能性を自らの内に感じ取るものとしての，意味ある体験となっている」ことを述べた。「(2)事例R2の対象認知」でみたように，見かけ上のものであるという問題点があるにしても，対象認知の形体識別的正確度は高かった。しかし「(3)表明された述語・状況性の様態」でみてきたように，図形状況と結びついたものにしろ，外連合に結びついたものにしろ，その述語・状況の様態は主語であるべき認知対象の図形とは図形構造的に無関係であった。外界対象像を運動のその瞬間の様態として認知することは，行われていないのである。

「動」体験，いいかえると文法上の動詞は，述語の中でもっとも重要な位置を占めて，それぞれの主語に従属し，図形に認知された対象が主語に位置するのが通常である。**事例R2**の場合もそれぞれのカードで識別的な対象が認知され，表現の形式上はそうなっている。しかし，その主語と述語との関連は表現形式上のもので，図形認知上はすべてのカードで表現された述語・状況性の様態は，その主語に当たる認知対象に密に関連した識別的形体とはなっていない。

主語と述語・状況性とは実質的には関連を欠き，主語と述語・状況性との複合は偽性複合である。そのもっとも典型的なものがもっとも数多くみられた「動」の契機が図形状況と結びついた認知で，支配を受けた図形状況の中にその認知対象が存在していたというだけで結びつけられており，主語と述語・状況性とは実質的には無関係である。そうであるからこそ，3枚の全色彩カードでみられたように，表現上は述語が主語に従属する形になっており，主語に該当する対象は図形上に正確に認知されているが，表現全体はまったく意味をなさないというものがみられるのである。「動」の契機が外連合と結びついている残りの3枚のカードにおいても，この主語と述語・状況性とは実質的には無関係であるということに変わりはない。結局すべての反応が偽性複合として展開していることになる。主語と述語・状況性との複合が偽性複合であるということは，Rorschachが「運動反応は，形体知覚に加えるに運動感覚の流入によって決定される」と定義した，主語となる形体知覚と運動感覚とが偽性複合となっていることになる。

2) 「動」の契機の支配

事例R2が示したプロトコルの平均初発反応時間 R_1T（Av.）は4″で，事例が課題に接してから反応するまでの時間が極めて短い。これはこの事例の解析に際してはじめに全体に「動」の契機が著明であるとした観察と符合する。ここで事例R2の「臨床の様態」からの情報に注目することにしよう。それによるとこの検査の前から事例R2はほとんど睡眠を取らなくなり，多動傾向となったとある。事例R2は以前には臥床しだすとそれが数カ月も持続したともされている。この無運動は多動の対極である。多動と無運動とは「勢い」のプラス・マイナスの両極を形成している。原初的には動物は動くものとして存在しているということは前にも述べた。「勢いの有無」という軸はその原初的「動」に本質的に関連する，原体験にそなわるものと考えられる。すでに事例R2には少なくとも自覚につながる統制の力が身についていないことは，これまでのプロトコルの解析から浮上しているところである。事例R2は検査が実施される以前に，すでにこの「勢いづき」の傾向に取り込まれており，検査は事例R2がその状況に取り込まれているなかで進行していると考えられる。

課題に接して反応するまでの時間が全体に早いということを押さえた上で，

その中で時間が長いのがⅠカードの10″ならびにⅣカードの7″で，他はすべて4″以下である。このⅠ・Ⅳのカードは，「外連合と結びつく『動』の契機」に分類した3枚のカードのうちの2枚となっている。ちなみにこの群に分類した3枚のカードの平均初発反応時間は6.7″で，「図形状況と結びつく『動』の契機」に分類した7枚の平均初発反応時間2.9″の倍を越えている。示された両群の初発反応時間の差は，偶然の所産とは考えられない。

　事例R2の対象認知は見かけの正確な識別的対象認知となっており，表現上はその認知対象が主語という形式になっている。しかしそれに従属するはずの述語部分は，表現された主語と述語との偽性複合になっている。認知対象だけではなくその「動」の様態までもが識別的形体でとらえられるには，それだけの手間と時間とを必要とし，先んじて被検者が落ち込んでいる反応の早さではそれができないのである。そのうち過半数を上回るカードでは見かけの図形の構造に触発されて，「図形状況と結びつく『動』の契機」群となったと考えられる。この群で最初のⅡカードは赤と無色彩系という単純な対比構造でわかりやすく，図形構造上も対応のある有意の，しかし主語のありようとは実質的には無関係の表明となった。それに対して3枚の全色彩カードでは事例R2の対応の早さでは，「いろいろある」が複雑でとらえ難いにつながり，関連全体の意味を考える暇もなく，個々の関連がその瞬間の事例R2の着想で表現されて，結果的に無意味なものとなったと考えられる。残りの無色彩の3枚は同一色調で一体のものが認知されることになり，Ⅲカードではロクロ回転，Ⅴカードは「左右不対称部分からの2体」と「全体構造からの1体の示唆」による混合，Ⅶカードでは流暢な流れの感覚に結びついたと考えられる。

　「外連合と結びつく『動』の契機」群はいずれも同一色調の一体で，図形構造上もすぐに結びつけることができるような特性を，一見してという早さでは見いだすことができず，事例自身の外連合による展開となった。それをさぐるためにこの群では図形状況と結びついた群よりも反応時間を必要としたと考えられる。

　事例R2の連合は事例自身の内的必然性に結びつかない外連合とならざるをえないが，連合という知的な領域における「動」となっている。その点Ⅴ章で検討する事例R4の場合には，それが検査状況での事例の直接的な動作に

「動」の契機が結びついている。事例R2の［経歴ならびに臨床所見の概略］でみると職業適応の実際には困難が生じているようで，これはプロトコールの解析からみて残念ながら首肯されることになるが，一方，事例R2は大学院に在籍しており，大学在籍までの知的過程が一応有効であったと考えなければならない。その点では事例R2はそれだけの力をもっていたと考えねばならず，見かけのものではあったにしろ，示された識別的形体認知の力がそれに対応しているのであろう。

　主語に該当するものが図版に認知した対象であるか，検査を受けている認知主体であるか，また「動」の領域が知的領域であるか実際の動作領域であるかの違いは，通常の主語同一性の論理からすれば重要な違いを形成する。しかしすでに押さえてきたように，原体験世界では融合・合一の中で，主語同一性の論理では主語が述語・状況性を支配・主導しているはずのものが逆転している。したがって「動」が一貫していて，それが従属する位置にある主語，ならびに被検者の活動領域（この場合検査における被検者の知的連合か検査における被検者の実際行動か）が移行することは，当然生じやすいことをすでに繰り返されてきたことであるがここで付言しておこう。

⑤　「動」の契機といわゆる非定型精神病

　この章冒頭の前著書の要約で示したRorschachの，「運動反応は，形体知覚に加えるに運動感覚の流入によって決定される」とする定義は，通常図版の中に形体知覚の対象が識別的に認知されて主語になり，表現された「動」がそれに従属する述語・状況性となる。それで主語が支配・主導する認知になっており，成熟型の運動反応はそのパターンである。前著書ではこの成熟型の運動反応の構造について詳細に検討を試みた。しかし前著書でもその運動反応についてかなりの考察を加え，ここでもさらに検討を加えてきた**事例25**，ならびに新たに検討対象とした**事例R2**の運動反応は，それには当てはまらない。両事例ともプロトコール全体にわたって「動」の契機が顕著である。成熟型の運動反応が定着している場合には，識別形体による全体の安定した統制は欠かせないことで，運動反応が比較的産出される場合でも，このようには頻出しないはずであることは前著書ですでに述べた（130ページ）。

同じ前著書の要約で図版が静止図形である以上は，流入する運動感覚は被検者の内面に準備されていなければならないことをも示した。動物は原初的状態においてすでに「動くもの」として存在しており，「動」の体験はもともと原体験に位置していて，その体験は直接的な「動」の感覚を伴っている。被検者の「動」感覚が図版あるいは課題の何らかの要因に触発されているにしても，それによって被検者の内面に生じた「動」感覚は，その内面性の故に図版すなわち現実から遊離して働く可能性をもっていることも前著書で示した（107ページ）。前項の事例R2の解析で浮上した「勢いづき」の軸は，この「動」の体験に密接に関連して派生する。現実との関係を認識することが第一の命題とはならずに，述語・状況性が主導する，つまり未成熟型の論理構造が支配するなかで，「動」の契機が「勢いづきの軸」を巻き込んで顕著になっている場合には，この両事例にみられるように精神的臨床事態は「非定型精神病」の病像を呈すると考えられる。II章「1．の(2)原体験の世界」に登場した，動揺・混乱を追い出そうとして周囲に悪態をつくという，「動」の契機の支配が臨床像の中心となっていたP2事例も，この範疇に属している。

　前著書では事例25のプロトコールで，この原体験に位置する内的に自生する直接的な体験である「動」感覚が，さらに以下のような性質をもつことと，その性質がもたらす影響を考察した。考察で引き出された性質は，①内面で「動」を直接感覚することが実在の感覚をもたらす，②感覚が意味実現をもたらすのではないが，「動」の感覚が価値や意味を実現させる行為や動作に結びついて，繰り返し直接体験されるために意味実現や達成の感覚と結びつく，③「動」が時間的に連続した体験であるために，連続性の感覚を伴い，④また流動あるいは浮動の感覚と結びつく，などであった。本書の［事例再録］の事例25のそれに付した［解釈の要点］には，事例25はこれらの内面に自生する活発な「動，実在，実現や達成，連続，流動あるいは浮動」などの感覚のいずれか，あるいはその融合したものに取り込まれて，現実との関係に無頓着になっていることを示した。この事例25についての前著書のまとめは訂正の必要はないのであるが，事例25と今回の事例STならびに事例R2との対比で明らかになったことは，この感覚への取り込まれが生じるためには，本章「2．の(3)意味を知る体験の生成と臨床的視点」でとらえた，これらの体験が自分の内面に位置

III. 体験のドラマ（I） 107

づけられて成立していなければならないということである。前著書ではこの点をとらえて，明確に示しておくことができていなかった。

　事例R2では考察してきたように，主語となる認知対象と述語・状況性に位置する運動感覚とは，表現上は通常の主語と述語との関係で示されているが，実質的には相互に無関係で，偽性複合となっていた。認知対象ではすべてが具象概念で，しかも形体識別度は高いものであった。また，無色彩カードは全体認知であるのに対して色彩カードでは部分認知で，色彩の存在に明らかに反応しているが，固有の色彩で実質的に意義づけされた反応を見なかった。つまり，体験はすべて図版に正確に位置づけて，それに対して内面に位置づけて体験する領域が準備されていなかった。述語・状況性の方では，述語・状況性で重要な位置を占める「動」の体験は活発で，「動」の体験が本来内面に自生するものであるにもかかわらず，それが図版の状況性として，あるいは連合という内面の営みであるが外連合という「外」に位置づけられたものとして体験されていた。偽性複合はそのようにして成立していた。残る問題は内面に位置づけて体験する領域が準備されないことが，どのようにして形成されるのかである。Ⅳ章「3.の(4)具象に限定される体験と原体験」で，他の関連事例とあわせてその問題を考察する。

　内面に自生する「動」の体験は気づきや認識の対象となりえていない場合でも，事例25や事例R1のように内に位置づけて体験するのが自然である。P2事例も内面の動揺・混乱を追い出そうとして周囲に悪態をついていたのであるから，自分に不都合な体験を直接「動」に結びつけて自分の内面に体験している。その点事例R2のように，「動」の体験をその着想を主として触発させた図形あるいは外連合という外枠に関連づけて，内面に位置づけて体験する余地をつくっていない，そのために内面から自生する「動」の体験が意味を知る体験につながらない事例はたいへん珍しく，このようなプロトコールは著者のこれまでの経験でもこの事例しか体験していない。

　事例R2のプロトコールに付した［経歴ならびに臨床所見の概略］には，内面から自生する「動」の体験が意味を知る体験につながらないひとつの具体例が示されている。事例R2の病像は疾病概念に意味を知る体験につながる表現が徹底して避けられていると思われる，「多動－無動性運動精神病　hyperkinetisch-akinetische Motilitätspsychose; LEONHART」に典型的に該当すると考えられる。しかしここで重要なことはこのような疾病分類ではなくて、その病態さらに意味を知る体験の生成が構造的に明らかになったことである。またロールシャッハ学の点から重要なことは、これらの構造はロールシャッハ検査法を介してはじめて明らかになったといえる点がみられることである。

(6) 構造的にみた「動」体験の性質と運動反応のまとめ

前著書ならびにここまでさらに考察を加えてきた「動」体験の、構造的にみた性質を整理して示すと以下のようになる。

1) 主体（主語）の状況（述語）を構成している。
2) 外界へ向けての直接的体験で、直接体験水準での能動的営みである。
3) 起源的には原体験に位置して自生し、原体験の性質を担っている。
4) 内面に自動的に運動感覚を派生させ、運動感覚の体験は直接的で受動的である。
5) 時間的に連続しており、時間的に変動する。
6) 「勢いづきの有無」と密接に関連している。
7) 通常連続性は意義とつながっていくが、意義ある体験となるためには、
　①気づきから認識に至る間接化過程の複合が不可欠で、
　②気づきの対象となる体験を内面に位置づけて、保持することができていなければならない。気づきの対象となる内面の体験は、内面に自動的に派生する運動感覚とその記憶である。
8) 意義とつながった「動」体験が繰り返されることで、派生する運動感覚は「実在、実現や達成、連続、流動あるいは浮動」などのいずれか、あるいはその融合した意義感覚と結びついてくる。この意義感覚は運動感覚に結びつく直接的体験で、認識の対象となる実際の行動の意義判断に結びついているのではない。意義判断との結びつきは認識の方からの複合によって成立する。

運動反応を広義にとれば、直接に示される行為をも含めて、検査条件に反応して示される「動」、ならびに「動」に関連するもののすべてが該当する。ス

III．体験のドラマ（I） 109

コアとなる狭義の運動反応は，上述の「動」と図版の認知との複合されたものである。図版の認知には前章で考察してきたように，被検者の個の形成と世界の体験の様態が投影されてきている。狭義の運動反応だけでなく運動反応を広義にとらえて，「動」体験が上に示した条件のどれだけを身につけて出現してきているか，また図版の認知に投影される個の形成と世界の体験の様態，さらに両者の複合の様態を読み取ることが，そのまま運動反応の解釈になる。当然そこから運動反応には，成熟型から成熟不全を示すものまでがみられることになる。いずれにしろ，成熟型のものには7)に示した条件が不可欠で，気づきから認識に至る間接化過程においては，見分け，つまり識別的認知がもっとも重要な位置にある。

　運動反応に関して Rorschach が，①通常の場合には「一般に運動反応の数と形体視の正確さとは比例する」のに対して，②「形体がよくなればなるほど運動反応が少なくなり，逆に形体視が不正確になればなるほど運動反応が多くなる」という相反する事実を観察し記載していることは，これまでに繰り返し示してきた。Rorschach は運動反応に関してこの相反する観察事実が生じた理由については何も述べなかったが，ここに整理して示したことから，Rorschach の観察の①は運動反応における成熟型の複合を反映し，②が不全型の複合を反映していることがわかる。

IV. 体験のドラマ（II）
―― 投影，シュレーバー・ケース，具象に限定される体験 ――

1. 投　　影

(1) 投影の構造的考察

　ロールシャッハ検査法は投影法の代表的なものに位置づけられている。「投影」はフロイトによって重要な機制として取り上げられたことはよく知られているが，この概念が「投影法」の「投影」と同一かということになると，たとえば Schachtel, E. G. [13] は TAT の Murray, H. A. も同じ見解であると指摘しながら，「もともとフロイトによって発展させられた『投影』の概念は，どの投影法においても重要な役割を果たしていない（訳書，14ページ）」と述べているように，すっきりしない。Schachtel は投影法に関連しては，「往々にして……投影という言葉が多少とも漠然とした意味あいで用いられている（訳書，16ページ）」とするとともに，「ロールシャッハ法を投影法の範疇に分類している多数の学者の中で，なぜそのように分類し，そうすることによって何を意図しているのかについて，はっきり述べている者はごく少数である（訳書，15〜16ページ）」と述べている。II章では「原体験世界」という理解枠の着想を得て，その性質についてかなり詳しく検討を加えてきた。その理解枠はこの「投影」をめぐる問題にも，かなり有力な理解をもたらすと考えられる。その視点からこの問題についての検討を加えることにする。

　フロイトは次項で検討を加えるシュレーバー・ケースについて考察した論文[3]で，投影についてつぎのように記載している。

パラノイアの症状形成の機制において，特に注目すべきものは投影という名称を与えられたあの特徴的な機制である。投影においては（「私は彼女を愛している」という）内的な知覚が無意識内に抑圧され，その代わりにその抑圧された内的知覚の内容が一種の歪曲を受けた後に（「彼女は私を愛している」という）外界の知覚という形で意識されるようになる。

　ここでわれわれは，(1)投影がどんな形式のパラノイアにおいても同一の役割を演ずるわけではないこと，(2)投影はパラノイアの場合だけでなく，精神生活におけるそれ以外の状況の中においても起り得ること，いやそれどころか，投影は正常者の場合にもわれわれの外界に対する交渉の仕方の中で常に一定の役割を果たしていること，これらの事実を思い出すべきであろう。もし然るべき時にわれわれがこれらの事実を顧みることを怠るならば，この注目すべき投影過程をパラノイアにとって最も重要な精神過程であるとか，パラノイアにとって最も特徴的な機制であるといった具合に見なしてしまいがちである。もしわれわれが，ある一定の感覚（たとえば憂鬱）を受容したさい，その感覚受容の原因を，他の感覚受容の原因の場合のようにわれわれ自身の内部（たとえば自分の失敗）に求めないで，何かそれを自己の外部に存在する原因（たとえば今日は天気が悪い）のゆえにするならば正常でもしばしば経験される。このような現象もやはり投影と呼ぶことができる。以上述べたように，投影を理解するにはもっと一般的な心理学的諸問題の研究が大切であるという点に十分注意しなければならない。（傍点を付した投影は原著ではイタリック）

　引用した訳書の記載の括弧内に示された体験の具体例は，原著[4]ならびに英訳 The Standard Edition[5]のいずれにおいても，当該部位の文脈の範囲内には見当たらない。経験豊かな訳者が読者の理解を助けるために挿入したかと推察するが，確かに挿入された体験の具体例を念頭におきながら記載を読む方が，読む方の混乱が少なくてすむ。

　フロイトの記述部分だけを追っていくと，投影は現象形としては「内的な知覚が外界の知覚という形で意識される」こととなるだろうが，それが成立するためにはその内的な知覚の抑圧と一種の歪曲が必要になっている。抑圧・歪曲が行われるにはそれを営む主体（主語）の働きが前提されなければならず，その着想はわれわれが通常親しんでいる主語が支配・主導する成熟型の論理形態に従っている。この論理的脈絡からは，当然抑圧・歪曲の理由あるいは目的が問われることになってくる。「投影」は防衛機制に入れられることになるが，それはこの論理的脈絡と密接に関連しているのであろう。その点に関しては後

に考察を加えることにする。

　II章の「2.の(2)発達的観点からの見かけの識別的認知」で，妄想着想が活発であった**事例ST**は見えているものがすべてで，自分はそれに融合・合一されて体験されていた。それは述語・状況性が支配・主導する原体験論理に従っており，妄想形成の重要な土台となっていた。述語・状況性が支配・主導する原体験論理に従うと，主語の働きが常に前提されるという条件は二義的になる。その関係は括弧内の体験の具体例で示すのが理解しやすいと思われるのでそれで示すと，具体例に示されている「私は彼女を愛している」と「彼女は私を愛している」とでは，「愛している」という述語部分が2つの思考内容で一貫している，つまり支配・主導していて，主語部分が交替していることになる。この交替は両主語部分が融合的にとらえられている場合には，むしろ自然な成り行きとして生じやすいと思われる。

　同じII章の「5.の(1)臨床事態成立時の様態」ならびにIII章「2.意味を知る体験生成準備の様態」で，事例STと同じように自分が見えているものに融合・合一的に体験されていた**事例MA**では，気づきはともあれ体験を受け止める位置が自分か周囲かが融合的であいまいであったのに比して，事例STにおいてはネガティブな内的体験はすべて周囲に位置づけられて，内面世界はさながら聖域のごとくに，問題を意識するような余地がまったく与えられていないことをみてきた。次項で考察を加えるシュレーバー・ケースも，この点では事例STとまったくの一致を示している。事例STならびにシュレーバー・ケースにみられる，この周囲にのみ位置づけられて，内面世界には問題を意識する余地が与えられていない体験の受け止め方は，II章「2.の(6)原体験の性質と(7)原体験世界の主導原理」で述べたように生体の反応は常にトータルで，直接体験に対する間接化という自分の内的な働きの分化も，対象と自分との分化もなく，基本的には原体験質のものであるが，しかし一方で受け止め方の強い特定限定化が感じられ，その分選択性の関与の可能性が強くなる。選択性には選択主体の関与が必然的に前提されることになり，この脈絡は主語同一性論理とフロイトが無意識としたものをも含めた意図の関与という方向を指向している。防衛論はそれと連環している。

　防衛機制としての投影は，「自己の内部にとどめておくことが不快なものを

外に出してしまう機制」[8]とされている。事例STやシュレーバー・ケースの場合には，それはすんなりと該当する印象を受ける。しかし体験を受け止める位置が自分か周囲かがあいまいであった事例MAでは，この事例にみられた幻聴体験を例に取ってみても，外から聴こえてきたと位置づけられている点では防衛に該当するといえるが，それが自分の内に位置づけて体験されている点では，事例STほどには防衛に役立っていないとも考えられる。事例MAにはI章「6．内的状況性と図版における状況性」でみたようにかなりの保続傾向がみられ，それに対応している分は外界事象に頓着せずに，思っているだけの内界世界に精神エネルギーが向けられているのであるから一層のことである。

　自然科学的な証明のない世界で，体験の明確な区別が第一命題とはならない状況同一性論理，いいかえると原体験論理が有力となる領域の問題であるから推論の度が高くならざるをえないが，おそらくより原初的には，防衛機制とか目的とかにはあまり結びつかないままでの内と外との融合・合一的体験があって，その中で次第に認知力が生じ高まってくる。通常はこの認知力が高い識別性を獲得していくことと，II章「3．の(1)自分の気づきと認識の形成」で考察した内面での自分の気づきと認識の形成とが，相互に影響し合いながら並行するが，時には内的体験はすべて認知された外部に融合的に位置づけられて，内面世界には問題を意識する余地が与えられないようになる場合があることを，事例STやシュレーバー・ケースなどが示している。そのように外部に融合的に位置づけされたものが事実そのものとされると，それが妄想といわれているものになる。

　この場合には体験がなお融合的に受け止められているので，それだけ原体験論理の支配が主力となっていると考えねばならず，そのような体験領域の中で，体験の受け止めに際して重点化されるポイントが，保続事例でみたように思っているだけの内界世界，事例MAでみた受け止める位置が自分か周囲かが融合的であいまいなもの，さらに時にはすべてが認知された外部に融合的に位置づけられて体験される。後者になるほどその体験の受け止め方は，選択性との結びつきの可能性が生じてくる。その選択が防衛を目的とするものとなりうるわけであるが，原初的起源から防衛という目的をもって事態が進んでいくというよりも，いま述べた体験野の広がりの中で，後者に近づくほど防衛で考察さ

れているような目的形成と結びつく機会を得て，防衛機制とされるものはそれが定着体制化されたと考える方が，理解に無理が少ないように思われる。

　II章「4.の(1)融合・合一的認知の動向と，その区別・識別性との関係」で，未成熟の側にある原体験の融合・合一的な受け止め方と，そのひとつの対極をなしている識別的認識との関係は，成熟によって未成熟の側にあった原体験が消滅するのではなくて，原体験が常にその後の体験の基層にあって，それに重層してきた識別的認識が複合して展開をもたらしてくるという重要な理解を得た。どの程度に見分けの働きを自分のものとし，反対にどの程度により原初的なままのこころの働きを残しているかという両者の兼ね合いは，人間の生活とその成長の過程は切れ目なくつながっているので，一人ひとりの人間で，また同じ人間でもいまどこまで成長してきているかの時期の違いによってさまざまである。

　この理解はさきに引用したフロイトの「投影は正常者の場合にもわれわれの外界に対する交渉の仕方の中で常に一定の役割を果たしている」という記載を支える。引用文の正常な場合の体験例として示されたものでは，内的に感じ取った一定の感覚である憂うつの原因を，天気が悪いというような外部の状況のゆえにするのは，内的な状況と外部の状況とが融合的に体験されて生じている。ただこの場合には融合的に体験されているのは，内的な状況と外部の状況といういずれも同一主体が体験している状況で，成熟側の体験では生じてはならない主語の入れ替わりは生じていない。それだけ成熟側の論理形態として重要な主語同一性は守られていることになり（通常はそれに見合う認識の形成に裏打ちされている），上述の兼ね合いはその分より成熟側にある。

　考察してきたことを踏まえると，「投影」を定義するとすれば述語あるいは主語のいずれが主導する論理形態，ならびにそれに導かれる脈絡でも当てはまる，さきに現象形として示した「内的な知覚が外界の知覚という形で意識される」をより構造的に整理して「内的な体験が外界に位置づけて体験される」とするのが適切であろう。それは原体験の融合・合一的体験を基層にして成り立っており，その中で外界対象認知の成長につれて，考察したような体験の所属関係，目的性などとの結びつきの可能性が展開してくると考えられる。正常な場合の体験例として示されたものは，主語同一性が守られているのでより成熟

側にあるが，主体が体験する内的な状況が外界に位置づけて体験されている点では投影に該当しており，融合・合一的体験を基層にして成立している。

⑵　ロールシャッハ検査法における投影と複合体験の分化

　外界の具象はそれでしかないものとして存在している。外界とかかわって生活するに際して重要な位置を占める認知という点からいえば，外界の具象は認知を規定するものとして存在している。その認知にもっとも適合しているのは識別的認知である。ロールシャッハ検査法で示される図版を，それでしかないものとしてとらえるとすると，内容としては「インキのしみ」を認知するよりなく，その性質という点では「何かはっきりしないもの」として認知するよりない。82ページに示した「反応産出」図式の外界領域の方形枠で囲んで示した図版は，実際にはそのようなものとして存在しているのである。しかし実際にはほとんどの被検者は，インキのしみ以外の何かになぞらえて見る。このようなことが起こりうるのは前著書の投影法の「形式・構造的投影の側面」で示したように（4～6ページ），「媒体がだいたい左右対称の，ある程度の構造性を持った漠然図形であるために，媒体自体の規定性が相対化されて低下しているからである」。

　多くの被検者がそれでしかないものとしては「インキのしみ」，「何かはっきりしないもの」でしかない図版をそれ以外のものとして見ているのであるから，それは相対化されて低下している媒体の規定性の何にどれだけ規定され，またされないかを含めて，82ページの図の中央横線の下部に示された被検者の内的営みである。被検者はその内的体験を外界の図形に位置づけて認知しているのであるから，まさしく前項で示した投影である。ここではむしろロールシャッハ検査法という時間的にも枠組み的にも限定された構造に投影されるものが，被検者のより全般的な人格特性を知ることに対応しうるのか，対応しうるとすればその根拠は何かということの方が，よりクローズアップされてくる。

　人間の体験の受け止め方は，見分け・気づきからはもっとも遠い位置にある原体験が基層にあって，その上に気づきの層が重層してきて成り立っていると考えられることをみてきた。両者間には常に成熟型から不全型に至る，諸種の程度の複合が生じている。II章「２．の(6)原体験の性質と(7)原体験世界の主導

原理」で，原体験で働く原体験区別とでもいえるものは，すでに体験しているか，いまだ体験していないか，およびポジティブな性質の体験か，ネガティブなそれかの区別程度しかないと考えられることを考察した。しかし，次第に生じる見分けの力とその複合は，体験の受け止め方を構造化させるとともに，成長の度合いに応じてその性質を見分け，その意義を知るようになってくる。そうなると，それに複合してきている原体験由来の層は，その違ってきた構造的な変化を受動的に受けて，原体験性質の流れをくむものではありながら，それまでよりも区別のある分化したものとしての体験となってくる。いいかえると原体験層とその対極に生成されてくる識別的見分けの層が接し，また相互に関連し合う領域で，両者の複合層が形成されてくると図式的構成ができよう。

つぎにも述べるように，Rorschachは色彩反応を情動に対応させる扱いをしている。上に述べたことを情動を代表的な例にして，もう少し具体的に示してみよう。情動はその体験の性質の受動性や直接性からみても，原体験に属してしかも重要な位置を占めている。情動もいま述べたように，原初的にはポジティブかネガティブかの区別ぐらいで，それ以上の分化をみない。しかし次第にいま述べた複合体験層の分化が生じてくる。ということは原初的区別程度の区別であった原体験区別に，体験の性質や意義，位置などを見分ける識別的認知が参加してきて，それによって複合体験層が構造化されてくるということである。その構造化されてきた体験の繰り返しによって，同じ性質の体験がひとつのクラスターとして他の性質のものと区別して感じ取られるようになってくる。その区別は識別的区別のようにその性質や意義，位置などを理解しているとはいえない，受動的で直接的，感覚的な複合層区別とでもいうべき区別である。そうして単にネガティブに一括されていたものが，複合層区別の分化に応じて，苦しい・寂しい・哀しい，その他その体験の性質に応じて，いろいろのものに分化して体験されるようになると考えられる。

検査の実際に目を向けてみると，ほとんどの被検者は最表層の認知では「何かはっきりしない，インキのしみ」でしかないものを，それ以外のものとして見ることをごく普通のこととして無理なく受け入れている。ということはその識別的認知だけではない認知の存在に気づき，普通のこととして受け入れていることになる。性質・意義・位置などを知ることは識別的認知が司っているか

ら，検査に際しては最表層の認知が直接とりしきることを停止しているにしても，複合層区別に重層した位置で複合の程度に応じて，複合層区別を差配しているような関係にあるのであろう。一般に行われている日常生活の区別に際しても，差配役の動向は無視はできないのでそれを支えながら，複合層区別が重要な働きをしていると考えられる。複合層区別は基本的には原体験性質の支配を受けている。原体験の性質は自らの働きが気づかれることを要求はしないのである。

原体験世界では述語・状況性が支配・主導することをすでにみてきた。投影されてくるものは「どのようにあるか」の状況性であり，その性質に対する対応のあり方である。体験が「何であるか」の区別は第一命題にはならないので，同じような性質の体験に対しては同じパターンで対応することを示すことになる。それがはじめに示した，時間的にも枠組み的にも限定された検査構造に投影されるものが，被検者のより全般的な人格特性を知ることに対応しうる理由である。

ロールシャッハ検査法に即していえば，色彩反応に対しては Rorschach は情動的な興奮のしやすさを，また Rapaport, D.[12] は衝動緊張の発散を迫る力の反映をみて，それに対して両者ともに形体反応にそれを統制する力をみている。しかし Rorschach はそれを経験的に得られた事実としていて，以来その後の研究者もそれを踏襲し，何故そのように対応するのかについての根拠は示されてこなかった。すでに前著書（85ページ），ならびにそれに引き継ぐ著[17]で考察したその理論的根拠は，色彩ならびに形体に反応することが，Ⅲ章「1. それぞれの個と世界との関係での体験の展開」の前著書の要約に示した性質をもつ体験で，色彩に反応する体験の性質が形体に反応することに比して，情動的な興奮のしやすさや衝動緊張の発散を迫る力の体験の性質と同じで，一方形体に反応する体験の性質の方は，間接化過程への親和性と，良質のものの能動性・主体性への結びつきの故に抑止力の反映となる，その体験の性質としての共通点の故に，色彩・形体の両者の複合の様態をみることが同じような性質をもった体験に対する，被検者の対応の仕方を類推する有力な指標になるということであった。

それ以外にも，主としてⅡ章で考察してきた被検者の「個の形成と体験世

界」の投影，Ⅲ章でさらに詳細な考察を付加した，内的に自生する「動」体験とそれに伴う感覚が成熟していく過程の反応としての投影，これらのものもそれぞれの領域での同じ法則に則った投影の展開である。

2．シュレーバー・ケース

　前項でも触れたシュレーバー・ケースと一般に呼ばれているものは，フロイトが「自伝的に記述されたパラノイア（妄想性痴呆）の一症例に関する精神分析学的考察」[3]と題して，「患者自身がその病歴そのものを記述し，あまつさえ印刷によってそれを世間に公開した病歴について，精神分析学的な解釈を試み」たケースのことである。元ザクセン州控訴院院長ダーニエル・パウル・シュレーバー法学博士が1903年に出版した，『ある神経病患者の回想録』[14]に基づいている。

　ここでこのケースを取り上げるのは，すでに「1．の(1)投影の構造的考察」で検討を加えたように，ひとつにはこのケースの研究でフロイトが妄想の構造の解明に際して，投影の概念を重要視して考察を加えていることからである。しかしそれだけではなく，Ⅰ章の「1．いとぐち」で述べたように，本書は著者のこれまでのロールシャッハ・ワークと，精神・心理臨床経験との相補的な関係をできるだけ具体的に明らかにしようとしている。ロールシャッハ検査法という面からは，前著書では識別的明確化や自分の気づきなどを中心とする，一般に精神の成熟の証しとされるものを重視する視点からの取り組みに集中させた。それに対して本書は，それが覆い隠されてしまった場合の精神の様態を明らかにして，そこから成熟の状態と成熟への途を逆照射することに取り組もうとしてきている。精神・心理臨床の面においても，視点の向け方は基本的には同じである。その時，対象としては精神病，なかでも精神分裂病（統合失調症）が原点的な位置を占めることになってきている。本書でのこれまでの流れからしてある意味では必然的に，投影とは何かが問われることになり，フロイトがその機制が症状形成においてとくに注目されるとしたパラノイアのケースが浮上してきているのである。ここでの検討は，本書でのこれまでの取り組みから，このパラノイアのケースがどのように理解されることになるのかの検討

IV．体験のドラマ（II） 119

である。それはまた，これまですすめてきた考察のひとつの検証の取り組みでもある。

(1) ケースの概要

　検討に用いたシュレーバーの回想録は訳書[14]によっているが，訳書はA5判500ページを越す大部のものである。その全体の構成は以下のようになっている。

序言［ピルナ郊外ゾンネンシュタインにて　1902年12月　著者］
枢密顧問官・医学博士フレッヒジヒ教授への公開状［1903年3月　ドレースデンにて　元控訴院民事部部長　シュレーバー博士］
目次（以上，訳書17ページまで）
22章からなる回想録本文（ただし第3章は家族状況の記載に当てられていたが，刊行に際して削除されている）（訳書294ページまで）
シュレーバー自身による補遺1［I．奇蹟について，II．神の知性と人間の知性との関係について，III．人間玩弄について，IV．幻覚について，V．神の本性について，VI．未来に関する考察及びその他諸々の事柄について，VII．火葬について］
同じく補遺2　付録論文「精神病と見なされる人物の医療施設での拘禁は，当人がそれを拒否するはっきりとした意志を表明している場合，どういった前提条件があれば許されるか」
シュレーバー自身のあとがき1・2
禁治産宣告取消し訴訟の記録［資料A－裁判医鑑定書（1899年12月9日付），B－管区病院医鑑定書（1900年11月28日付），C－控訴理由書，D－1902年4月5日付枢密顧問官ヴェーバー博士の鑑定書，E－ドレースデン王立控訴院1902年7月1日判決（資料A，B，Dはいずれもシュレーバーが回想録を記した時に入院していた，医療施設ゾンネンシュタインの医師で，枢密医学顧問官・管区病院医・裁判医の肩書が記されているヴェーバー博士の作成したものである）（以上，訳書484ページまで：訳書ページ付けは序言からの通しになっている）

　禁治産宣告取り消し訴訟の記録・資料A，裁判医鑑定書（1899年12月9日付）の冒頭第1・2節は，担当医師の立場から観察されたシュレーバーの病態化当初の様子が記載されており，また回想録の終章である第22章は，入院中の経過を振り返ってのシュレーバー自身のまとめというべきもので占められてい

る。その両者から以下に部分再録をして，まずケースのおおまかな概要をとらえておくことにする。

[資料Ａ：ヴェーバー博士の第１回目鑑定書より]

　ドレースデンの元控訴院民事部部長法学博士シュレーバー氏は，一八九四年六月二九日，治療のため当公立病院入院病棟に引き渡され，それ以来今日に至るまで当方に入院している．

　民事部部長シュレーバー氏の当施設への転院にあたり，枢密医学顧問官・医学博士フレッヒジヒ教授が作成した鑑定書によると，患者はすでに一八八四年から一八八五年にかけて，一度，重症のヒポコンドリーの発作を患っているが，これが完治した後，一八九三年の一一月二一日に再びライプツィヒ大学付属精神病院に入院したのである．大学付属病院に入院した当初，患者はヒポコンドリー性の観念を言葉に表し，脳軟化症を病んでいるとか，すぐにも死んでしまうのだなどと訴えることがむしろ多かった．しかしすでにこのときから，最初はごくまれなことでしかなかったが，錯覚が現れ，また病像にはこういった錯覚に基づく迫害観念が混入していた．一方でまた強度の感覚過敏が見られ，光や音に対してきわめて敏感になっていた．後になると，視覚及び聴覚の錯覚が頻繁になり，さらにこれが，一般感覚の障害と相俟って，患者の感情や思考全体を支配するようになった．患者は，自分がすでに死に，腐敗が始まっていると思ったり，あるいはペストに罹患したものと見なすこともあった．また身体には，嫌悪をもよおすべきありとあらゆる処置がなされていると思い込んでいた．現在もなお患者自身が言うところによれば，これまで何人も思いもよらなかったほどの恐るべき体験をした．しかもそれは聖なることを目的としていたというのである．患者は病的な霊感の虜になり，それ以外の印象はまったく受けつけなくなった．その結果，何時間もの間，まったく硬直したかのように，じっと動かず座り込んでいることもあった（幻覚性意識混濁）．また他方，そういった霊感は，彼自ら死を求めるまでに患者を苛んだのである．風呂場で溺死しようという試みを繰り返し，また「自分用の青酸カリ」を渡すように要求することもあった．しだいに患者の妄想は，神秘的宗教的性格をとり始めた．患者は直接，神と交信し，悪魔によってもてあそばれた．また，患者は「奇蹟現象」を見，「聖なる音楽」を聞いたというのであるが，ついには別の世界に生きているのだと信じるようにさえなった．

　つぎに回想録第22章よりの部分再録に移るが，シュレーバーの記載は後の「(3)考察の1)実質が空洞化した形式主義」で述べることの関係もあって，婉曲で，省略のない細部的な関連記載・繰り返しなどが多い．部分再録に際してはここで取り上げた文意を通すために不要と思われるものは省略してある．／の

IV. 体験のドラマ（II）　　121

印はそれである。｜はテーマが変わって，その間に省略があることを示している。文中の下つき小数字も著者による。小数字に付された×印は，その小数字の番号の支配域の終了を意味する。後の考察で再録のその箇所を指摘するために付されている。傍点部は訳書の凡例によると，原本の隔字体での強調部分とされている。それ以外の著者の断りのついていないものは，訳書，つまり基本的にはシュレーバーの記述のままである。この部分再録以後の部分再録においても，これらの点では同じである。

［回想録第22章（訳書ページ枚数７）よりの部分再録］
　本書もようやく終わりに近づいた．この神経病を患っていまやもうほとんど七年にわたるこの間に，私の体験したことや聞知したこと，またその間に私の受容した超感覚的な印象を，これまで詳しく報告してきたわけであるが，／少なくとも私の宗教観を理解していただき，さらに私のいくらか奇矯な振舞いについて納得していただくには，十分こと足りたと思う．後は今後の見通しについて一言述べるにとどめておきたい．
　「この忌まわしい一件は今後どうなることか」「わが身がどうなるのかとあの男は……はずだ」（「言っている」，あるいは「考えている」という部分が省略されている）――$_1$このような問いが光線によって，何年も前から果てもなく繰り返し繰り返し，私の頭の中へと語り込まれている$_{1×}$．／$_2$そのような問いからさえ，神もまた状況の完全な行き詰まりを意識しているのを読み取ることができる$_{2×}$．｜
　私の身が今後どうなるのか，そしてまた私の引力のせいで，神が地球全体を巻添えにするような形で陥ってしまっている，この世界秩序に悖る状況を，どうすれば，いつか再び世界秩序に適った軌道へと引き戻すことができるのか，／これは，世界秩序そのものの支配下においては，まったく予想もされなかった紛争なのだ．／$_3$ただひとつ確実なこととして私に言えるのは，神の意図するような私の悟性の破壊は決して実現することはないという否定的命題である．／病気の一年目には，悟性の破壊こそが私に迫っている一番の危険だと思っていたが，この点が明らかになったことで，その心配もなくなったわけである$_{3×}$．／$_4$特に多方面にわたってきわめて高い才能をもった私のような人間にとって$_{4×}$，$_5$悟性を奪われてしまい痴呆に陥るかもしれぬという予想ほど，身の毛のよだつことがあるだろうか$_{5×}$．私は何年にもわたる経験によって，$_6$ある人間の悟性を破壊するための手段など世界秩序は神にさえ与えはしない$_{6×}$，それ故そういったことを目指す試みはもともとすべて失敗を運命づけられていることを，はっきり確信するに至った．｜
　$_7$全人類が私を除いて滅びてしまったと信じていたときには，人類を更新するための解決策として，脱男性化が絶対必要なことだと私には思われたのである．私

は実際いまもなお，そういった解決こそが世界秩序の内奥の本質にもっとも合致するものと見なしうることは疑いないと思っている₇ₓ．／私という人間に対して引き起こされた奇蹟のうちの少なからぬもの（第一一章冒頭参照）や，₈私の身体が官能神経によって満たされていくという事態もまた，疑いようもなく脱男性化ということを指し示している₈ₓ．しかし，試練を受けた魂の登場の後，神の作り出してしまった（遊星への繫留等の）世界秩序に悖る機構にもかかわらず，₉ほんとうの意味での脱男性化が実現するのかどうか，私にはこの点について確たる予言はできない．この間まさに，人類が私を除いて滅びてしまったとする以前の考え方を訂正せねばならなくなったということもあるだけに，未来についての予言はあえて避けておきたい．私の人生の終焉に至るまで，女性化は徴候のみにとどまり，結局私は男として世を去ることになるかもしれないし，実際その公算の方が大きいようにも思える₉ₓ．｜

₁₀私がそもそも死すべき運命にあるのかどうか，／神の光線のもつ再生力を私は以前幾度も自分の身体で経験したことがあるが／私はいまもなお，何らかの病気の影響とか，あるいは外側から加えられる暴力でさえ，私の死ぬ原因とはなりえないと言わざるをえない₁₀ₓ．なにしろ，₁₁病気の一年目には，ある期間ずっと，きわめて重要な内臓なしで生きていたことや，あるいは内臓に重い傷を受け，骨格の一部がぼろぼろになった状態で生きていたことが幾度もあったのだ₁₁ₓ．｜

₁₂私が世を去った場合——₁₃こう言って差し支えなければ₁₃ₓ——神の身はどうなるのかという問いが浮かび上がってくる₁₂ₓ．／もしかすると，そのときには，いままでは意志エネルギーの不足のせいで延び延びになってきた，世界秩序への復帰のための措置（遊星への繫留を解き，いまだ存在する試練を受けた魂の残滓を完全に制圧するなどの措置）をとる決断がやむをえず下されることになるかもしれない．₁₄この決断を下すことによってのみ神は，世界秩序によって課せられた至福を新たに創出するという使命を果たすことができるであろう₁₄ₓ．そしてそうなれば，最初に至福に引き上げられる神経として私の神経も採用されるであろうことは，／まず自明のことと思いたい．｜

₁₅短期間のうちに／禁治産宣告が取り消され，この施設からの退院も許されるなどして，外面的な境遇がだんだんによくなっていくだろうと思っている₁₅ₓ．｜

しかしながら，それだけでは，とても私がいままでの七年間耐え忍んできたことの埋め合わせとはならない．／私は名誉ある職業上の地位を失い，幸福な結婚生活は事実上解消してしまい，人生を楽しむということもなく，身体的な苦痛に悩まされ，精神的な拷問に苛まれ，まったく未知なる恐怖に脅かされてきた．このようにして，₁₆私が払ってきた犠牲がどれほどのものかを考えてみると，私に思い浮かぶのは，全体として，イエス・キリストの十字架上の死としか比べることのできない殉教の図である₁₆ₓ．

⑵ フロイトの考察に際しての基本姿勢

　上に抄記した概要から，シュレーバー自身はそのことばを用いていないが，シュレーバーの第22章での記載を考慮に入れても，その病像はゾンネンシュタインでの主治医であるヴェーバー博士が，妄想とした病像が中心であることが理解される。フロイトもケースの病像把握に際して，資料Ａのヴェーバー博士による裁判医鑑定書からほとんど同じ箇所を引用しているが，その後につぎのように記載している。

　　臨床家として精神病医がこのような妄想形成に寄せる関心は，彼が妄想に支配された行動を確認し，患者の現実生活遂行に及ぼす妄想の影響を判定した暁には，消え去ってしまうのが普通である．彼の驚きは彼の理解の端緒にはならない．ところが精神分析医は，精神病者達に関する自分たちの知識から推して，次のような推定，つまり人間の通常の思考から遥かに隔たった特異な思考形成といえども，やはり精神生活の最も一般的な了解可能な感情の動きに由来するものであるという推定を下し，このような歪曲の動機とその機制を知ることを願う．（著作集9巻，289～290ページ）

　フロイトが一般の精神病医と対比させて，精神分析医が念願するところとして示したことは本書の基本姿勢と一致する。というよりも，いまからやがて100年にもなろうとする以前に，フロイトが記載したような着想をもったということは，当時の状況を考慮に入れればいっそうのこと，たいへんなことであったろうという思いを深くする。本書の着想がフロイトのそれと一致するというようなことではなくて，本書でこのような基本姿勢で取り組みを行うことができるのも，フロイトのこのような開拓によりかかってのことであるというべきであろう。

　ただ，以下に検討をすすめるシュレーバー・ケースのこころの世界の様態は，フロイトのそれとはかなり異なったものが浮上している。しかし，Ⅰ章「3．の⑵自然科学の実証的確実性と尺度（測定）法」で述べたように，自然科学の基盤である実証的確実性が，事実が他のものを排除するものとして確認されるのに対して，物質的な客体としては存在していない，ここで検討を加えるこころの世界の様態は，確かさの度が高くなった場合であっても必ずしも他のもの

を排除するとは限らない。ここではフロイトの見解との異同の検討が主眼ではなくて，ここまで本書で考察してきたことからは，どのような理解になるかが主眼である。

(3) 考　察
1)　実質が空洞化した形式主義

　回想録を中心にシュレーバー・ケースにみられることをまず概観的にとらえて，浮かび上がってくるいくつかの矛盾点がある。その最初に取り上げておくのがよいと思われるものは，1902年7月14日にドレースデン王立控訴院によって下された，シュレーバーの禁治産宣告取り消し判決の判決理由書に反映されているものである。この判決はシュレーバーが入院末期に行っていた，禁治産宣告取り消しの申し立てに対するものであるが，その判決書の判決理由の記載は，冒頭「原告が精神病であることは，控訴裁判所にとっても疑いの余地はない」で始まっている。その上で，禁治産宣告取り消しの判決が引き出される理由のくだりになると，つぎのように記載されている。

　　控訴審裁判官もまた，訴訟において原告という人物とやり取りするなかで，あるひとつのことを認めないわけにはいかなくなった．それはすなわち，[17]シュレーバー博士の悟性力や思考の明晰さは疾病によって何の障害も蒙っていないということである．自己の下された禁治産宣告に対する闘争を自ら引き受け，それを計画的に遂行する様子，そこで展開された論理的法学的な戦術の的確さ，分別ある立ち居振舞い，そしてまたとりわけ鑑定人や検察官に反論する際の礼儀正しい上品な態度[17x]，これらすべてのことが，この領域において原告には後見による保護などまったく必要のないこと，それどころか，訴訟に関する事務を取り扱う際には，他の何人もなしえないほどの巧みなやり方で自己の利益を完全に独力で守ることができることを，反駁の余地なく立証しているのである．

　冒頭に精神病であることは疑いないと記載されていることから，この記載が全面的に是認されるのではなく条件つきであることが記載ではすぐにつづいてはいるが，しかし記載されたこれらの事実に基づいて，判決書は当時このような裁判に際してそれまでに用いられていたのであろう「部分的狂気」という，

いわば経験実用的な概念に結びつけて，それを根拠にして取り消し判決を下している。これらの控訴審裁判官の認定事実と，冒頭に示された精神病であることは疑いないという判断とは，内容的に相矛盾する。もちろんこの矛盾は判決の矛盾ではなくて，シュレーバー・ケースの矛盾である。

　外側からみてとれる人間の言動は，当然のことながらその時のその人間の内側の精神の営みの結果として現れる。したがってこの矛盾は，その時のケースのこころの様態を知る重要な手がかりである。この矛盾はつぎのようなことを示していると考えられる。控訴審裁判官が認定事実として示した《17-17×》は，いずれを取り上げても通常はそれに対応しているはずの内面でのこころの働き，ことにそれに見合っているはずの認識と自覚を反映するという位置にある（以下《　》でくくって示す番号は，部分再録した資料の下つき小数字で示した番号に該当し，その番号の支配域の記載内容を指すものとして用いる）。しかし，そうであるとすれば冒頭に疑いの余地のないものとして示された，原告が精神病であるという判断に抵触する。ケースが示した事実に基づく精神病という認定と，外部から観察された裁判官の認定事実は確実度が高いから，問題をはらむのは外部からは形のあるものとしては見えない，推定されたケースの認識に該当する領域である。ケースが精神病と認定されているのは，観察された認定事実を裏打ちして通常は働いているはずの認識を，反映しているのではないことを示していると考えねばならなくなる*。

　II章「2．の(1)見かけの識別的認知と認識を伴う識別的認知」で，**事例ST**は相当高いF＋％を示したことだけからでもみられるように，正確でかなり高い識別的認知能力を示していた。しかし事例STはこの正確さに基づいて，一般妥当性からは不合理な概念の混成と合体を示していたことに代表的にみられ

＊　II章「3．の(3)形式・構造解析における発端の対象の客体・固定化」と，「4．の(2)結果のプロトコールとしての客体・固定化」において，ロールシャッハ検査法の形式・構造解析は，被検者が客体として存在している図版に接したことから始まって，プロトコールとして客体化される結果に至る，内面のプロセスに焦点を当てて，対象の外部からは直接見ることができない内面のプロセスを，できるだけ正確に読み取ることにあることを述べてきた。ここでは精神病と認定される基になった事実と，禁治産宣告取り消しの基になった観察された事実とが客体化される位置にあり，それを見据えて両者の間にみられる矛盾をもたらした，ケース内面のプロセスを読み取ろうとするのであるから，その点，ロールシャッハ検査法の形式・構造解析と同じ手法となっていることに，読者は気づかれるだろう。

るように，事例ST自身の認識，いいかえると認識を保持し機能させる主体的な営みが伴っていなかった。その正確さは事例STから見えたままにとらえているだけの，見かけの正確さというべきものであることを考察した。事例STは前著書の［事例提示B］の［経歴ならびに臨床所見の概略］に示したように，妄想活動のかなり活発な精神分裂病（統合失調症）事例であった（259ページ）。その事例STは［解釈の要点］で示したように，認知に際しての形式依存が内容実質の支配を上回る支配性を示し，その傾向が極端化すれば「実質が空洞化した形式主義」にまで至る可能性が示唆されていた（255ページ）。控訴審裁判官が記載したいくつかの事実《17－17×》は，この実質が空洞化した「形式主義」に該当し，「実質，つまり認識が空洞化した」に該当する部分が「精神病であることは疑いない」に対応しているのである。

　この実質が空洞化した形式主義に該当するものは，回想録全体にわたって随所に見いだされる。ケースの概要をより細部的に理解するたすけにもなるので，上に述べたもの以外になお2，3例を挙げておくことにする。ドレースデン王立区裁判所のシュレーバーに対する禁治産の決定は，1900年3月13日付で出されている。それに対してはシュレーバーは，3月24日付，26日付，30日付と，たてつづけに3回の申し立て書を病院当局に提出しているが，その一部あるいは全文が第21章に示された後，回想録はつぎのような記載になっている。

　　$_{18}$本年三月三〇日付の申し立て書の冒頭のところで挙げた枢密顧問官ヴェーバー博士との会話において，博士の言われたことが$_{18×}$，神経学という分野における今日の学問的水準に見合うものであるということを，もちろん私は疑いはしない．しかしながら私としては，先に述べた，私の身体に知覚される，$_{19}$あの糸状ないしは筋状の構成体は神経なのだと確信しているということをはっきり言っておかざるをえない$_{19×}$．すなわち，こういった事柄についての$_{20}$門外漢としては謙虚さを忘れてならないこともわかっているが$_{20×}$，やはり，$_{21}$官能的快感を伝達するという特性をもった特殊な官能神経というものが存在するというのが，私の確信するところである$_{21×}$．

　《18－18×》の三月三〇日付の申し立て書で挙げたヴェーバー博士との会話というのは，第21章にシュレーバーが収録している申し立て書によると，「私が枢密顧問官ヴェーバー博士のお話を正しく理解したとするなら，元来，神経学という学

問は官能的快感を伝達するための,特別な神経の存在を認めてはいないということでした.そしてまた先生は,官能神経のみならず,どんな神経であっても外から触れればそれとわかるとする私の意見にも反対されました.」となっている.

会話でヴェーバー博士が示している見解は,後段のシュレーバーの確信内容を全面的に否定するものである.それに対してシュレーバーは疑いはしないとしているが,その内容に反する自身の確信は何らの影響をも受けていない.疑いはしないという記載,さらに謙虚さとそれを支える認識とを反映しているはずの《20－20×》も,実質が空洞化してしまっている.

いまひとつ,すでに示した第22章部分再録で同様のことを取り上げると,その最後から3段目のパラグラフの《13－13×》は,すぐ後に続いている通常ははばかられるはずの,人間である自分を神と対比的に扱う,そのようなはばかりを侵すことになりかねないことの自覚を反映するはずのものであるが,シュレーバーにはそれはみられない.後の「3) シュレーバーにみられる病態の構造」で述べるが,シュレーバーの神はシュレーバーのかわり身である.したがってこの《13－13×》も,また上述の疑いはしないという記載,さらに《20－20×》も,同様に修辞のための修辞のような位置にある.シュレーバーは第22章部分再録の《4－4×》にみられるように,自分を「多方面にわたってきわめて高い才能をもった人間」と自負している.シュレーバーの経歴と地位からして,そのように自負することはあながち否定することもできない点があるであろうことは推測できる.であるとすれば,日本とは異なるヨーロッパにおける当時の社会背景を考えれば,シュレーバーはその教養としてそれに見合う修辞学を学んでいたであろう.それは不幸にしてこのように修辞のための修辞,形式のための形式にならざるをえなかったことになるのだが.この本人の内面における認識が伴わない形式主義は,形式的に整っていること,それに従うことができていることがよりどころとならざるをえず,往々にしてそれだけしかよりどころがない状態に陥りやすいことになる.

2) 内面的体験の外在化と,具象に限定される体験世界

第二の矛盾に移ろう.認識を伴わない識別的認知がかなり著明であった事例STでは,自分は見えている対象に融合・合一的に体験され,その中で自分に

とってのネガティブな体験が，すべて周囲の具体的に目に見える空間あるいはその状況に位置づけて体験されていることを，すでにII章「5．の(1)臨床事態成立時の様態」でみてきた。シュレーバー・ケースの場合も第22章部分再録でいえば，冒頭の《1－1×》は「語り込む」現実の対象は存在しないのであるから，繰り返し自分の頭，つまり自分の思いに浮かんでくるであるはずのものが，外在する具象から送り込まれるものとして体験されている。やはり自分の内面的な体験を自らの内に気づく，つまり自分の内面的な体験について自分が認識するという営みの領域が形成されず，内面的な体験が具体的に見える空間の側に位置づけられて体験されている，つまり「投影」されているのである。

　光線はその際の外部からの伝達の手段で，シュレーバーはそれについて「神経接続，光線との交信，声の語り――これらの異なった表現はすべて根本的に同じ事象を表している（第6章，訳書，90ページ）」と記載しており，これらの外部からの伝達の手段は直接可視的ではないにもかかわらず，実在の具象として受け止められている。しかし具体的な外在として体験されている本体の上述した内面的な体験という点からすれば，この外部からの伝達とされているものは，伝達されたとされる内容の着想が自分に生じたということになる。「繰り返し繰り返し」と表現されているように，この受け止め方は単発的にそういうことがみられたというようなものではなく，常にそのように，つまりシュレーバーのこの面に関する受け止め方のすべてにみられるものである。

　シュレーバーは病態の悪化とともにそれがはじめの主治医であったフレッヒジヒ教授の陰謀という着想をもつようになるが，それに関してつぎのように記載している。

　　しかしながら私は人間としての$_{22}$フレッヒジヒ教授がこの陰謀に荷担していたと$_{22×}$あえて主張するつもりはない．もちろん$_{23}$フレッヒジヒ教授が人間として私に対面している限り，こうした事柄が一言でも話題にのぼったことはなかった$_{23×}$．しかしながらそれと同時に，魂としてのフレッヒジヒ教授によって維持されていた神経接続においては，すなわちこの章の冒頭で述べた神経言語を用いるときには，そういった意図があからさまに表明されたのである．（第5章，訳書，71ページ）

《22－22×》のフレッヒジヒ教授の陰謀というのは，回想録第4章に初出する。

IV. 体験のドラマ（II）　129

[24]とりわけ私の精神の破綻を決定的なものにしたのは，ある夜，一夜のうちに尋常ならざる回数の（おそらく六回ほどの）夢精をもったという出来事であった[24×]．
　このときから超感覚的な諸力との交信の兆候，そしてまた，とりわけフレッヒジヒ教授との神経接続の兆候が現れ始めた．フレッヒジヒ教授は，姿を見せずに私の神経に語りかけるという方法で神経接続を維持したのである．そしてフレッヒジヒ教授が私に対して良からぬことをひそかに企んでいるに違いないという印象を受けるようになったのもこのとき以来である．（第4章，訳書，60〜61ページ）

　妄想が活発でシュレーバーに近接性がみられた**事例 ST** の場合には，存在基盤を失う危機体験は身の存立を支える食物への毒物混入の疑いに，またポジティブに合一できていた哲学本の喪失に置き換わり，現実実現の蹉跌であった結婚話の破綻をもあわせて，同居の母親の行動に被害的に結びつけられていた．つまり事例 ST の妄想に取り込まれていることに関しては，現実の母親の行動の認知は不正確になっていた．シュレーバーの場合はフレッヒジヒ教授は陰謀着想に取り込まれているのであるが，《23−23×》に示されるように見えたままのフレッヒジヒ教授はそれから区別されて誤認を免れてはいる．陰謀に関係しているのは「魂としてのフレッヒジヒ教授」なのであるが，しかしシュレーバーにおけるこの魂は，具体的に存在するものの属性として抽象されるか，あるいは内面的に体験を認識する抽象としての「魂」ではなくて，「魂として」外界に具象的に存在するのとほとんど変わらぬ位置づけで体験されている．シュレーバーは「補遺1のⅦ．火葬について」において，「魂もまた決して純粋に精神的な存在ではなく，物質的な実体，すなわち神経を基盤として存在するものなのである．（訳書，337ページ）」と記載している．
　回想録全般にわたってシュレーバーは彼独特の概念を数多く登場させている．これまでの部分再録に登場したこれらの概念は，「(1)ケースの概要」に示した回想録第22章の部分再録に，そのすべてが含まれているのでそこから拾い出してみると，世界秩序，脱男性化，官能神経，試練を受けた魂，遊星への繋留，至福などがそれである．本書でこれまでに取り上げた事例の中では，シュレーバー・ケースに共通点の多い事例 ST の場合との相違点ということになると，この概念化が多いという点が相違点のひとつであるといえる．本来概念化は抽

象性の上に成立するもので，II章「3．の(2)成熟の進展と未成熟の疎外」で示した精神の成熟・未成熟という観点からすれば，「見えない実在も」の気づきという点でより成熟の側に位置していることになる。しかしシュレーバー・ケースの場合のこれらの概念化は，「1)実質が空洞化した形式主義」で述べた形式主義の位置にある概念化で，上に述べた「魂としてのフレッヒジヒ教授」と同様に，外界に具象的に存在するのとほとんど変わらぬ位置づけで体験されている。シュレーバーにおいては，概念化されると概念化されたものとして，具体的存在にほとんど匹敵するような位置にあるというべきなのであろう。回想録全般にわたってここに示した概念化のほかにも，シュレーバー独特の概念が数多くみられるが，ここで述べた性質という点ではいずれもまったく同じである。

　ちなみに「世界秩序」はシュレーバーの定義するところによれば，「世界秩序全体は一つの『奇蹟に満ちた構築物』として現出する（第1章，訳書，34ページ）」，「神と神自身によって生命を吹き込まれた被造物との間に存在する法則に適った関係のことである（第5章，訳書，77ページ）」となっている。このシュレーバー自身と彼のいう神，さらに世界秩序との関係については，次項「3)シュレーバーにみられる病態の構造」でもう少し詳しく考察するが，それを踏まえてこの概念を彼が用いている場合に，通常であればそれに対応した認識となっていると推定される内面的体験に翻訳を試みれば，「自分が無条件にポジティブに合一できる自分あるいは自分の状態，その意味で至高の状態にある自分」とでもいえるものが，空間の問題に移し替えられて世界化されるとともに，神格化されている。「至福」についてはシュレーバーはそれを「官能的愉悦」を得ている状態と，身体的水準の問題として述べているが同様に内面的体験に翻訳をすれば，「世界秩序，つまり至高の状態にある自分が満足を得ている状態」とでもいえばよいのだろう。「官能神経」はシュレーバーによれば，「官能的快感」を受け止めるようにできた組織で（第1章，訳書，23ページ），「官能的愉悦」はそれによってもたらされる。シュレーバーは「官能的快感は男性よりも女性の方がずっと高い」，「女性においては，官能的快感は身体全体にひろがる」と言い（前出三月三〇日付申し立て書，訳書，278ページ），同申し立て書に関する第21章の記載の部分再録における《19−19×》と《21−

21×》のように，シュレーバー自身の身体にその変化が現実に生じており，第22章部分再録の《8－8×》のように「脱男性化〔女性への変身というシュレーバー自身のかっこ注記がある（第5章，訳書，68ページ）〕」の証しとなっている。「試練を受けた魂」，「遊星への繋留」については，次項の末尾で述べる。

　要するにこの項で取り上げたこと全体にわたって，さきに挙げた精神の成熟・未成熟の対比的観点からすれば，思っているだけの内的世界に位置する体験で，通常成長の過程ではそのように思っているだけの内面的体験として区別して認識されていくはずの体験が，外界に具象的に存在するものとほとんど変わらぬ位置づけで体験されている。結局のところ現実性からは遠い。それにもかかわらずそれが現実性と等価に位置づけられているので妄想ということになる。

3） シュレーバーにみられる病態の構造

　シュレーバーは前掲〔資料A：ヴェーバー博士の第1回目鑑定書より〕にも示されている最初の入院を，「1885年の終わりには完全に治癒した」と回想している（第3章，訳書，52ページ）。この最初の病態化とつぎの二度目の病態化との関係は後の「6)臨床事態成立の様態」で考察するが，病態が深刻化していくのはフレッヒジヒ教授の下での再入院から，結局ゾンネンシュタインでの8年半ほどの入院となっていく二度目の病態化である。シュレーバーはその時をつぎのように回想している。

　　最初の惨憺たる夜々，つまりまったく眠れない夜々を過ごしたのは10月の終わり頃から11月の初め頃であった。／すなわち私の睡眠を妨げ，さらに後には不眠に起因する病気の回復を妨げることで，いまのところ詳らかにはしえないある目的を実現しようとする，ある程度はっきりした意図が当初より存在したのではないかと思われるのである。（第4章，訳書，55～56ページ）

　ここでまず注目しておくべきことは，病態化がなんらかの点でシュレーバー自身に帰すべきであるという着想がまったく示されずに，何者かの意図という外界に位置するものに起因するととらえられていることである。シュレーバーは病院でピアノに向かうことが許されることになるが，それにまつわるつぎのような体験を回想している。

ピアノ演奏の際に私の蒙った妨害は筆舌に尽くし難い．指を麻痺させること，私が正しい音譜を見出さないように目をあらぬ方向へと向けること，指をまちがった鍵盤にそらすこと，私の指の筋肉を尚早に運動させてテンポを加速すること，これらは日常的な現象であったし，いまもなおそうなのである．（第12章，訳書，179〜180ページ）

　シュレーバーはこの後，ピアノの弦がたびたび切れるのは自分の乱暴な叩き方のせいではないことをくどく強調し，結局「光線」が演奏を求めるからであると主張する．これらの演奏についての障害はすべて，シュレーバー自身に帰すべきものであることは明らかであろう．病態化の原因と同じように不都合の因がすべて外在化されるシュレーバーの機制が典型的に示されている．防衛機制と考えるのにふさわしい投影の典型例といえよう．同時に，回想録執筆の時期においても，当時の受け取り方が誤りで，それを自覚的に体験できない状態であったと，反省的にとらえる姿勢がみられないのであるから，一時的な強い緊張と動乱による自覚の喪失というよりも，基本的に自覚的体験領域が形成されていないとみるべきことを示すのであろう．2）で述べた「内面的体験の外在化」である．

　病態化に関して第二に注目されることは，病態化が身体水準の現象としてとらえられていることである．この方は2）の「具象に限定される体験世界」の具象が身体水準になっている．シュレーバーは自身が体験した病態化を，「私の身体に生じた症候について論じるにあたって，私はこの世界の滅亡という観念に再度立ち返らねばならない（第7章，訳書，106ページ）」と回想している．それは第22章部分再録の《11－11×》のように体験されていて，「重要な内臓もなく，骨格の一部がぼろぼろになって生きた」は，「そのように思えた」ではなくて，前項で考察したようにシュレーバーには事実と同等なのである．シュレーバーのその体験は，［資料A：ヴェーバー博士の第1回目鑑定書より］に妄想として記載されているものに該当している．この三者を照合するとシュレーバーが立ち返らねばならぬとした「世界の滅亡」は，前項で述べた「世界秩序」と同じように内面的体験が世界化されて体験されたもので，それが身体的水準でとらえられていることがわかる．

　病態化に際してシュレーバーが示した内面的体験の外在化は，II章「2．の

(2)発達的観点からの見かけの識別的認知」で考察した，発達的に見えているものがすべてで，自分もそれに融合・合一的に体験されている段階に該当している．**事例 ST** もそうであった．必然的にやはり原体験論理が高い支配性を保っており，シュレーバーの場合，自身の病態化という被害的状況が一貫していて，病態化起因者が自分から外界の何者かに入れ替わる，つまり入れ替わり可能なものに位置づけられているという，述語・状況性が主導する論理に支配されている．一方，さきのⅡ章「7．把握型に投影される個と世界」で述べたように，内的体験の世界化は個としての自分の分化が不十分な，その分それに対して自分が融合・合一的である空間体験であり，身体化の問題は自分の身体が自分の分化してきた受け手に位置づけられて，自分がその水準で体験されているのである．

　ここまで考察してきたことから，シュレーバー・ケースの病態化はその内面世界の葛藤的なドラマが外在化される，つまり外界のこととして投影されていることは明らかであろう．その中で第22章部分再録でみると，《2－2×》，《12－12×》，《16－16×》の記載のように，シュレーバーは自分を神と一体化して体験していることがわかる．シュレーバーの変わり身として外在化されている神といえるので，病態化としてのドラマではこの神がいってみれば狂言まわしの位置を占めるとでもいえる形で事態が進行していく．

　　　人間の魂は身体の神経に宿っている．（第1章，訳書，23ページ）／神は元来，神経そのものなのであって，身体ではない．従って神は人間の魂に類縁するものである．（同24ページ）

　この回想録冒頭の記載は，シュレーバーは神と一体のものとして受け止められ，それが身体水準に位置づけられていることを如実に示している．前項でシュレーバーの概念「世界秩序」が神格化されて，これもシュレーバーと一体化されていることを考察した．この世界秩序は第22章部分再録の《6－6×》，《14－14×》の記載でわかるように，神格の中で至高の位置を与えられており，前項で考察したように至高の状態にあるシュレーバーに該当する．

　シュレーバーが神との接触をもち始めたのは，1894年3月中旬（第2章，訳

書, 40ページ）と記載している。前項で病態の悪化とともにそれが主治医であるフレッヒジヒ教授の陰謀という着想をもつようになったことを述べたが, その時期と神との接触をもち始めた時期とはほぼ同じ時期である。この項はじめに述べたように, シュレーバーは第一回目の病態化を完全に治癒したと回想している。その時のフレッヒジヒ教授との関係はシュレーバーが,「その頃の私はフレッヒジヒ教授に対してはただもう心からの感謝の気持ちだけを抱いていた, 私は後に実際教授を訪問し, 適当と思われる額の謝礼を差し上げて, 特に私の謝意を表したのだ（第4章, 訳書, 53ページ）」と回想するようなものであった。それが第二回目の病態化で病態が悪化をたどり始めると,

　私の推測によれば, 一人のフレッヒジヒという名の持ち主——この名を名乗ったある人間——に神の霊感を与えるためか, あるいは他の理由からか, 神経接続が認許されていたのであるが, 彼はこの神経接続を濫用し, 神の光線を引き留めておくことに成功したのだ。／$_{25}$神との神経接続がまさに神経治療という仕事に携わる者に認許されたのは, 至極もっともなことに思われる$_{25×}$。／$_{26}$神は人間たちの間に蔓延している神経過敏症から神の国々を脅かす何らかの危険が生じるのではないかということをすでに本能的に知っており, 人間の神経生活に関するあらゆることに格別な関心を寄せていたにちがいないからである$_{26×}$。（第2章, 訳書, 41ページ）

というようになっていく。シュレーバー自身が完全に治癒したと体験できた第一回目の病態化に際しては, その治癒をもたらしてくれたと思えるフレッヒジヒ教授との, シュレーバーの一体化が生じていたことが《25－25×》の記載でわかる。この神はすでに述べたようにシュレーバーと一体化しているのである。その神は《26－26×》の記載で明らかなように, 人間つまりシュレーバーの生活の擁護に格別な関心をもつものに位置づけられており, これらの着想以後の事態はこの神の働きに対するフレッヒジヒ教授の魂とのせめぎ合いとなって展開していく。第一回目の病態化に際しては治癒をもたらしてくれたはずのフレッヒジヒ教授であったが, 再度の病態化となり, しかも悪化していくにしたがって, それらの問題がすべてフレッヒジヒ教授の側に位置づけて体験される状況の中では, 次第にフレッヒジヒ教授, またその魂が妨害者となっていくのである。

IV. 体験のドラマ（II）　　135

　問題となるのは神がフレッヒジヒ教授，あるいはその魂に依存してしまっているという事態である．このような事態は，フレッヒジヒ教授が神との神経接続をいったん獲得するや，それ以来これを不当に固定してしまい，神がもはやこの神経接続から逃れられなくなってしまったということから生じたものなのだ．(第5章，訳書，70ページ)　│

　すでに前章で語った通り，とりわけ魂の分割を通じて，天における「試練を受けた」魂と魂の断片が著しく増加していた．これらの魂の中で際立っていたのは，相変わらずフレッヒジヒの魂であった．／私としてはこのような魂や魂の断片を自分の方へ引き寄せ，そして，ついにはそれらを吸収しようという努力に没頭していた．私と神の全能との間にいわゆる中間審級として立ち塞がるすべての「試練を受けた」魂，あるいは不純な魂を一掃してしまえば，葛藤は自ずから世界秩序に適った形で解決されるだろうという，たぶんそれなりに正しい考えに立っていたからである．

　そんなわけで，私はある夜――ゾンネンシュタイン到着後四日か五日目の夜――すべての不純な（「試練を受けた」）魂を，つかの間，私のもとへと引き下ろすことに成功したのである．／そのとき，フレッヒジヒの魂はそれ自身の存在と他の不純な魂の存在を脅かすこのような危険の再発を防止しようと特別な手はずを整えたのである．／これは「遊星への繋留」という名称を得た．この表現からすでにわかる通り，どこか遠く離れた天体への繋留が成立したのである．この結果，それ以来魂が引力に引かれて私の体内に完全に吸収されるという可能性は除かれ，(第9章，訳書，138〜139ページ)　│

　新たな創造物を愛で楽しむ気持ちもごく短い間続くだけで，すぐに不安の発作がそれにとって代わり，引力に引かれて集合体から分離した神の神経は「助けてくれ」という叫び声を上げながら私のもとへと降りてくるのだ．(第19章，訳書，262〜263ページ)

末尾の第19章からの再録では，神とシュレーバーとが完全に混線を示している．それはそれとして，再録に登場する「試練を受けた」魂については，シュレーバーは，

　浄化は「試練」と呼ばれた．この浄化処置をいまだ経ていない魂は，期待されるように「試練を受けていない魂」ではなく，かの婉曲語法の傾向に従って，正反対の「試練を受けた魂」と呼ばれた．(第1章，訳書，29ページ)

と記載している．さきに述べた人間つまりシュレーバーの擁護に格別な関心を

もつ神の働きを妨害するのが，婉曲語法で表現された「試練を受けた魂」であり，その中核にあるのがフレッヒジヒの魂である。「遊星への繋留」はシュレーバーと神の全能との間の伝達の妨害のことであり，またその妨害が行われている場所である。

4) 修復のドラマ

　ゾンネンシュタインでの入院期間を二つに分けることができる．／第一期には，奇蹟が身体や精神に及ぼす作用は部分的になお威嚇的で恐るべき性質を有していた．そのため私はなお，自分の生命，自分の男性としての存在，そして後には自分の悟性に関して，丸一年もの間きわめて重大な憂慮に満たされることになったのだ，第二期になると——無論緩やかな移行であり，いくつかの反転がなくもなかった——$_{27}$奇蹟は，部分的には厭わしくもあったが，愚かしく子供じみたとまでは言わないまでも，だんだんと無害な性格を帯びるようになった$_{27×}$．（第9章，訳書，133～134ページ）

　上記のシュレーバー自身の回想にみられるように，ゾンネンシュタインでの入院期間中の後半で，シュレーバーの病態には小康あるいは改善がみられるようになる。事態の小康あるいは改善への展開が生じたことについて，無視できないのはシュレーバーが主張している第22章部分再録の《7－7×》にもみられる脱男性化の現象の問題である。「3)シュレーバーにみられる病態の構造」で，自身の病態化に関してシュレーバーが「私はこの世界の滅亡という観念に再度立ち返らねばならない」と回想したことを述べるとともに，その「世界の滅亡」はシュレーバーの内面的体験が身体的水準でとらえられていることを考察した。それをシュレーバーは，

　　この脱男性化の問題は，どこかある天体で，そこに住む人類全体を——神が特に意図することもあるし，そうでないこともあるのだが——否応なく絶滅させずにはおかないような世界規模の天変地異が起きた際，その人類の更新を可能にしようという，たぶん世界秩序の基盤をなす計画ともかかわっているのである。（第5章，訳書，67ページ）

と体験し，上記の第22章の《7－7×》につながっている。これまでに考察してきたことから，示されたそこに住む人類全体を絶滅させるような世界規模の

IV. 体験のドラマ（II）

天変地異というのは、シュレーバーが内面で体験している自分の存在基盤を失うような危機体験が投影されていると考えて間違いはないであろう。人類の更新はその危機にさらされての、シュレーバーのそこからの再生である。

洞察という内面世界での認識領域が形成されていないシュレーバーとしては、存在基盤を失うような危機体験は具象的に存在する身体水準で、第22章部分再録の《11－11×》のように「重要な内臓もなく、骨格の一部がぼろぼろになって生きた」と体験するよりないのである。シュレーバーが一個の具象として自身を受け止める以上は、「人間性」「男性性」などのシュレーバーの属性は他の属性をも含めて、それぞれの意味で抽象されるものとして分離されることなく、すべてが混然として離れることのない、それでしかない一個の具象として体験されることになる。そのように体験するしかないシュレーバーが、自分が欠損体となることなく、人間であることを失わずに、それまでのシュレーバーでない存在として再生するには、男性であったことから女性に変わることよりないのである。

シュレーバーのこの脱男性化の確信は、この項はじめのシュレーバーのいう第一期では絶対的、いいかえればシュレーバーにとっての唯一の支えといえるものになっていた。しかし第二期になるとシュレーバー自身が述べるように様子が変わってくる。第22章部分再録の《9－9×》では、脱男性化が絶対的ではなくなってきており、かならずしもそれを唯一の支えとしなくてもよくなってきているともいえる。これは病態の小康あるいは改善は、脱男性化の完成によるとはいえないことを示している。

上掲の「重要な内臓もなく、云々」は確実に死をもたらすはずの体験である。それにもかかわらず決定的な事実としての死が訪れなかった。決定的な役割を果たしたのは、経過がもたらしたこの事実であると考えられる。体験を具象的にしか受け止められない人間には、事実の支配力が決定的といえるほど大である。上述の脱男性化の確信はその間の時間経過を支えたといえよう。その間の事態を入院中の経過を振り返ってのまとめというべき第22章で、シュレーバーは《3－3×》、《10－10×》、またこの項はじめの再録の《27－27×》のように体験し、第22章部分再録の《9－9×》と、回想録中唯一のといえるかもしれない、自分の考えが誤っていたことを認めているような回想となっている。

ただこの最後の記載は洞察につながる反省領域の形成に，萌芽的にでもつながる位置にあるかどうかは疑問で，洞察の外側の事実関係の問題に位置づけられている可能性が高い。

5) シュレーバーの現実対応の様態

II章「2.の(2)発達的観点からの見かけの識別的認知」で，事例MAと事例STとのロールシャッハ・プロトコールの比較に基づいて，たとえ認識を伴うことにはなっていない見かけの正確さであっても，識別的認知の力の差は現実に対する対応力において差をもたらすことをみてきた。

シュレーバーの場合には，陰謀妄想に取り込まれているのは「魂としてのフレッヒジヒ教授」で，見えたままのフレッヒジヒ教授はそれから区別して認知されている。その「魂としてのフレッヒジヒ教授」をも含めて，概念化されたものが具体的存在にほとんど匹敵するものに位置づけられて，内面性の認識には至っていないが，しかし「見えない実在」に該当する概念化を知り，シュレーバー流ではあるけれども利用できている。というよりもシュレーバーの場合，私情であるとか自分の内面性に対する気づきの領域に直接関係しないで，その点概念がそのような内面の外に位置づけられて用いられているかぎり，形式的意味を知り有効に用いられている。シュレーバーはゾンネンシュタインでの入院となっていく二度目の病態化の折には，すでにドレースデン控訴院民事部長の要職にあり，現実対応力は事例STよりもはるかに高い。すでに指摘したようにシュレーバーは，他方面にわたる自分の極めて高い才能を自負している。「1)実質が空洞化した形式主義」で考察した形式主義とあいまって，知性化との親和性は強く，その知性化が概念化で考察したのと同じ位置を占めるかぎり，それを支える高い知的能力は備えていたのであろう。シュレーバーの民事裁判官という職は，私情とか自分の内面性との関連づけなしで十分有効となりうるという点では彼に適していたと考えられる。

II章「5.の(1)臨床事態成立時の様態」で考察したように，事例STの内面世界はさながら聖域のごとくに，問題を意識するような余地がまったく与えられていなかった。シュレーバーの場合も自分の内面性に対する気づきの領域が，ほとんどあるいはまったく形成されていないのは軌を一にしている。そこで考察してきたように発達的にはこれは見えているものがすべてで，自分もそれに

融合・合一的に体験されている段階に該当するもので，問題を意識することがないという体験は原体験に由来している。この心性が達成や獲得というテーマと結びつくと，意図したことが獲得できないことが問題を意識させることになるので，しばしば精神の成熟とは対立する万能感を形成することになる。シュレーバーの場合にはそれが外界世界での知的実現に対する彼の高い能力と結びついて，彼の自己誇大的意識を形成していったと考えられる。第22章部分再録の《5－5×》に示されるように，この知的実現に対応するものが彼のいう悟性であって，それはシュレーバーそのもののように体験されている。しかしそれも，

> 私自身にとって常にもっとも威嚇的な奇蹟と思われたのは，何らかの形で悟性へ向けられた奇蹟であった．まず第一にこの奇蹟の対象となったのは頭である．そして第二には――1894年の秋頃の数週間――脊髄がその対象とされた．その頃脊髄は頭とならんで悟性の中枢と見なされていたのである．それ故に私の脊髄を汲み出そうという試みがなされた．（第11章，訳書，165～166ページ）

と体験される，身体水準に位置づけられるものであった。

6) 臨床事態成立の様態

ここまでシュレーバーの自分の存在基盤を失うような危機体験の内容についての考察を控えてきた。シュレーバーはそれを，

> 最近この「奇蹟に満ちた構築物」には亀裂が生じたのであるが，この亀裂は私の個人的な運命ときわめて密接に結ばれている．（第2章，訳書，39ページ）

と体験している。また二度にわたる病態化のきっかけとして，

> 私は二度神経病にかかった．二度とも精神的な過労のせいである．最初は（ケムニッツの地方裁判所民事部部長の地位にあったとき）帝国議会に立候補したのがそのきっかけとなった．二度目は私が新たに任じられたドレースデンの控訴院民事部部長の職に就いたときに直面した，その仕事の並はずれた重圧が病気のきっかけであった．（第4章，訳書，52ページ）

と回想している。最初の立候補は当選すればそれによって生じるはずの事態の変化について何も述べられていないから，当選しなかったのであろう。二度目の方は栄転であるから，結局のところ落選・栄転が直接存在基盤の喪失につながっているとは考えられない。このきっかけの問題については後に再度考察する。「2)内面的体験の外在化と，具象に限定される体験世界」で，シュレーバーが「世界秩序全体は一つの『奇蹟に満ちた構築物』として現出する」と述べており，世界秩序は「至高の状態にある自分」とでもいえるものととらえていることを述べた。最近それに亀裂が生じたと体験していることになる。

II章「5.の(2)臨床事態発生の時期と人生周期の課題」で，臨床事態の発生の時期という点では，人生周期の課題との関係に注目することが重要であること，およびそこでは必然的にそれまで支えにして生きてきた態勢の喪失の体験が生じることを考察した。シュレーバーに最初の臨床事態が生じたのは42歳の時で，決定的といえる悪化を示した第二回目の臨床事態の発生は51歳時である。「3)シュレーバーにみられる病態の構造」のはじめに示したように，シュレーバーは第一回目の病態化は完全に治癒したと述べている。しかし［資料A：ヴェーバー博士の第1回目鑑定書より］にみられる症状が，程度の差があるかもしれないが内容的には同じヒポコンドリーであるという点だけからみても，第一回目と第二回目とは別個のものではなくて，第一回目はいってみれば第二回目の前兆のような位置にあるとみられる。

事例STは40歳節目で臨床事態が明確になっていたが，シュレーバーの場合は50歳節目に当たる。50歳節目は人生のまさに頂上付近で，シュレーバーのように自分を身体水準でとらえる準備しかできていない立場からすれば，その後は衰退よりほかにない。もしその節目でのこの喪失を円熟とか成熟とかの「熟」につなぐ受け止めがなければ，事態の受容は極めて困難なものとなる。程度にはいろいろあるにしても「熟」は，こころの内面的世界での体験が中心となって展開する。シュレーバーにとっては不幸にしてその展開は無縁のものであった。喪失へ向かっている50歳節目の直接的な体験は，間接化されながら洞察へとつながることなく，直接身体水準で体験されることになった。40歳は直接的にそこに至る取り付き口であったと理解される。

II章「5.の(2)臨床事態発生の時期と人生周期の課題」で考察したように人

生周期での節目を迎えるということは，それまでの態勢では対処が困難な事態に向かい合うことを意味し，それまでを支えてきた態勢を喪失することになる。具象にしばられての体験はすでに事実として体験してきたということが，理屈抜きの直接的な存在の保証になり，体験の性質・意義・位置づけなどの理解とは結びつかない直接的な体験は，体験できている・できていないによって，有無が決定的に分かれる体験になる。そこでの既存のものの喪失は，しばしばそれだけで既存の存在保証の喪失と体験される可能性が高い。自分の人生の頂上あたりを感じ取らされる50歳節目の体験は，必然的に自分の人生の総括という性格を帯びることになる。したがってそこでの蹉跌は，自分の人生全体の蹉跌かのように感じ取らされやすい。この項のはじめに再録したシュレーバーが二度にわたる病態化のきっかけとしている事態の変化は，その既存の状況の喪失として，いま考察した50歳節目での喪失体験に向かい合わされる，それこそきっかけとなったのである。

「2)内面的体験の外在化と，具象に限定される体験世界」で再録したシュレーバーの《24－24×》の回想にみられる，それまでにはなかった尋常ならざる回数の夢精の体験は身体水準での体験であるが，それまでにはなかったのであるからそれまでの自分の喪失の体験を意味し，自分を身体水準でしか体験できていないようなものであるから，シュレーバー自身の表現のように決定的な破綻であった*。問題を感じなくてすんでいたそれまでの自分は，その意味で至高といえる自分の状態であったのであろう。その破綻の体験がこの項はじめの「奇蹟に満ちた構築物」の亀裂と体験されているのである。

「4)修復のドラマ」で決定的な役割を果たしたと考察した，確実に死をもたらすはずの体験にもかかわらず死が訪れなかった事実を，シュレーバーは，

---

* フロイトもシュレーバーのこの体験に注目して，つぎのように考察している。
　「シュレーバー博士はこの発病の時51歳だった。彼は性生活にとって危険な年齢にあった。つまり彼は，一般に女性の場合だったら性欲が一時的に高まる時期を経て，ついでその性的機能が後退の一途をたどるあの時期にあったのである。しかも男性にとってもこの時期が全く問題にならないというわけではない。すなわち男性にも，『更年期』がそれに続く発病の素地をなす場合があるわけである（著作集9巻，315ページ）」
　フロイトはこれをシュレーバーの同性愛リビドーの爆発に結びつけて考察しているのであるが，それをも含めて記載にみられるように身体水準の事象として扱っていることになる。

> 私がその後——当然ようやく何年も経ってからであるが——新聞や手紙を通じて外界といくらか交渉するようになり，さらにこの施設そのものやその周囲の建物の様子を見たり，以前私の持っていた書籍や楽譜やその他の実用品をだんだん手元に返してもらったりすると，そこに，人類史上に巨大な時間的隔絶が生じたとする考え方と相容れるようなものを見出すようなことはまったくできなかったのだ．（第7章，訳書，101ページ）

と回想している。その事実に先導されて「(4)修復のドラマ」冒頭のシュレーバーの回想《27－27×》となり，シュレーバーの関心は現実へと向かうことになって，第22章部分再録《15－15×》と終結を迎えていくことになる。こうしてその時期に，そのように臨床事態の体験をもたらした，シュレーバー自身の基本的な構造は未解決のままに現実は進行し，シュレーバーの生活はそれによりかかっていくことになる。

　［**付記**「2．シュレーバー・ケース」の考察は，その考察資料として訳書による彼の『ある神経病患者の回想録』に限定させた。シュレーバーに関してはその後の調査研究が行われている。それを踏まえての付加考察は，「3．の(6)原体験が受容される体験とシュレーバー・ケースの場合」で行っている。］

3．具象に限定される体験

(1) 事例 R3 プロトコールの解析†

　事例 R3 はこの節「(4)具象に限定される体験と原体験」で述べる，具象に限定される体験の成立と，原体験をめぐる事態との関係に目を向けることを主にしてここで取り上げているが，考察に至る前に少し長くなるがプロトコールの特徴を概観しておくことが必要である。

　事例 R3 も R1，R2 同様，通常の解析手順にはそぐわない面をもっている。事例 R3 は各カードで2個ずつの反応を示し，そのうちⅣ，Ⅷカードの第2反応は質疑での復元が不能になっている。律儀といえるほど各カードで反応が2つであることと，2つの復元不能については後に触れるが，復元不能の2つを

とりあえず反応の数からはずしておくと，反応数は18になる。これらの反応は認知領域との関係という点では，領域が比較的同定しにくい群と比較的明瞭にDと同定できるものとに分かれて，以下に示すようにそれぞれが9個となっていて，両者では対象認知の様態に違いがみられる。以下に反応順に同定しにくい群の反応の方から考察をはじめることにするが，同時にすべての反応についていずれの群になるかの区別をも示しておくことにする。

1) 対象認知領域が同定しにくい群

a. Ⅰカードの反応

Ⅰカードでは事例は，①「悪魔」と②「こうもり」とを答えている。①「悪魔」は内部4個のSsのうち上部の2個が「目」（下部の2個も「口」としての分化が生じているかもしれない）として認知されることが，着想の起点としてもっとも重要な働きをしていると考えられる。質疑で被検者は記載されたような領域限界を示しているが，この被検者が設定している領域限界は，着想起点である内部のSを囲む実質領域を示すためのもので，つぎの反応でほぼ確実になるように，認知対象の領域限界を外輪郭形体として明確にすることは行われていないと思われる。領域限界はその分図版にゆだねられていることになる。

ⅠカードのSsを「目」とする反応は，Ⅱ章「1.の(1)事例Ｒ1プロトコルの解析1」で，同じカードでの「鬼」の反応でもみられた。そこでその反応決定に際しての決定ポイントは，発達的に内部構造から外輪郭形体へと移行する段階を反映しているのであろうという，ロールシャッハの形式・構造解析学からみての考察をした。この「悪魔」反応では「鬼」反応にはあった「角」の指摘もないので，一層内部構造の決定性は高い。その分発達的にはより初期的な段階にあると考えられる。

スコアとしては，drSs・F−・(A)・AS〜(WSs)・F−・(A)・ASとなろう（〜の前に示すものが推定される着想起点，あるいは被検者の指示領域を主にしたもので，〜の後に示すものが認知対象の推定される領域限界を重視した場合のものである）。

②「こうもり」では実施段階での領域指示はなく，質疑で「こうもりの顔」としてd_8のみが指摘されている。しかしd_8領域だけで「こうもりの」という

個別化は無理である。事例はVカードで「蛾」を反応して，質疑で「蛾」の頭と体とを指示しており，この認知は構造的には，II章の事例R1プロトコールの解析でも述べた翼状全体反応に該当しているから，この「こうもり」反応では両側翼状構造を指示してはいないが，ここでも同様に翼状構造が「こうもり」着想の起点となったと考える方が理にかなう。それが指示されなかったのは，認知した概念・領域いずれにおいても全体が優位にあり，それを明示することが重要であるという認識が事例R3には未成立で，その点領域限界が図版にゆだねられたため，質疑段階での関心の重点となった「こうもりの顔」だけが指示されたのであろう。

　スコアとしては，領域は被検者の実施段階での表現と質疑での指示だけに従えばODで，d＝OD・F－・dA・AS*となり，推定される領域限界に従えば(W)・F－1・A・ASである（BFLの－1は，翼状全体反応としての「こうもり」はポピュラーのF＋であるが，領域限界の明示がないので－1とするということである）。

　Iカードの2つの反応に共通してみられた「領域限界が図版にゆだねられている」とみられる特徴が，認知対象の領域を明瞭には同定しにくくさせている。これらの反応では，その着想の起点あるいは重点となった点と，反応の領域限界との関係があいまいになっているのもその認知構造の故である。反応は通常反応として決定され表現された時点で認知像は全貌的にとらえられて，部分に対する全体の優位は認識されている。したがって着想の起点あるいは重点となった点と反応の領域限界との関係を，改めて問わねばならないというようなことにはならない。これらの反応でその問いが必要なのはそこに問題が生じていることを示すもので，このプロトコールの重要な特徴のひとつとなっている。「認知領域が同定しにくい群」と分類されたものは，この「領域限界が図版にゆだねられている」ことによって出現しており，IIカード以降にも7個出現している。

---

*　　**OD** は反応概念（この場合では「こうもり」）の全体像が，概念的にも領域的にも成立していなければ成立しない部分に対して（この場合では「こうもりの顔」：この部分領域にこの部分概念で反応すればDoとなる），全体概念を当てはめて表明している場合に用いるスコアである。同じく **dA** の標識は，図形的には部分に該当する領域をとらえて，その部分を従属部分とする全体概念で表明した場合に与えられる。

対象の領域限界が図版にゆだねられていることと着想の重点との関係について，次項での考察に関連するのでここでさらに考察を加えておこう。II章「4．把握型の発達的展開をめぐって」で，「原体験系譜の体験は常に活動しながら自らは識別的認知を要求せず，その点ではサイレントに潜在化する」ことをみてきた。Iカードの2つの反応は領域限界が図版にゆだねられているだけで，考察したように図形全体がなければ成立しないと考えられるものであった。その点では標識的には（W）で示される全体反応で，2つの反応は同一領域の反応になる。しかし領域限界が図版にゆだねられた認知は，初期集約的認知以前の認知の様式で，したがって原体験系譜の体験に属しており，事例R3にはサイレント，つまり「無」として体験されている。事例R3に「有（注意が向けられて気づきの対象になる）」として体験されているのは，①「悪魔」の中央下部のSs領域，②「こうもり」の中央部の実質部分であるd_8を，それぞれ焦点として重点化されている着想である。通常に多くみられる（W）の反応*は事例R3の場合とは異なって，サイレントに潜在化されるのは，領域が識別的外輪郭形体で明瞭に限界づけられることによって独立体として認知されることであって，図形はおおまかな大域として「有」として反応する形をとる。事例R3の場合に「無」として体験されることが成立する理由については，後の「(4)具象に限定される体験と原体験」の末尾近くで考察する。

　事例R3の①「悪魔」と②「こうもり」の両者の重点領域は構造的に異なっているから，サイレントに反応している領域は全体で同一であるが，事例R3にはこの認知パターンの違いは異なる領域に得られた着想と同じように体験されている。後の考察に関係するのでここで見逃してはならない点は，この場合にひとつの認知パターン（事例R3にとっては個別認知領域と等価）は，ひとつの着想にしか対応していないということである。2つの反応の着想の焦点となっているのは中央領域である。すでに述べたように着想に際しての中央部領域の活性化は，外輪郭形体明確化の不活性化と表裏をなしている。2つの反応での外輪郭形体明確化の不活性化は，上にみた領域限界が図版にゆだねられた

---

*　そのような反応例としては本書では**事例R1**，前著書では初期集約期以前の把握型を示す例として収録した事例4（213〜215ページ）の，プロトコールとスコアなどを参照されたい。

認知と符合する。着想の焦点となった中央領域の一方は空白部分，他方は実質部分と異なっていて，粗構造的にみたこのカード中央領域の構造的特徴は網羅されているとみてよい。つまり事例Ｒ３は明確な気づきとしてはサイレント化して潜在化している図版全体に対する，違ったパターンの認知を網羅していることになり，しかも事例Ｒ３としては異なる領域への反応として体験しているのである。この網羅的反応をもたらしているのは，潜在化して基層化している融合的大域認知である。

b．Ⅱカード以降の反応

以下にⅡカード以降の反応についてⅠカードの反応でみられた特徴を踏まえて，その構造的要点を添えて示すことにするが，「認知領域が同定しにくい群」に属すると思われるものについては，

　Ａ：推定される着想起点あるいは重点

　Ｂ：被検者の指示領域と，推定される認知対象の領域限界，ならびにそれに
　　　基づくスコア

を示しておく。はじめに述べたように，認知領域が比較的明瞭にＤと同定できると思われるものについては，反応の順序をとらえるためにここに示しておくが，考察はつぎに項を改めてまとめて行うことにする。

さらにその後に各カードごとに，後の考察に関連するので群別にかかわらずに，

　Ｃ：第１・２反応の図版上の構造的関係

を示しておく。

Ⅱカード

①「ニワトリ」Ａ：赤色部ことにD_4，Ｂ：着想起点に従って赤色部を順次おさえていくと，領域は結果的に黒色部を包含することになって全体となったと考えられる。厳密にいえば黒色部を除くか（部分反応）否か（全体反応）が，問われなかったというべきなのであろう。(W)・F−・A・AS（事例Ｒ３は実施段階では，Ⅰカードはじめの類動物（A）か類人間（H）に分類される「悪魔」以外は，すべてスコア標識Aに分類される動物を，個別的な具体概念で概念的全体表現で答えており，文章型は「言い切り型」のASである。以下このプロトコールのスコアでは，末尾の「・A・AS」はとくに記載してあるも

②「烏」A：d_1および赤色部を除く領域の上半分，B：着想起点および指示領域は明らかに赤色部を除く領域になっている。領域限界は構造的に行きつくところに従ったと考える方が，この群の他のカードでの認知と構造的に符合する。(dD)・F−

C：①+②≒W

Ⅲカード

①「蝶々」D_3，後述のDと同定できる群のひとつ

②「カマキリ」A：D_5の目と口・およびD_4の手，B：起点着想でほとんど灰色部全領域になる。WSs・F+

C：②は領域的には分離された①を包括して≒W

Ⅳカード

①「熊」A：顔・両手・両足に該当する突出部が着想の主力点となる全体領域，B：起点領域の指示でほぼ全体になる。W・F+

C：②「モグラ」が質疑で復元不能である。これについては「5)質疑で復元できなかった反応」で考察する。

Ⅴカード

①「カニ」A：両外側のd_2，B：実質部分への付け根の処理が不明で，その限界設定は問われていないと考えられる。d・F−・dA・AS〜DW・F−*

②「蛾」A：中央部と両側への翼状のひろがり，B：d_2の処理は不明。おそらく意が及んでいない。W・F+

C：①+②=W

Ⅵカード

①「狐」D_1，②「ムカデ」D_6：いずれも後述のD群

C：①と②で着想領域が中央部全体となる。

Ⅶカード

①「アヒル」D_1，②「孔雀」D_2：後述のD群

C：①+②=W

---

* dAについては，144ページの脚注参照。

VIIIカード

①「虎」D_1，②「猪」D_1：後述のD群

C：後述のように②がⅣカード同様，質疑での復元が不能である。理由は「5) 質疑で復元できなかった反応」で，また D_1 のみとなったことについては「4) 事例R3の体験型関連」で考察する。

Ⅸカード

①「鹿」D_3：後述のD群

②「象」A：D_1 とくに両側の大きい耳，B：「両側の大きい耳」を起点に「象」を着想，「体」「足」「しっぽ」を図版図形に当てはめた。DW・F−

C：②が全色彩カード唯一のWとなっている。このカードが輻輳カードで，明瞭に分割されたDがないことに影響されていると考えられる。①で D_3 がdDとなっているのも，ゆだねられた領域の広さが異なるが，機制は同じである。

②の質疑で事例R3が示している「しっぽ」の位置は，「象」の他の部位との関係が不整合である。Ⅰカードの反応についての検討で述べたように，事例R3の反応は反応として決定された時点で全貌的に認知されているとはいえず，また「5) 質疑で復元できなかった反応」で述べるように，ひとつの体験の持続時間は短い。質疑でのこの「しっぽ」は，質疑の時点での順次「耳，体，足」とつづく部分概念の概念的な連合から導かれたもので，その時にはすでに先立つ部分概念の部位との位置関係は，「しっぽ」の位置決定の関係からははずれていたのであろう。それがこの不整合をもたらしていると考えられる。

Ⅹカード

①「蜘蛛」D_1，②「兎」D_{12}：後述のD群

C：2つのDに限定されている，後述。

2) 対象認知領域が比較的明瞭にDと同定できる群

前項に示したこの群に属するものを，まとめてスコアを添えて再掲すると，

Ⅲカード①「蝶々」D_3 F＋

Ⅵカード①「孤」D_1 F＋

　　　　②「ムカデ」D_6 F＋

Ⅶカード①「アヒル」D_1 F−

②「孔雀」［実施での「駝鳥」を質疑で訂正］D_2 F＋
Ⅷ カード①「虎」D_1 F＋
②「猪」：質疑での復元不能
Ⅸ カード①「鹿」D_3　dD・F－
Ⅹ カード①「蜘蛛」D_1　F＋
②「兎」D_{12}　F＋

となる。

　これらの9個の反応はいずれもDと同定しやすく，その分認知が領域的に分離限定の方向に傾いている。さらにそのすべてが表現された概念の全体像で認知されている。領域限界を外輪郭形体として明確にすることに意が用いられていなかった，さきに挙げた認知領域を同定しにくい群が，いきおいその基礎形体水準はF＋33.3％と低くならざるをえなかったのに対して，この群では77.8％となり上述の群とは対照的である。しかし以下に考察するように必ずしも上述の群にみられる認知の機制と対立的ともいえない。

　この9個の反応は上掲のように，「動物（四足獣）」と「鳥」に分類されるものが個別化された具象概念で示されている。この9個に限らず事例R3の反応は，最初に示された「悪魔」以外のすべてが，同様に個別化された「動物」か「鳥」である。この個別化された具象概念のみでの反応提示は，後の6）以降で考察するように外輪郭の形体識別度によるものではなく，集合概念を抽象する力の未成熟によっている。また事例R3は関与に言及していないが，「Ⅱ：ニワトリ，鳥」「Ⅳ：熊」には色彩の影響が疑われるし，「Ⅸ：鹿，象」「Ⅹ：兎」は部分形体特性が決定に関与している可能性が考えられる。要するに事例R3においては「認知領域が同定しにくい群」に属するものはもちろんのこと，「同定できる群」に属するものも，その反応概念の全体像の外輪郭形体を明確にして，概念が個別化されているとはいえない可能性が高い。通常の形体水準評定手順では，個別化されて示された概念もそれらを包括する集合概念で評定されるので，さきに示したようにこの群の基礎形体水準はF＋77.8％で，「認知領域が同定しにくい群」の33.3％よりも格段の差で高くなっているが，いま述べたことからこの値は数値よりは弱含みである。

　「Dと同定できる反応群」9個のうち，Ⅲ，Ⅷ，Ⅸ，Ⅹのカードにみられた

5個は，Ⅲカードで典型的にみられるように色彩の違いが領域区別に働いていると考えられる。これは色彩の存在に反応していることになるが，しかし「4)事例R3の体験型関連」で述べるように，実質的に意味づけされた色彩反応はみられない。色彩の違いは図版特性の違いとして認知されているのである。それに対して，灰色系のⅦカードでの2個のD反応は色彩の違いによる区分ではなく，図版が図形形体上明瞭にD区分がしやすいことによっていることになる。

　全色彩カードの中でのⅨカードでの②の反応は，すでに述べたように全色彩カードで唯一のWとなって，DWの型となっている。一部の領域の認知が形体的に明瞭にとらえられ，それを部分として包含する全体概念の占める領域が，その形体性を度外視して図版にゆだねられているのであるが，dDとスコアした①の反応では着想の焦点となったのが突出形のdの小領域で，その領域を包含している図版にゆだねられた反応概念全体の領域が，同一色調内に収まるものであったのに対して，②は反応概念全体の領域が，形体的に明瞭にとらえられたピンクの領域限界を越えているものであったのでDWになっただけで，両者は機制としては同じものである。この機制はⅨカードが全色彩の中での輻輳カードで，部分に分割した認知がしにくいカードになっていることによって生じているものと考えられる。それに対して同じ全色彩カードであるⅧ，Ⅹでは，いま述べたように明瞭にDとなっているから，色彩による区分に加えるに図形形体上明瞭にD区分がしやすいことも，この2枚のカードでは関与しているのである。

　事例R3が示す明瞭なD化には，この2つの条件が大きな役割を果たしていると考えられる。色彩の違い，明瞭なD区分が生じやすい図形形体，いずれも図版に存在する特性である。Ⅸカードの2つの反応もちょうどそれを逆にした形で，図版特性に対応した反応になっている。事例R3はそのように図版特性はかなり正確にとらえて反応していることになる。しかし認知概念の全体像を外輪郭形体によって識別的にとらえ，認知対象の独立性を確保することがなお確立しているとはいえない。その分領域限界は図版にゆだねられ，認知に際して一義的に重点化されているのは部分という法則がそこでは力をもっているのであろうが，明瞭なD化が認められた反応群では，図形形体に導かれて

IV. 体験のドラマ（II） 151

生じた領域区分と重点部位を含む図版にゆだねられた概念的全体領域との，隔絶度が少なくてすんだと考えた方が，前者の群との整合性が高くなる。

3) 事例R3の把握型

Iカードの2つの反応ではサイレントになっている融合的大域的把握の支配がなお大きくて，部分化を志向している反応着想の焦点の分離がみられず，当然両者の複合も成立していなかった。

II・IIIカードでは色彩の違いによる領域区分が働いて，いずれも赤色部と黒色部に分かれている。IIIカードでの反応のひとつである黒色部の反応はスコアはWとなるが，2つの反応が識別型の外輪郭形体でF＋となり，2つでWという点ではVIIカードの場合と同一である。IIカードではIIIカードとは異なり，赤色部の反応では反応着想の焦点の識別型形体も不確かである。黒色部では着想の焦点は識別型形体であるが，両者はともにそれぞれの色彩限界内で，領域限界は図版にゆだねられた反応になっている。IIカードがこのタイプになったのは，このカードが赤黒2色カードの輻輳カードのためである。II・IIIカードいずれも2つの反応でWとなって，図版構造特性網羅型になったのは，基層での融合的大域的把握に導かれてのことになる。

IVカードは1反応，Vカードは2反応である。IVカードの反応の着想の焦点が図形の外縁によりかかって設定されている点が他の場合と異なっているが，他はIカードの場合と同じである。IVカードが1反応となったことについては，「5)質疑で復元できなかった反応」で考察する。

VIカードはD_1に与えられた第1反応は，VIIカードにみられた反応と同じ機制である。第2反応がD_2中央部のD_6に，表現された概念の全体像で認知されていて，その点では第1反応と同じである。しかし図版構造という面からみれば，D_6は領域限界がもっともあいまいなDで，これまでにみてきた事例R3の認知の仕方を考えると，この領域をその領域として明確に他領域から分離しているかという点では疑問が大きい。むしろここでは中央領域での認知が，この領域を含むサイレントになっている融合的大域であるD_2と等価になっていると考える方が，それで第1反応と第2反応とで中央部位を上下に一貫し，中央領域の構造的特徴が網羅されることになり，また他のカードでみてきたこととの整合性も高くなる。

Ⅶ**カード**のDで2つの反応は，Ⅱ章「4．の(1)融合・合一的認知の動向と，その区別・識別性との関係」で述べた，初期集約的把握型のそれに一致する。2つでWとなっていることも，前著書で典型的な初期集約的把握型を示す事例として収録した事例1が，ほとんどのカードで示したΣ｜D｜→Wのパターンと一致している。

　全色彩カードでは図形が分割されやすいⅧ・**Xカード**で，反応領域がそれぞれのカードのD_1を主にしてかかわる領域が収縮している。直接・即座的な反応を促す外在刺激が全面化すると，かかわりの領域を収縮させる傾向が示されていることになるが，D_1が主であるということは，領域番号は若いものの方が一般に用いる領域として選ばれる頻度が高いので，この領域収縮に際して一般に選ばれやすい領域の認知に従っているということになる。図版特性はかなり正確にとらえている。

　Ⅸカードの反応については，「2)対象認知領域が比較的明瞭にDと同定できる群」で考察した。このカードの中央部が錯綜して着想の焦点とすることが困難なので，図形の上下端で認知のパターンが網羅型になっていると思われる。

　以上ⅢおよびⅦカードでの把握の様式は，初期集約的把握型のそれに一致する。しかしこの2枚とⅧ・Xのカードを除くカードでは，初期集約的把握型以前の把握型を示しているから，図版特性で初期集約的把握型になりやすいもので，それが成立しているだけになる。つまり事例R3は初期集約的把握型とそれ以前の把握型との中間移行期にあって，なおそれまでの融合的大域的把握の支配性が大きい状態にあると考えられる。Ⅷ・XカードでのD_1への収縮は色彩の影響が主で，識別的外輪郭形体が第一義的位置を獲得してのものとはいえないが，しかし領域限界が図版にゆだねられるのではなくDに限界づけられているから，これも中間移行期にあることに対応しているのであろう。

　「Dと同定できる反応群」でも図版特性はかなり正確にとらえられているが，識別的外輪郭形体の支配・主導性が確立しているとはいえず，領域限界は図版にゆだねられているという機制が影響を残すと考えられるものであった。この群においても認知に際して一義的に重点化されているのは「対象認知領域が同定しにくい群」でみられた，着想に際して焦点化された部分と同じなのであろ

うが，図形の特性に導かれて生じた領域区分と，焦点化部位を含む図版にゆだねられた概念的全体領域との隔絶度が少なくてすんだと考えた方が，前者の群との整合性が高くなる。しかし一方で，この隔絶が少なくてすんだD反応が，反応全体の半数近くに出現していることは無視することができないことで，ここにもまた事例R3が初期集約的把握型とそれ以前の段階の移行期にあることが示されている。

4) 事例 R3 の体験型関連

事例R3の初発反応時間R_1Tは，ⅠとⅥのカードで他に抜きん出て遅延している。Ⅰカードは最初のカード，Ⅵカードは無色彩カードの中の輻輳カードであることの影響を受けていると考えられる。その2つのカードを除く8枚でのR_1Tの平均は8″で，かなり速い。一方，色彩カードでの平均初発反応時間R_1T（AV.C.C.）は6.8″で，色彩という直接即座的な反応を促す刺激に接すると反応はさらに促進する傾向を示している。

図版特性はかなり正確にとらえる事例R3は，前項でみたように色彩の違いをとらえての領域区別を示していた。しかし実質的に意義づけられた色彩反応はみられない。Ⅱカード「ニワトリ」や，Ⅳカードの「熊」では認知に色彩の影響が考えられないでもないが，それについての言及はまったくみられない。Ⅲ章「2.の(1)実質的に意味づけされた色彩反応と意味を知る体験」と「3.の(2)事例R2の対象認知」において，事例STは色彩カードで圧倒的に部分反応が多く，色彩に影響を受けていることは確実であるにもかかわらず，実質的に意味づけされた色彩反応がみられず，内なる着想がすべて見えている側に位置づけて体験されていること，および事例R2ではその傾向が一層鮮明であることをみてきた。事例R3の色彩に対する態度もその範疇に入る。

一方，運動に関連すると思われる表現もない。内面に位置づけられた「動」の感覚は分化してきていないと考えられる。それだけではなく初発反応以前にカードの回転がなかったのは，R_1Tが最小の2″であったⅩカードだけで，あとはすべて初発反応以前にカードを回転させている。R_1Tが4″と，2″についで短かったⅢとⅦのカードでも初発以前に2回の回転をみせており，最長であったⅠカードでは反応前のカード回転は17を数え，しかもその前に「しゃべっていい？」と質問をしている。つまり実質的な反応が提示される以前に，事例R

3は外へ向かっての直接的な行動をすでに示しているのである。Ⅲ章「3．の(6)構造的にみた『動』体験の性質と運動反応のまとめ」で述べたように、「動」の体験は原体験に位置して自生する。事例R3の原体験領域に自生する「動」は、外へ向けての直接的「動」として体験される可能性が高いということである。内・外の領域区分が認識の対象となっていないと考えられるので、なおさらのことである。

　関連してここで、検査に際しての事例R3の行動パターンをみておこう。上に挙げたⅠカードでのはじめの発言で、事例R3は自分の行動に際して規制（検査）者の許可・支持を求めている。これまでの解析で浮かび上がってきた特徴に照らせば、実際には規制者の許可がなくとも行動に移ることをこらえるということはできず、何らかの実際行動に移らざるをえないだろうと考えられるが、しかしこの発言で事例R3の気づきの対象にはなりえていないであろうけれども、事例R3の行動は目に見える外在する規制者の許可の枠内に位置づけられていることになる。

　直接・即座的な反応を促す外在刺激が全面化すると、かかわりの領域を収縮させる傾向がⅧ・Ⅹカードの反応で示されていた。反応には形体と色彩との複合がみられないので、自覚につながる統制は無理であるが、行動を規制者の許可の枠内におこうとすることは、この収縮傾向と無関係ではないだろう。

　解析の冒頭に示したように、事例R3はⅣ、Ⅷカードでの第2反応が質疑での復元が不能になっているが、律儀といえるほどの形で各カード2個ずつの反応をしている。数という目に見える規制枠によりかかっているのである。対象の領域限界を明確にすることが一義的な位置を占めず状況にゆだねられた事例R3の把握の様式は、自分の内なる認識に基づく秩序立てが困難になる。数ならびに規制者の許可という行動に際しての外在する規制枠へのよりかかりは、事例R3の行動に際しての秩序立てになっていると考えられる。

5) 質疑で復元できなかった反応

　すでにとらえてきたように事例R3はⅣカードの第2反応、W「モグラ」、およびⅧカードの第2反応、D_1「猪」を、質疑段階で復元することができていない。この2つをはずしての質疑で復元が可能であった反応のうちの「Dと同定できる反応群」では、同一のD領域にはひとつの反応をしているだけで、

反応が複数になったことはない。もう一方の「認知領域が同定しにくい群」では，「把握型」の考察でみてきたように，各反応着想の焦点領域が異なって，ひとつの認知パターンはひとつの反応概念にしか対応せず，しかも異なる認知パターンは異なる領域認知と等価になっていると考えられるものであった。結局事例Ｒ３にとってはひとつの認知領域あるいは認知領域等価物は，ひとつの反応概念に対応しているのである。

　復元が不能であった２つの反応では，それぞれのカードでの第１の反応で第２の反応と同じ領域に，同種の概念で答えている。第１の反応と同一の認知パターンであったのであろう。実施段階では１つのカードには２つの反応というこの被検者の枠組みの圧力の下で，第１と第２の反応との連続性に途絶えが生じたのが，同一パターンの概念の反応を可能にしたのであろう。「体験型関連」の考察で事例Ｒ３は，直接的な実際行動への親和性が高いことをみてきた。事例Ｒ３にとってのひとつの体験の持続時間は短く，したがって短い連続性の途絶えでも，かかわる状況の更新となりえたのであろう。それに対して質疑段階では第１の反応についての明確化を求められ，それに引き続いての第２反応の明確化を求められるという事態になっている。それでひとつのもの，つまりひとつの領域はひとつのものでしかありえないという，事例Ｒ３の認知枠に抵触することになって復元不能となったと考えられる。同じ事例Ｒ３の行動パターンの検討において，自覚にはつながらないが見える規制者の枠組みに従おうとする姿が現れていた。検査者のつづいての質問を無視するのも困難だったのだろう。

6）　個別化された具象概念に限定された反応

　事例Ｒ３の反応はこの年齢であればすでにみられる「動物（四足獣）」「鳥」などの集合概念もなく，「2)対象認知領域が比較的明瞭にＤと同定できる群」で述べたように最初の「悪魔」以外はすべて，前者では「熊」「モグラ」「狐」「虎」など，後者では「ニワトリ」「鳥」「アヒル」その他というように，個別化された具象概念で答えている。形体の識別的明確化の論理からすれば，集合概念「動物」「鳥」に対応する形体上の条件に対して，事例Ｒ３が示すような個別概念を形体的に識別するには，それだけ細部的な形体条件のさらなる差異が問題になってくる。しかしＲ３が示した「動物」の「Ⅵ：狐」「Ⅷ：虎」，

「鳥」の「Ⅶ：アヒル」などなどが代表的になるが，それらでは形体的に一層それらしく対応した個別化になっているというよりも，むしろその個別化を形体上納得させる条件を見いだすことが困難である。もともとこの検査法の媒体となっている図形は漠然図形である。ここで問題になっている程度にまで個別化された具象概念に対応するような，形体の識別性ということになるとむしろ図形にそぐわなくなってくる。集合概念を理解するには，個々に個別化されて存在する具象から，共通の特性を抽出してその意義を理解する抽象と，それに対応する図形特性を認知する力とが必要である。事例R3の反応が具象に限定されているのは，集合概念の「動物」「鳥」の水準の抽象も準備されておらず，すべてが見えている限りの具象としてしか理解できないことによっているのである。

⑵　発達的な観点からみた具象に限定される認知

　以上，前項での**事例R3**の解析をまとめると，事例R3の反応はすべてが個別化された具象概念で，ひとつの認知領域あるいは認知領域等価物は，ひとつの反応概念に対応していた。

　これに関連して，Schachtel の著[13]には，つぎのような記載がある。

　　　精神薄弱者は，ふつう，インクブロットは何か特定のものを表しているものと感じるがために，－中略－各図版に一個だけ反応しようとし，－中略－時には一つのブロットに二個以上の反応をすることがあるが，その場合はたいてい，異なる部分に対するものである。彼らは，一つの領域に対していろいろな見方をしうるのだ，ということを考え得ないように思われる。－中略－あらゆるものが一つの意味しか持っていないような，きわめて具体的で限定された世界に生きたいという欲求に基づいていると考えられよう。（訳書，134〜135ページ）

　最後の「……世界に生きたいという欲求に基づいている」は，その認知構造ではそのようにしか体験できないということであって，そうしたいという欲求に基づいているという考察は正しくないと思われる。この著でここまで考察してきたことからすれば，この点に関してのSchachtelの理解は，彼が主語支配の論理に従っていることからくることが明らかである。また，Schachtelの記

載は精神発達遅滞に特異的に見られるようなそれになっているが，これはこれからの考察で示すように，精神発達遅滞に限定されるものではなく，精神発達遅滞にも見られるというだけのことである。

すでに本書でも取り上げてきた，前著書に収録した精神分裂病（統合失調症）像を示した**事例MA**のプロトコールの［解釈の要点］で，つぎの点を取り出した。

①1枚のカードに分割のない1体の全体反応が1つで，「……しか」「やっぱり……」と，見えているものがそのものでしかないという対応になっていた。

②見ているものが実体ではなく擬したものとしての反応であることを心得ていることを示すCS表現でなく，反応はすべて見えている位置に位置づけられたものとしてとらえられていることを示すASであった。3枚のカードで「……羽をひらいた˙よ˙う」「羽が散らばった˙よ˙う」「……葉っぱがくっついている˙よ˙う˙な˙感˙じ」と，通常CS表現とされる語尾で終わるものがあることをそこで示したが，ここで付言するとこれらはいずれも本体付属物の様態を描写しているもので，本体がCS表現でとらえられているのではない。

③カード回転がなく，与えられた状況（図版）が被検者の操作対象ではなく，動かし難いそれでしかないものに位置づけられていた。

上記した特徴はSchachtelが「一つの領域に対していろいろな見方をしうるのだ，ということを考え得ない」と記載した特徴に該当している。Schachtelは「このパターンを示すものは，可能性で考えること，およびゴールドシュタインの言う意味での抽象的な行動がとれない」と述べているが，事例MAの上記した特徴がそれに該当していることは，前著書の事例MAの［解釈の要点］ですでに示した。抽象して理解する力が未成立で，目に見える具象として存在するものしか認知できず，目に見えないこころの働きに気づくことができない。事例MAの［解釈の要点］には取り出して示さなかったが，(1)の6)で事例R3にみられたこととして取り出した，個別化された具象概念のみで答えているということは，事例MAにも該当しており，事例MAの特徴としてここに示したことのプロトコール上での具体現れとして，その結論を補強している。

主語と偽性複合となっている「動」の契機が支配する非定型精神病の**事例**

R2は，Ⅲ章「3．の(2)事例R2の対象認知」で示したように，図版と対応している対象認知のすべてが具象概念で，無色彩カードにおいては基本的にWで1体，色彩カードはすべて部分領域となってそれぞれに1体の認知であった。色彩カードでの反応がSchachtelが「時には一つのブロットに二個以上の反応をすることがあるが，その場合はたいてい，異なる部分に対するものである」としたものに該当する，具象に限定された認知のプロトコールになっている。

具象は外界に存在して，それでしかないものとして存在している。この項のはじめに記したように特徴をまとめられる事例R3を含めてここに挙げた3事例は，いずれも見えている限りの具象としての理解しか形成されていない。Ⅱ章「2．の(2)発達的観点からの見かけの識別的認知」と「3．の(1)自分の気づきと認識の形成」において，原初の状態では認知の対象は存在せず，誕生とともに次第に外界が見えるようになってくるが，それが認識を伴った認知になるには，外界が存在するだけではなく見ている自分の存在と，認識という目には見えないこころの働きの存在とに気づく力の展開が不可欠であることをみてきた。発達的には外界が見えるようになってきてはいるが，見ている自分にはまだ気づくことはできないその段階にとどまっているのである。

(3) 具象に限定される体験と幻覚・妄想体験

MA・R2・R3の3事例は，認知が具象に限定されている点で共通している。その中で事例MAとR2とは，事例MAは18歳，R2は27歳と，両者とも青年期に達しているのに対して，事例R3は10歳である。さらに青年期にある前2者の臨床事態はいずれも精神病であった。発達途上にある後者にはそれは問題として浮上してきてはいない。それに直接関連してすでに検討を加えてきたロールシャッハ・プロトコールの上では，前2者にはそれぞれⅠ章「6．内的状況性と図版における状況性」，Ⅲ章「3．の(2)事例R2の対象認知」で取り上げたように，対象認知に際して一般妥当性からは不合理な概念の混成と合体が示され，外輪郭形体が反応概念の合理的な独立性を守ることができていない反応がみられた。それに対して，事例R3の場合は領域の限界づけが図版にゆだねられている問題を擁してはいるが，概念対象は個別的に位置づけられて扱われており，概念対象の独立性が犯された認知は生じていない。

IV. 体験のドラマ（II） 159

　前著書事例 MA の［解釈の要点］（244ページ）で，事例 MA の具象に限定された認知と妄想着想との関係についてつぎのように考察を加えた。

　　認知が具象に限定されていると，「自分の心の領域で生じた葛藤を『自分の心の中の葛藤』として認知することができず，具象水準でしか理解ができないことになる。具象は自分の内界ではなく外界にしか存在しない。したがって内界の心の葛藤は，外界の騒がしさとしてしか認知できない。」「この体験の受け止め方それ自体がすでに妄想とされるものである。この内界事象を外界へ置き換えての体験は，『個体化＝境界認知とその支配・主導性との不確立』があって成立している。」

　「境界認知とその支配・主導性との不確立」は，概念対象の独立性が犯された認知に対応している。事例 MA と R2 との臨床事態に関しては，事例 MA の場合は，II章「5.の(1)臨床事態成立時の様態」で考察してように，「心内が穏やかさを失って騒がしい」という内的体験を，「夜中まで（近所の人が）大勢でうるさく言ってくるので困る」と，外界のこととして体験したことひとつからみても，また R2 の場合の多動・無動の現象や感覚異常による奇異といえる行動となったことにしても，臨床事態の起源に位置づけられる体験は，いずれも事例の内面に自生していると理解されるが，それがかかわる外界の事象に位置づけて体験されている。それに対して事例 R3 の場合は，事例の行為の時点での外界から加わった影響に対する直接的な反応である。症候学的に妄想・幻覚としての表現形となるには，内面に自生する体験の成立が必要で，その成立は両事例が青年期に達していることによると考えられる。
　本書でのこれまでの考察で何度も取り上げてきた妄想着想が活発であった**事例 ST** について，前著書で示した［解釈の要点］の【臨床的付加考察】（258ページ）につぎのように記載した。

　　内的に生じた原着想が外界の具象としてとらえざるを得なくなり，それが超越性の困難の下で動かし難く位置づけられ，反応概念の合理的な独立性を守ることができていない下で生じているという点では，妄想着想を示した事例ST，事例 MA ともに軌を一にしている。そこに妄想着想成立の構造をみることができる。

本書での事例MA・R2の考察に際しても，事例STとは密接に関連して考察を加えてきた。事例STは反応数が30で同一領域に複数の反応を示し，事例MA・R2・R3の3事例ではひとつの認知領域あるいは認知領域等価物には，反応がひとつであったのと異なっている。また3事例が個別化されたまったくの具象概念のみで答えていたのに対して，事例STは反応に「動物・楽器・人間・虫」などの集合概念を用いていた。その点で3事例よりは少し進んでいる。事例STの臨床事態発生年齢が40歳節目であったことはそれに関連しているのであろう。しかし他方事例STはこれからの考察でも示すように，3事例が示した特徴を多くの点で共有している。

　内面に自生する体験は，直接目に見える具象にはならない。かかわる外界の事象に内面の体験が位置づけられるには，認知は見える具象に限定されるしかない。それが妄想とされているものを形成する。臨床事態が発生した年齢から考えても，事例MAでは集合概念を抽象する力も未成熟であったことが，妄想発生の主要因に参加していたと思われるのに対して，事例STにおいては内面に問題を意識することになる領域を形成せず，それを外部に位置づけることが主要因で，具象認知に限定されることがより結果的であった可能性が考えられる。

　それはいずれにしろ，具象に限定される認知だけでは，「極めて具体的で限定された世界に生きている」ことを示すだけである。もし内・外の世界を区別して体験する機能，つまり自我境界が確立しておれば，内的体験が外界に位置づけられるということは生じえない。ロールシャッハ・プロトコールの上で外輪郭形体が反応概念の合理的な独立性を守ることができていない反応がみられることは，自我境界が確立していないことに対応するので，それと具象に限定される認知とがプロトコール上にみられると，妄想・幻覚という表現形をとる精神分裂病（統合失調症）像を示すことはほぼ確実と考えられる。ただしかし妄想・幻覚という表現形をとる事例は，スコア上にかならず具象に限定された認知を示すのか，また青年期に達している事例で具象に限定される認知がみられても，概念対象の独立性が犯された認知が確認されなければ，精神分裂病（統合失調症）水準の体験が否定さるのか，などについてはプロトコール全体のより慎重な検討と，今後の事実の積み重ねが必要である。

⑷ 具象に限定される体験と原体験

1) 見えている，それでしかない，個別化された認知

　解析してきたように**事例 R3** は具象に限定される体験に特徴づけられるが，それに直接関連して事例 R3 の［臨床的経歴］に示されたその経歴は重要である。そこに示されたように，生後すぐに乳児院に預けられ，生母が行方不明になったという経歴をもつ事例 R3 は，自身の原体験が受容的に受け入れられた体験を欠いている可能性は，ほとんど確実といえるほど高いと考えられる。

　「3．の(1)事例 R3 プロトコールの解析」でみてきたように，領域の限界設定を図版にゆだねた場合でも，それが「有」として体験されるのが普通であるのに，事例 R3 はそれを「無」として体験しており，それでひとつの認知領域等価物はひとつのものに対応しているという，具象に限定される認知をしていることが確認された。それにはかなり複雑な解析が必要であった。事例 R3 と同じような臨床表現形を示して，事例 R3 のように認知領域等価物というような複雑な解析を介さずとも，ひとつの領域がひとつのものに限定される認知をプロトコールに示している，同じような年齢の事例を複数例著者は体験している。その方がわかりやすいのであるが，それにもかかわらずこの事例を選んだのは，事例 R3 が自身の原体験が受容的に受け入れられた体験を欠いていることが，確実と思われる経歴を担っていたからである。しかしその解析に取り組む労をいとわなかったことが，領域限界の設定が図版にゆだねられた認知が「無」として体験されることがあること，また，それをもたらしたのが，この項すぐ後で考察する内面に位置づけて体験する領域が準備されていなかったことであることを気づくことができたともいえる。明らかに同じように理解することがふさわしい，同じパターンを示すプロトコールが他にも複数例あることに支えられてである。

　考察の対象にしている**MA・R2・R3** の3事例のうち，事例MAと事例R2および**事例 ST** の対象認知が，これまでの検討でいずれも「見かけの識別的認知」であることを押さえてきた*。見かけの識別的認知を主導し支配している

＊　事例 MA・ST に関しては，II章「2．の(1)見かけの識別的認知と認識を伴う識別的認知」を，事例 R2 に関してはIII章「3．の(2)事例 R2 の対象認知」を参照のこと。

のは原体験心性である*。事例R3の把握型は初期集約的把握型とそれ以前の把握型との中間移行期にあると考えられ，両把握型に該当するものが混在していた。この両者の混在を包括的に支配するものは，初期集約的把握型以前の把握型である**。II章「4．把握型の発達的展開をめぐって」で考察したように，初期集約的把握型に先立つ「融合的大域的把握」さらにそれ以前というもっとも未成熟な段階の認知は，融合・合一的なもので原体験に由来している。

　漠然図形のいずれかひとつの領域に対して，いろいろな見方を思い描くことができない具象に限定された認知は，いろいろな可能性の中から形体による識別的認知の優先的重要性を知り，それによってその個別化に至ったのではなく，見えているそれでしかない個別化された具象という理解の準備しかないことによって生じており，その理解に至る検討のためのいろいろの条件は準備されていないのである。そこに至る検討のための条件は，当然被検者の中に準備される。具象に限定された認知は，行われているのは被検者の内面においてではあるが，被検者には見えている側に位置づけて体験されている。

　しかし融合・合一的な性質の原体験心性の下では，体験領域が被検者の内面か見えている側かの区別も問われないので普通であると考えられる。「(1)事例R3プロトコールの解析」の脚注で，通常みられる初期集約以前の把握の様式を示す事例とした，本書の**事例R1**，前著書の事例4（213〜215ページ）などでは，実質的に意味づけされた色彩反応が示されている。III章「2．の(1)実質的に意味づけされた色彩反応と意味を知る体験」で考察したように，実質的に意味づけされた色彩反応が示されているということは，内面か見えている側かの区別は問われないで，色彩に対する反応が区別を知れば内面とされる領域をも含めて体験されていることを示している。それに対して，ここで取り上げているMA・R2・R3の3事例および事例STは，おのおのの解析において示したように，いずれの事例も色彩の存在に反応していることは明らかであるにもかかわらず，それが内面に位置づけて体験されないと生じない実質的に意味づけされた色彩反応が，事例MAにおいてわずかにひとつみられただけであ

---

*　　II章「2．の(2)発達的観点からの見かけの識別的認知」を参照のこと。
**　この章「3．の(1)の3)事例R3の把握型」を参照のこと。

った。

2) 原体験が受容される，またされない体験がもたらすもの

　見えている側に位置づけて，内面に位置づけて体験する領域が準備されていないといいうる体験には，選択性が関係してきているとみなければならない。その場合の選択は当然原体験区別に支配されているはずである。II章「2.の(6)原体験の性質と(7)原体験世界の主導原理」で，原体験区別としてポジティブな体験には一体化しようとし，ネガティブな体験は排斥するか，遠ざかろうとするということをみてきた。内面に位置づけて体験する領域が準備されていないということは，内面に位置づけての体験がネガティブに体験されていることを示していると考えられる。この項冒頭に示した，具象に限定される体験に特徴づけられる事例R3の［臨床的経歴］が，自身の原体験が受容的に受け入れられた体験を欠くことをほとんど確実にしている事実は，いま取り上げている命題，つまり「具象に限定された認知－内面に位置づけて体験する領域が準備されていない－体験がネガティブに体験されている」という連環の，構造とその成立過程とを理解させる。冒頭に事例R3の［臨床的経歴］の重要さを強調したのはその故である。

　原体験の水準にある主体がネガティブに受け止める体験をすると（体験起源者），その体験を遠ざけようとする。融合的に合一している当人は内・外の区別に気づいていないが，その区別を知る者からすれば外部に追いやろうとしていることになる。そばに添っている受け手は，むずかる子どもを抱く母親のように，受け手の基層で働く原体験に由来する合一心性で，排斥されてきたネガティブな体験を受け止めて，ネガティブな体験，たとえば困ったという気持ちを体験する。この起源者の原体験が受容されるということは，この時合一的に受け手に生じているネガティブな体験を，受け手が排斥しようとするのではなくて，そのままにポジティブに包み返そうとしていることになる。むずかる子に対してむずかるなとかかわるのではなくて，むずかるままに「よし，よし」と身体的にも精神的にも抱き抱えている図である。起源者はそれに合一する方が起源のネガティブな体験から解放されることになるので，その受け手の心性に合一する。その時起源のネガティブな体験は結局排斥されないままで，区別を知れば内面とされる領域をも含めた位置に収められていることになる。

受け手に生じているネガティブな体験を受け手が受容できずに排斥することになると，ネガティブな体験の起源は起源者にあるから，体験起源者は起源の体験と体験者との区別を知らぬままに排斥するよりないことになる。内面に位置づけて体験する領域は形成されない。それだけではなくさらに重要なことは，この体験と体験をしている者との区別を知らない排斥は，体験をしている自分の排斥になって，結局自己受容を導き出すことができないということにつながる可能性が高いことである。

　II章「3.の(1)自分の気づきと認識の形成をめぐって」の「(2)体験の間接化」で，その時に体験していることがすべてという直接的な体験は，それだけでは体験していることの性質・意義・位置づけなどを知ることはできず，それを知るためには，直接的な性質の体験が客体化されそれを観察的にとらえる，間接化された営みが必要であること，また「4.の(1)融合・合一的認知の動向と，その区別・識別性との関係」で，それは識別的認知の方から気づきが原体験の活動領域に到達して，両者の複合が生じることで成立することを考察した。ここで考察してきたことは，この過程に前提される客体化の対象となる直接的な体験は，区別を知れば内面とされる領域をも含めて収められている必要があることと，その成立過程の理解に重要な示唆を与えていることになる。つまりそれだけが唯一の途であるか否かの断定はひかえねばならないが，少なくとも原体験が受容される体験で，直接的な体験としての性質をもつ原体験が区別を知れば内面とされる領域をも含めて収められることになり，それに成長の過程で次第に立ち上がってくる識別的な認知力の複合によって，間接化過程が成立するとともに直接的な行動化が抑止される方向に進むことになる。

　本章「3.の(1)の1)対象認知領域が同定しにくい群」とされた領域限界が図版にゆだねられた反応は，通常はその領域はおおまかな大域として「有」として体験されるのに，事例R3ではサイレント化して「無」として体験されているとした。「有」として体験されるには，区別を知れば内面とされる領域をも含めて体験が収められていることが必要であるのに，事例R3ではその体験が与えられていなかったのである。また，III章「3.の(5)『動』の契機といわゆる非定型精神病」で，事例R2にみられた主語となる認知対象と述語・状況性に位置する運動感覚とが偽性複合となるには，内面に位置づけて体験する領域

が準備されていないことが，基盤をなしていることを考察した。事例R2の経歴あるいは臨床的所見からはそれを証拠づける情報は得られていないが，ここまでに考察してきたことから原体験が受容される体験が欠落していたことは，事例MA・STとともにまず間違いないと推定される。

事例R3の［臨床的経歴］では，事例がその時それをネガティブに体験していると考えられる事態で，即座に直接「騒ぐ」「ふてくされる」「乱暴する」という表現形を示している。つまり，外へ向かっての即座的・直接的な排斥という行為化を示していることになる。いずれもすでにみてきた原体験性質を担っている。その所見は，繰り返しみてきたポジティブな体験には一体化しようとしネガティブな体験は排斥するという，重要な原体験世界の主導原理のひとつに関して，ポジティブな体験への一体化が身につくにはそれが重要な対象によって受容されることが必要で，その体験がなければネガティブな体験は排斥する法則だけが支配することになるということを示している。

3) 治療的な視点から

体験の起源者が幼ければ幼いほど，かかわる者が自らのネガティブに感じる体験を，排斥するのではなく許容できているか否かは，決定的といえるほど大きい影響を及ぼすといえるだろう。ただ，そうだからといって，幼い時のその体験によって生涯が決定されるかといえば，それはそうではないだろう。問題になっている体験に限らず，体験の起源者が幼ければ幼いほど周囲の状況がもたらす影響に，主体的対応ができるわけはない。しかし思春期・青年期以降になってくると，親から与えられていなかった与えられていることが望ましい体験は，自分が自分のために与えてやることによって，自立した存在になる。その際に，望ましい体験がすでに体験できている方が，有利であるということはいえるだろう。しかし望ましい体験によって発揮しうるようになる力は，起源者が潜在的にもっている力である。潜在的にもっている力を有効に発揮しうるようになるのに，条件が相対的に不利であるというだけである。力は自分がもっているのであるから，その力を発揮できるようになれないということはありえない。不利さがあっても，というよりは不利があるからこそ，その力を発揮できるようになれば，自立性はかえって高くなるといえる。自分が自分のネガティブに感じている体験を，許容することに気づきさえすればよいのである。

それにはそれを実際に体験できている他者と，出会うことは大きな力となるに相違ない。

　考察してきたことから，治療的かかわりにはつぎのような示唆が得られる。事例が示す排斥行為を直接どうかしようとするよりも，かかわる者が必然的に体験することになる合一的に体験するネガティブな心情を，かかわる者が排除しようとするのではなしに，許容的に抱き抱えてそばにいることができることが重要になる。もしことばをかけるとすれば，事例の行為時に元になっている内的体験を「困るね」「いやだね」とことばで示して，内に位置づけての体験を助けるということが浮かんでくる。

⑤　不定あるいは無形体の反応と原体験

　前項で述べた客体化の対象が区別を知れば内面とされる領域をも含めて収められている体験は，原体験質のものであるから何ものであるかの明確化が主要な位置になく，その状況・状態の性質の方に親和性をもっている。何であるかははっきりしないままの体験を収めていることが，いろいろな可能性を知る体験を準備していることになる。この検査のスコアに照らしていえば，具象的に存在する対象の認知は基礎形体水準のクラス分類では，Ⅴクラスに分類されるものがほとんどである。それに対して阪大法でFpmとスコアされているⅠ～Ⅲクラスの概念は，無形体・不定形体・単純形体ないし単純構造と，クラス分類の数字が小さいほど，形体上の規定が無に至るまでゆるくなる*。また狭義・広義の色彩性が主力となって決定される反応も含まれやすい。

　初期集約的把握型以前の融合・合一的な認知は，前出の本書の**事例R1**，前著書の事例4もそうであるように，反応にⅠ～Ⅲクラスの概念も出現しやすいのが普通である。**事例25**にも数多くみられる。それに対して**事例MA・R3**にはFpmはなく，**事例R2**の認知対象にもFpmがない。**事例ST**は反応数30

---

*　Ⅴクラスの概念とは，そのものをそのものとして特定することのできる条件が，識別的な輪郭形体であることが適しているような反応概念をいう。具象的な概念群がこのクラスに該当し，実際に出現する反応の中で，種類の上でも数の上でももっとも多く，重要な位置を占めている。Ⅰ～Ⅲクラスの概念は，それぞれ無形体・不定形体・単純形体ないし単純構造であることが一般妥当性をもつ概念群で，Ⅳクラスは Ⅰ～Ⅲクラスの概念で形体的に特定化されてⅤクラスに匹敵するものとなったものをいう[18]。

の中で Fpm はIVカードで「ポールが真ん中にあります」と答えた1個のみで，反応とすることが疑問ともいえるもので，反応として採用しても単純形体で不定形体ではない。認知に際しての形体上の規定がゆるくなるほど，同一の規定条件で認知されうる対象は複数化することになる。それがいろいろな可能性を知る体験に対応している。それにもっとも対応しているのは不定形体の概念である。

対象の明確化よりも，その状況・状態の性質の方に親和性をもっている原体験質の体験は，性質の違い，ひるがえせば性質の同一性が気づきから理解へと展開することを準備する。一例をあげていえば，見える限りでははっきりしないという体験で，はっきりしないものという性質を知ることになるというようにである。いろいろある可能性の中から，共通の性質に気づくことが抽象である。そのことがさらに見えないこころの働きをを実感的にとらえ，理解することへの展開を準備していくことになるのであろう。

⑥ 原体験が受容される体験とシュレーバー・ケースの場合

さきに検討を加えたシュレーバー・ケースについては，その後の調査研究でケースの家族関係や，ケースのその後の経過などについてかなりのことが明らかになってきている。前出の訳書[14]巻末に収録されている「シュレーバー年表」と「解題」とによると，シュレーバーの父ダーニエール・ゴットロープ・モーリッツ・シュレーバー（1808年生まれ）は，ライプツィヒ大学で医学を修め，1836年にはライプツィヒで医業を営むかたわら，ライプツィヒ大学医学部の私講師になっている（1854年まで）。父モーリッツ・シュレーバーはその著書『医師の立場から考案された体操，さらにまた国家的関心事として体操を考える』（1843年）のタイトルにも示されるように，真の「ドイツ民族精神」を育成するため，国は体育をあらゆる分野に導入すべきであるという主張をもっていたようで，その関係の著書をつぎつぎと著し，『あらゆる年齢の男女のための医学的室内体操』（1855年）はベスト・セラーになり，明治政府の国定体操の指定にも影響を与えているとのことである。また，彼は『シュレーバー協会』を設立し，シュレーバー・ガルテンの名で知られるようになる，都市郊外にちょっとした家屋つきの土地で園芸をする菜園運動を広めたと紹介されてい

馬場[2)]が Baumeyer と White の調査報告*に基づいて紹介しているところによると，父モーリッツ・シュレーバーは「若い頃は病弱な小男で，その反動で体操に異常な執心を示すに至り」，「確固たる教育理念を持ち」，「その中心は，子供は生后直ちに物事を断念する術を学習すべきであり，幼児に最大の圧力と強制を加えることこそ，後年起こりうる諸問題を防ぐ有効な手段であると確信したこと，子供の姿勢に強迫的に執着し，常に真直ぐな姿勢を保つ道具を考案したこと，子供の生活の過ごし方を時間的に細く規定し，秩序と整頓を最高の法律と考えて少しの逸脱も許さず，ごく僅かの違反でも既に最幼児期から厳しく処罰した」とのことである。また母親はルイーゼ・ヘンリエッテ・パウリーネで，同じく White の調査報告*に基づく馬場の紹介によると，「母は夫の断念の術という教育理念を信奉し，ミルクを欲しがって泣き叫んでいる子供を膝に抱きながら，一定時間は決して食物を与えず，自分だけ食事を摂っていた等，母は独断的独善的な偏りを持った父を傑出した人物として尊敬し，父の理念を積極的に受入れ，賛美し，妻としての役割は果たしても子供に対して母親らしい愛情をもって接するゆとりはなかった」とのことである。

　「2．シュレーバー・ケース」で，シュレーバーの体験世界が具象に限定されていることを考察した。ここに引用したシュレーバー・ケースについての，その後の調査報告で明らかになったシュレーバーと両親との関係は，前々項「(4)の2) 原体験が受容される，またされない体験がもたらすもの」での考察をそのまま証明しているといえよう。

　なお，「2．シュレーバー・ケース」での考察の末尾は，「こうしてその時期に，そのように臨床事態の体験をもたらした，シュレーバー自身の基本的な構造は未解決のままに現実は進行し，シュレーバーの生活はそれによりかかって

---

*　馬場[2)]の研究に示されている両者の報告は，
　　Baumeyer, 1956. "The Schreber Case". *Int. J. Psycho-Anal*.
　　White, R. B., 1961. "The Mother-Conflict in Schreber's Psychosis". *Int. J. Psycho-Anal*.
　　White, R. B., 1963. "The Schreber Case reconsidered in the light of Psychosocial Consepts". *Int. J. Psycho-Anal*.
　　である。

いくことになる」で終わっている。訳書の「シュレーバー年表」によると，60歳でゾンネンシュタインを退院した当のパウル・シュレーバーは，65歳時に妻ザビーネが卒中で倒れた時に，妻の卒中自体はさほど重症ではなかったとのことであるが，興奮してふたたび「胃がない，奇蹟のせいで腸を失ってしまった」などと口走って，精神病院へ入院せざるをえない状態となり，68歳でその病院で亡くなったとのことである。

V. むすびにかえて
―― 残された課題ならびに治療との関係 ――

1. 本書の記述を終えるにあたって

　本書Ⅰ章の「1．いとぐち」で「前著書の『あとがき』に，著者は著者のロールシャッハ・ワークと精神・心理臨床という点では，ロールシャッハ・ワークが著者の臨床理解に影響を与え，その理解に基づく臨床経験がもたらす理解がロールシャッハ理解を助けるという，相補的な関係になっていると書いた。本書ではそれをできるだけ具体的に示すということをも目標としている」と述べた。本書でここまでに記載してきたことによって，それが実際と遊離して単に書き記されただけのものではなかったことを，示すことができたと考えている。

　結果的にみると，各章で1例ずつのロールシャッハ・プロトコールが，重点的に詳細な解析を試みる対象となっている。Ⅰ章の保続事例は前著書に収録したものであるが，事例R1～3は新たな収録である。前著書には「ロールシャッハ学的に重要な事例による検討は，本書（＝前著書）の主流をなすといっても過言ではない（11ページ）」と記載した。本書ではそれを一層徹底させたものになっている。お読みいただいて理解していただけたかと思うが，それらの事例プロトコールの解析は，各章で焦点化しようとした考察に，それぞれに重要な役割を果たすものであった。したがってそれぞれの重点に対応する違いをもっていたが，しかしいずれのプロトコールも，述語・状況性が支配・主導しており，本書で明らかにしてきた原体験心性についての理解がないと，とらえ難さのあるプロトコールであった。逆にいえば，そのとらえ難さの解析が原体

験心性に気づかせ，その詳細化を準備し展開するのに重要な役割を果たしたともいえる。

　この章では事例R4を取り上げる。R4のプロトコールはさらに一層のとらえ難さを示している。これまでの各章の事例は上述のとらえ難さをもっていたが，各章での考察はそのとらえ難さの解明となって，それだけとらえ難さは解消する結果をもたらしているともいえる。事例R4のプロトコールのとらえ難さはそれとは異なり，今後の解明をまたねばならない点が多いとらえ難さである。

　そのとらえ難さの解明はロールシャッハ検査法の解析という面からは，これまでの事例とは異なる述語・状況性支配の形に，新たな知見ないしは解析の観点が得られる可能性が考えられるものである。他方の臨床理解の側面からいえば，事例R4の臨床像は後の考察で示すように人格障害が問題になる。人格障害の概念は精神病の概念とは異なり，精神・心理臨床で取り上げられてきた歴史はまだ浅い。人格障害の状態像やその成り立ちについて，またそのロールシャッハ検査法所見との関係についても，今後の解明にまたねばならない点が多い。今後に残されている課題は他にももちろんあると思われるが，本書を終えるにあたって，今後の課題を明らかにしておく意味をかねて，まずはこの事例R4を取り上げておくことにする。

　本書は副題として精神・心理臨床を標榜している。臨床を語る以上は治療との関係を抜きにすることができない。本書が臨床を謳っているにもかかわらず，この検査法をどれだけ被検者に繰り返しても，それだけでは治療にはならない。治療を中核においた臨床の関係は，治療者と治療される者との人間関係で，検査法は被検者と検査との関係なのである。最後に，著者のこれまでの経験に照らして，ロールシャッハ検査法と治療との関係について述べて，むすびにかえようと思う。

2．述語・状況性のひとり歩きのような支配がみられる事例R4プロトコールの解析[†]

(1) 事例R4の把握型
——内面的過程の選択・決定の欠落と全面化する継時性

1) 解析の手続き

事例R4 のプロトコールは，表現の全体に流動性がみられる。それは必然的に反応の継時的展開につながっている。解明の手がかりを得るためにこの事例では，まず各カードごとにつぎに示す［1］［2］の手続き段階を踏むことにする。

［1］：図版に触発された，通常は対象認知となると思われる概念を拾い出しておく。事例R4はそのほとんどのものに操作を加えている。その操作については［2］で扱うことにして，［1］では操作をはずして概念をそのままで示し，同時にその概念化に際して推定される，形体関与度ないし形体的明確度を（　）内に示しておく。

［2］で示すのは，［1］の概念に加えられた操作の明確なもの，ならびに表現の流動性に密に関連して，数多く示されている継時的展開のはっきりしているものの様態である。

Ⅰカード：［1］①こうもり（定型，翼状全体），②枯れ葉（不規則輪郭），③ハロウィン（内部構造），④血（不定形体），⑤化けもの〜⑤′亡霊（不定〜無形体）

［2］継時的展開：「こわい，怒ってる」を仲介にして，「化けもの」が「亡霊」へ

Ⅱカード：［1］①血（不定形体），②足跡（定型），②′血の足跡（偽性形体色彩複合，前著書99ページ），③ゴミ袋をどかした跡（不定〜無形体），④燃えてる（火？）（不定〜無形体）

［2］③「ゴミ袋をどかした跡」形体特定化の破壊，④述語のみ
継時的展開：①血，②足跡→②′血の足跡

Ⅲカード：［1］①血（不定形体），②人（定型），③化けもの（不定形体）

V．むすびにかえて　173

　　　　　　［2］継時的変容：②「この人」——動作の継時的展開を経て→人でないかもしれない，③「化けもの，人の」
Ⅳカード：［1］①毛皮（定型），②モスラ（定型），怪獣（定型），昆虫（定型），③邪悪（抽象概念，形象化困難）
　　　　　　［2］「モスラみたいな，怪獣みたいな，昆虫みたいな」概念の不決定；継時的展開
Ⅴカード：［1］さっきの仲間（特定化不能）
　　　　　　［2］「みんな似ている絵だけど，さっきの仲間」特定化不能；動詞の継時的変容
Ⅵカード：［1］①楽器（定型），②同じ仲間（特定化不能）
　　　　　　［2］①「楽器を墨かけてつぶした」識別性破壊
　　　　　　　　②「同じ仲間，さっきと同じ→みんな見えない」対象の一層の不特定化；継時的展開
Ⅶカード：［1］①兎（定型），②2匹（特定化困難）
　　　　　　［2］①「兎だけど，灰かぶっちゃって，やられてこんな形」識別性破壊；継時的変化
Ⅷカード：［1］①血（不定形体），②この2匹（特定化困難），③心臓（不定形体）
　　　　　　［2］①「血」の継時的変化
　　　　　　　　②「この2匹」特定化困難；動作の継時的変化
　　　　　　　　③「心臓」状態像表現の継時的変化
Ⅸカード：［1］①いままでの中のどれかの生きもの（特定化不能），②血（不定形体）
　　　　　　［2］①「いままでの中のどれかの生きもの」特定化不能；状態像の継時的変容
Ⅹカード：［1］①いままでの総合，縮図のみんな（特定化不能）
　　　　　　［2］①「いままでの総合，縮図のみんな」特定化不能；状態像の継時的変容

2）　内面的過程の選択・決定の欠落

以上に示したものを整理すると，［1］に拾い出した概念は，継時的変容を

被った概念を含めて30を数える。その内訳はつぎのようになる。
  a．定型の形体をもつと推定される概念 9 のうち，継時的な変容を被らず，識別性を破壊するような操作も受けずに，実施・質疑の両段階を通して，そのままに残ったものは「Ⅰ①こうもり」と「Ⅳ①毛皮」のわずかに 2 である。
  b．その他の定型の形体と思われるものは，
    継時的変容を被ったもの：計 2
    3 個が継時的に羅列され，反応概念としては決定されなかったもの：計 3
    定型の識別性に破壊的な操作が加えられたもの：計 2
  の合計 7 個である。
  c．不定ないし無形体の概念は，形象化困難な抽象概念 1 を含めて：計12
  d．概念の特定化が不能ないし困難な概念：計 6
  e．その他には，不規則輪郭，内部構造による決定，継時的に偽性複合となった概念各 1 ：計 3
の合計30からなっている。

　上に示されたものを通覧すると，**事例 R4** の場合，図版に触発された通常は対象認知になると思われる概念30のうち，形象化困難な抽象概念 1 を含めて，不定ないし無形体の概念が12でもっとも多く，ついで通常は外輪郭形体で識別的にとらえられて定型となり，したがって反応として定位されて変動しないものとなると思われる概念が，継時的に羅列されて反応として決定・定位されなかったもの，継時的変容・識別性に破壊的操作が加えられたものなど，外輪郭形体の識別性によって反応として定位されることがなくなったものが 7 を占め，それとほとんど並んで概念の特定化が不能ないし困難な概念が 6 で，これだけで30のうち25となり，ほとんど全部といえる数になっている。
　これらの25を数える反応は，以下に示す点で共通している。前著書で「初期集約的な把握の様式は，第一に対象把握に際して正確性が重要であることを知り，そのためには識別的な外輪郭形体による対象の把握が，他の条件による把握よりも重要さにおいて抜きん出ていることを認知したことを示す（33ページ）」ことを述べた。さらに本書Ⅲ章「 2 ．の(2)の3)『動』体験と継時性」で，

82ページの再掲図に示されている反応産出の過程は，「被検者の図版材料の感受から反応としての外界への表出に至る間の，内面で動く一連の時間的過程として進行し，内面的過程の表示の③選択・決定を経た結果として，表出された反応は通常は変動を示さない」ことをすでに示した。この内面的過程の表示の③選択・決定を経て示された反応が変動を示さないのは，この過程が初期集約的把握で定着して認識となった，識別的な外輪郭形体による正確な区別が他に抜きん出て重要であることを心得て行われたことによっている。この25の反応が共通して示している重要な点は，この内面的過程の表示の③の正確な区別の重要性を認識した選択・決定が行われない，あるいはほとんど欠落していると考えられる点にある。この25を数える反応以外のⅠカードにみられた，「不規則輪郭」，「内部構造による決定」の2反応も，外輪郭形体が識別的に働いていない点では共通している。この成績は事例R4には基本的に，正確な区別の重要性を認識した選択・決定過程が欠落していることを示しているとみてよい。

　前著書で「どこまでがそのものに属しているかの限界を明らかにする対象の外輪郭形体を，明確な識別性でとらえて，そうでないものと区別するようになると，対象の独立性を認知することになる。このように対象の独立とその限界との関係に気づくことは，その認知をしている主体が限界を持っていること，つまり独立していることに気づくことと表裏をなす関係にあるから，対象の識別的な外輪郭形体による把握が支配・主導性を獲得することは，必然的に認知主体の自我境界の形成，個体化を導き出す基になる（172～173ページ）」ということを考察した。したがって上に示した過程の欠落は，事例R4の主体としての独立性，個体化に滞りがあることを示しており，先立って成立している原体験に由来する，状況性が支配・主導する融合・合一の体験となっている。

3） 継時的展開ないし変容の全面化

　［2］で目立つことは，継時的展開ないし変容が示されたものが全カードに及び，複数のそれがみられるカードもあって，13を数えることである。この事実は，事例R4のプロトコールにおいては継時的展開ないし変容が全面化していることを物語っている。はじめに指摘したように，**事例R4のプロトコールは表現の全体に流動性がみられる**ことから，プロトコール全体が継時性の流れの中で展開しているとみた方が事実に近いであろう。Ⅲ章「2．の(2)の3)『動』

体験と継時性」で，「継時性反応における継時的な表明は，反応産出に関して通常は内面で進行することになる過程が，そのまま外に表明されているようなものである」ことを述べた。これは82ページに再掲した図式の内面的過程の③選択・決定の過程に至るまでの②比較・検討の段階で，着想を外部に表明していることになる。通常は内面の動きで外へは表明されないものが，外部への直接的動きに変わっている。それがこの事例で全面化しているのは，前項でとらえた③選択・決定の過程の欠落に対応していることは明らかである。

(2) 事例R4の体験型——述語・状況性のひとり歩きのような支配

1) 事例R4の色彩関連

事例R4の色彩反応は，Ⅱカード：「血」「燃えてる」，Ⅲカード：「血」，Ⅷカード：「血の色が噴火している」「血」「心臓」，Ⅸカード：「血」である。

いずれも赤に対する反応で，形体関与はほとんどみられない。事例R4の色彩体験は極めて直接的なものと考えられる。ただ，Ⅲ章「2．の(1)実質的に意味づけされた色彩反応と意味を知る体験」で考察したように，反応に際しての事例R4の体験は，自分の内に位置づけて体験されていることが確認される。

2) 事例R4の運動関連1

通常みられる主語同一性が主導する論理では，述語は主語の状況を明らかにするという，主語に従属する関係にあることは必須のことで，それが満たされていない場合には，示された「動き」は本来の役割を果たせなくなる。プロトコール全体が継時性の流れの中で展開していると思われる**事例R4**では，質疑自体も継時性の流れの中で展開していると思われ，質疑が実施段階の認知を忠実に再現させているとは考えられない。それはそれとして，実施段階に限ってみても事例R4のプロトコールは「動き」に関連する表現が多い。その特徴をいくつか例を挙げて表現すると，つぎのようになっている。

Ⅲカードの「この人がゲームしている」は，主語と述語としての動詞が整って述語が主語に従属する形になっているが，すぐつづいて動作が「なんかを作っている」と継時的変容を受けた後に，「この人が人じゃないかもしれない」と主語が変容し，述語が従属する対象となるものが不明になってしまっている。また，Ⅴカードの「飛んでる，なんかねらってる」も，その述語の主語に該当

すると思われるものは,「みんな似ている絵だけど,さっきの仲間」と,カード全体が漠然図形であるために同種のものとされ,それが主語の位置におかれているだけで,結局主語としての対象の明確化は関心外になっている。IXカードの「つぶされて血の跡」「これもつぶれてるかもしれない」も,「何が何を」つぶしているのかは示されず,要は「つぶされている」という状況が関心の対象になっていると思われる。VIIIカードの「明るいかもしれない,でも,後でだんだん暗くなる」は,まさに状況変化の「動き」そのものを表明している。

事例R4においては,主語の状況を明らかにすることで述語が主語に従属するという,主語同一性の支配する論理の下では必須のものに関心がはらわれておらず,表明されている「動き」はその動きに示されている,状況そのものを示すものとして働いている。主語の支配を受けていない述語・状況性の支配・主導の下にある多い「動き」の表明は,いわば述語・状況性がひとり歩きをしているようなものである。

「(1)事例R4の把握型」の解析段階[1]に示した,図版に触発されて認知されていると推定される対象は,通常は主語として述語・状況性を支配する位置につく。その代表的なものとなる定型の形体をもつと推定される概念も9認知されていた。つまりその認知力をもっているにもかかわらず,加えられた操作はすべて主語の位置につかずに,述語・状況性が主格として支配することになる結果を,もたらすものであったことがわかる。定型の形体を推定される概念の場合だけでなく,「(1)の2)内面的過程の選択・決定の欠落」で考察した反応概念全体にみられたことが,この述語・状況性のひとり歩きのような支配への取り込まれの様態であったことがここで理解される。

3) 事例R4の運動関連2

事例R4のプロトコールには,Iカード:《カードを裏返す》《edging》,IIカード:《体を大きくのけぞらす》《カードを持つ》,IIIカード:《体をそらす》,VIIカード:《カードを遠ざけて》など,直接的な動作が多く記載されている。どちらかといえば前半部に多くみられるようであるが,それは後半部の方が実施段階の表現で「動き」に関連するものが多くなっていることによるのであろう。「(1)の3)継時的展開ないし変容の全面化」で,継時的反応においては通常は内面において進行する反応生産の過程が,最終の選択・決定までに外

部へ直接に表明されていることを述べた。述語・状況性が支配・主導する世界は，より直接的な体験が支配する世界でもある。被検者の内面に生じている「動き」の感覚が，反応として表明されることと，直接的行為となることとは相互に移行しやすい極めて隣接した位置にあることを示していると考えられる。

　事例R4にみられる，述語・状況性のひとり歩きのような支配に対する，正確な区別の重要性を認識した選択・決定過程の従属は，個としての自分の形成の滞りを示しており，事例R4はその個としての自分が形成されていることの認識からくる自己存在感が得られない。「動き」という文法上の動詞は，述語の中でもっとも主要な位置を占める。Ⅲ章「3.の(6)構造的にみた『動』体験の性質と運動反応のまとめ」で，内面に自生する「動」によって直接的にもたらされる「動き」の感覚は，体験が繰り返されることで「実在，実現や達成，連続，流動あるいは浮動」などのいずれか，あるいはその融合した意義感覚と結びついてくることを述べた。事例R4にみられる「動き」の感覚の表明と直接的に示される行為とは，自覚・認識とは無関係に生じるこの意義感覚，ことに実在の感覚と結びついて事例R4の存在を感覚的に保証する役割を果たしているのであろう。しかしこの感覚的保証へのよりかかりは，「動き」の構造的性質からして結果的に「うつろい，失われる」感覚が生じてくることは必然的で，それを避けることは困難であろう。

　なおつぎのことを付言しておこう。ここに考察したことは，「1)事例R4の色彩関連」で確認したように，「動」の体験においても自分の体験を自分の内に位置づけて体験していることを示してはいる。

3．事例R4の特徴と臨床的様態像

　事例R4の［経歴ならびに臨床所見の概略］をみると，その臨床的表現形，いわゆる症状は，パニック障害から，人格交代，解離性遁走，解離性健忘がみられ，さらに境界性人格障害の場合によくみられる手首自傷と多彩である。近年精神・心理臨床の領域では人格障害の概念が導入され，それに該当すると思われる臨床事例が数の上からも，また実際においても重要な位置を占めるようになってきている。事例R4の臨床的表現形は，その人格障害の範疇に入る。

したがって，上に解析してきたロールシャッハ・プロトコールにみられる特徴との関係を，考察することが当然必要になる。

その前に，Ⅲ章「3．の(5)『動』の契機といわゆる非定型精神病」で，現実との関係を認識することが第一の命題とはならずに，述語・状況性が支配・主導する体験世界の中で，「動」の契機が顕著になっている場合には，「非定型精神病」の病像を呈すると考えられることを述べた。解析してきたロールシャッハ検査法の所見は，述語・状況性支配が全面化して活発に活動していることを示しているから，非定型精神病との関係をも考えておかねばならない。

(1) 非定型精神病

Ⅰ章の末尾で取り上げた**保続・MA・ST**の精神分裂病（統合失調症）の3事例は，それがみられれば精神分裂病（統合失調症）といえるかといえば，重要な必要条件ではあるが十分条件とはいえないという断りをそこで付したにしても，「いずれにおいても状況性が強い支配・主導性を示しているという点で共通している」ことをすでに述べた。Ⅰ章の「5．の(1)保続の構造と精神分裂病（統合失調症）世界の論理」ですでに考察したように，述語・状況性の支配は人間の原初的心性を支配する論理で，精神病世界はその論理の支配と本質的に関連しているのであるから，取り上げている述語・状況性支配が全面化している世界は，精神病圏のものを当然含むことになる。非定型精神病病像を呈するものも，その中のひとつに位置することになる。ここで問題になるのは，事例R4が精神病圏に属するのか否かである。

本書で扱ってきた事例では非定型精神病には，**事例R2**と前著書から再録した**事例25**とが該当する。事例25は今回再録したプロトコールに添付した［解釈の要点］に，また事例R2はⅢ章「3．の(2)事例R2の対象認知」にそれぞれ示したように，いずれも混交を疑わせる反応があり，事例R2ではそれぞれ独立体であるはずの「木星人」と「金星人」とが合体されて一体のものとして認知されることも加わって，いずれも具象的な独立的存在はその空間を占有し，同時に他のものがその空間を占めることができないという，論理的大前提に抵触する可能性に意が用いられていなかった。大前提であればあるほど認識成立の基本をなすもので，それに抵触するようであれば，当人の認識の基礎がほと

んど成り立っていないことを示すと考えられる。ロールシャッハ解析の上からは，そのような表明がみられれば精神病圏にあることを積極的に支持できるとみなしてよいことになる。ただロールシャッハ学という点からすれば，このような大前提とされるものがどれだけ明確に整備されているか，またこれがみられなければ精神病圏に位置づけられないかが，今後に検討を加えるべき問題として残されている。

　この視点に立って**事例R4**の検討をすると，すでに解析してきたように事例R4は内面的過程の選択・決定が欠落し，全般にわたって継時性と認知対象の変容とがみられ，動を主にする述語・状況性の支配が活発になっていることはみてきたとおりである。しかしそれを心得た上で流動・変容する認知対象を変容するその時点，時点でとらえてみると，対象の不明確化がしばしば伴いはするが，認知された対象はいずれも対象の単一性が保たれていて，認知の同一時点でそれぞれに独立的であるべき対象が合一されるというような，認識の基本的大前提に抵触する認知は見当たらない。これはその点でやはり基本的な区別が生じているとみるべきことなのであろう。

　事例R2はⅢ章「3．特異な『動』体験を示す事例R2と，構造的にみた『動』体験の性質のまとめ」で考察したように，「勢いづき」と関連する本来自生する「動」の契機に支配されながら，それを偽性複合で形式的に主語に従属させ，主語を見かけの識別的認知で見えている側に位置づけていた。それによって自分の体験を自分の内に位置づけて体験することができずに，特異な非定型精神病病像を示していた。

　再録した事例25の方は，同じⅢ章「3．の(3)」でも触れているように，自分の体験を自分の内に位置づけて体験していた。その点では事例R4と同じである。その両者をさらに検討してみると，事例25に数多くみられた「動」の表現は，その個々のものはいずれも主語に該当する対象の動作として日常的にありうる，その意味で有意の動作になっていた。しかし連続して表現されている個々の「動」の表現の相互の意味関連は，散漫というよりもむしろばらばらとでもいうべき様態であった。つまり「動」の契機にのめり込んでその瞬間，瞬間の存在となって，自己の中に持続する主題を見失って非定型精神病の病像に落ち込んでいたと考えられる。

V．むすびにかえて 181

　それに対して事例R4の場合は，本章「2.の(1)の2)内面的過程の選択・決定の欠落」で示したように，図形に対応していると推定される認知対象の30のうち25，つまりほとんどのものが対象明確化の困難を示していた。ほとんどの認知にそれがみられたということは，事例R4は検査時にはほとんど一貫してその姿勢に立っていたことになる。明確化困難という姿勢をもたらしているのは，外在の媒体が漠然図形であることが関係している。しかし漠然図形からは明確化困難を示唆する方向をみることも可能であるが，明確化への方向の示唆をみることも可能である。つまり漠然図形はその2つの可能性を触発する媒体ではあるが，示した2つの可能性のいずれの方向であるかは規制していない。これは前著書で屈折を示す図形が伸展か屈曲かの可能性を示唆する媒体にはなりうるが，いずれの方向かは規制しえないことを述べた（3ページ）のと同じ構造で，いずれの方向とみるかは被検者自身の内的主題によって決定される。媒体図形から明確化困難の示唆を一貫して受け取ったということは，検査時に事例R4が対象明確化の困難を自身の主題として一貫させていたことを示している。事例R4が述語・状況性支配の中にあるのであるから，この対象明確化の困難は自身の内面で抱えている明確化の困難，つまり内面で自己明確化の困難を抱えていることを投影していると考えねばならない。

　いま述べたことは当然当人の認識や自覚に至ってはいないが，しかしどこかでその困難を自身の内に感じ取る，そのような自分が分化的に準備されてきており，それが継時的な変容という「動」と結びついているのであるから，事例R4の中で現在的に進行していることを示していると考えられる。事例R4の臨床的様態の中にかかわった臨床家が「うつ」ととらえる現象をみているのは，自己不明確感を事例R4がどこかで感じ取って反応していることをとらえている現れのように読み取れる。II章「5.の(3)人生周期と喪失の体験」で，「うつ」は「融合・合一的に実在が保証されていた自分の喪失を，自分の丸ごとの喪失と体験していることによって生じている」ことを述べた。事例R4は自己不明確感を自分の丸ごとの喪失と体験しているのである。ということはそのように体験する自分が，準備されてきていたことになる。ここに読み取れる自分の分化は，さきに示した変容の各時点で認知対象の単一性が保たれていたこととともに，事例R4が精神病圏を抜けていることを支持していると考えられる。

⑵ 人格障害
1) 事例 R1 との対比

Ⅱ章「2.の(4)事例 R1 と前述の精神分裂病（統合失調症）3 事例とのプロトコールの対比」ならびに「(5)事例 R1 の世界」で述べたように，**事例 R1 の対象認知**は識別的外輪郭形体による認知が，支配・主導性を獲得していなかった。さらに図版に対応していると思える認知内容が，対岸視されるような形で図版の側に位置づけて表現され，それに対して述語部分に当たる運動ないし動態関連の表現は明らかに量も多く，いきいきと表現されており，ここで取り上げている述語・状況性支配が活発に活動している範疇に属していることが示されていた。しかし，対象認知に対比していきいきと表現されている述語部分は自分と同一視されている，つまり同一視する自分を他と区別して，発生的に準備してきていることを示すものでもあった。また，外界の合一対象は母親に限定されていたと考えられ，さらに実施段階で認知の対象を答え，質疑段階でその状況を表現するという外界からの枠組みに忠実に対応しているなどは，精神病圏のいずれの事例にもみられなかったもので，基本的には原体験が支配・主導する体験世界にありながら，有効な区別がかなり分化してきていることが示されてもいた。

上に述べた有効な区別の分化は，事例 R1 が精神病圏に属することを否定する有力な知見となる。事例 R1 のプロトコールには前項で検討した認識の基本的大前提に抵触する認知は見当たらないことも，精神病圏を否定する認定を支える材料になる。しかし一方，事例 R1 が基本的には原体験が支配・主導する体験世界にあると考えられ，主語同一性に基づく認知が支配・主導することが確立していない以上は，精神・心理的に成熟した状態にあるとはいえない。事例 R1 の臨床状態像は，さきに述べた人格障害の範疇に入ると考えられる。本書でこれまで検討を加えてきたことを踏まえると，「述語・状況性が支配・主導する中で，精神病圏に入る状態よりは有効な区別の分化がみられる状態にある」という構造が，人格障害と認定される構造の少なくともひとつとして浮上してくる。

事例 R4 は 82 ページに再掲した反応産出過程の図式に表示された，内面的過程の③選択・決定の欠落を示していた。欠落をみたこの過程は識別的な外輪郭

形体による正確な区別が，他に抜きん出て重要であることの認識に対応するものであった。その認識は成人期に入っての現実適応に必須のものである。II章「2.の(5)の2)事例R1と外界現実」で，事例R1では現実生活では母親が代理自我の役割を担っていたと考えられることをみてきた。事例R1では必要な正確な識別とそれに基づく認識による現実対応は代理自我としての母親が分担し，事例R1自身はその母親に受け身に適合する態勢を育ててくることで現実適応を成立させていた。結果として自身は原体験支配を超越する態勢を獲得できなかったと考えられる。

事例R4のプロトコールでは，識別的で正確な区別の過程が脆弱で，それが述語・状況性支配の継時的変容という「動」と結びついて，全体に高い流動性がみられていた。その集約・定着性の低さは事例R1と比較すれば歴然としており，その集約・定着性の低い分，より原体験側の支配の度合いが大きく区別の分化度が低い，いいかえればそれだけ精神病圏に近接する位置にあることになる。しかしさきにも示したように，人格障害圏のものは基本的には述語・状況性の支配・主導性の下にあり，識別的区別の支配・主導性がみられないのであるから，この程度の流動性がみられることの方が本来的といえるかもしれない。さきにも示したように，事例R4は精神病圏を抜け出している査証がみられるのであるから，やはり人格障害圏に位置していると考えられる。したがって人格障害圏には区別性の分化度という点では，かなりの幅があるということなのであろう。

2) いわゆる人格交代ないし多重人格

事例R4の臨床的様態にはいわゆる人格交代の現象がみられる。事例R4ではその様態は定着性があいまいな点がみられるが，おそらく全体的にみられる流動性と関連しているのであろう。それはそれとして，これがもうすこし定着性がはっきりしてくると，いわゆる多重人格といわれてきたものになる。事例R4のプロトコールで解析してきた結果は，いわゆる人格交代ないし多重人格の構造とその形成について，つぎのような理解を与えてくれる。

IV章「1.の(2)ロールシャッハ検査法における投影と複合体験の分化」で，「人間の体験の受け止め方は，見分け・気づきからはもっとも遠い位置にある原体験が基層にあって，その上に気づきの層が重層してきて成り立っていると

考えられ」，「原体験層とその対極に生成されてくる識別的な見分けの層が接し，また相互に関連し合う領域で，両者の複合層が形成されてくる」。「両者間には常に成熟型から不全型に至る，諸種の程度の複合が生じている」。「原体験で働く原体験区別とでもいえるものは，すでに体験しているか，いまだ体験していないか，およびポジティブな性質の体験か，ネガティブなそれかの区別程度しかないと考えられる」が，「しかし，次第に生じる見分けの力とその複合は，体験の受け止め方を構造化させるとともに，成長の度合いに応じてその性質を見分け，その意義を知るようになってくる。そうなると，それに複合してきている原体験由来の層は，その違ってきた構造的な変化を受動的に受けて，原体験性質の流れをくむものではありながら，それまでよりも区別のある分化したものとしての」，複合層区別になることを述べた。

　事例R4にみられた選択・決定の欠落は，この識別的機能自体が芽生えていない，あるいは芽生えがあっても重要であることを感じ取り，主導権を得ることができていないことを示している。一方，事例R4は28歳に達していて，それなりに人生の経験をつみ，それまでよりも区別を知るようになってきている。識別的機能自体が樹立されていない事例R4の場合，それは必然的に不全型複合層区別にならざるをえず，状況性が主導する原体験層の支配は濃厚なものと考えられる。事例R4ではこの状況性支配が，識別的機能の重要さに気づき，その識別的機能が支配的な位置を獲得することを，抑えることになっているのであろう。

　状況性が支配権をもつ複合層区別の下で，同じ性質の状況の体験がそれぞれにひとつの集合体として体験されるようになって，それぞれの集合体の違いが認知されるようになってきて，おのおの異なる状況がそれぞれに独立しているように体験される。そのそれぞれの状況に仮の主語というべきものが想定されて，それを実体のように本人が対応していることで，人格交代ないし多重人格といわれる体験になると考えられる。

　成熟型の主語が同一であることによって同一であることを認知する主語同一性支配の下では，異なった状況は同一の主体の異なった状況として体験される。異なる状況はしばしば相互に対立し，主体に葛藤をもたらす。いわゆる人格交代ないし多重人格はそれを受け止めかねているのであろう。葛藤というネガテ

ィブな内的状況を遠ざけようとする原体験の法則の支配は，葛藤を起こしている内的状況の統轄的保持者としての主体の形成を妨げるのである。

　以上に解析してきたことから，治療的な観点からの関係については，つぎのような示唆が得られる。正確な区別の重要性を認識しているとはいえない，いわゆる人格交代ないし多重人格の傾向を示す事例にとっては，そのいわゆる各人格の独立性は，さほど正確に区別してとらえられているとは考えない方がむしろ妥当であろう。主語同一性の論理の上に立って正確な区別の重要性を認識し，それによりかかっているとさえいえる治療者は，人格の交代あるいは複数化を思わせる事例の表出に接すれば，治療者がほとんど人間の絶対的前提と心得ている同じ論理の上で事例の事態も展開しているとみなして，各人格が独立的にとらえられるように思える傾向を見分け，そのように整理してかかろうとしやすいであろう。その接し方が，本来さほど区別を明確にしているとはいえない事例の体験を，明確に独立したもののように誤って体験する方向へといざないやすいことが考えられる。

　さらに，いわゆる多重人格についての報告に際して，よく主人格，他の第2，第3等の人格という表現に出合う。しかしこれには上に述べた治療者のかかわりの影響が否めない。このとらえ方ないし治療者の整理は誤りで，主人格とされているものは，比較的穏やかな，周囲の者も受け入れやすい本人の状況に対する周囲の対応によって，本人もその自分の状況を肯定的に受け止め，それが主であるように思い誤っているだけということになる。これに関連してしばしば受け入れやすい主人格に他の人格を統制しうるように，治療者が働きかけるという誤った接近を見受ける。正しくは主人格と位置づけられるものは本人も比較的受け入れやすい状況にある事例R4ということであって，しかもその受け止め方は周囲の影響による可能性が濃厚である。仮に事例がY子であるとすれば，穏やかな受け入れやすいY子だけでなく，それに反する否定的感情状態にあるY子，その他いずれもその状態にあるY子と受け止める，統轄者としてのY子が主であるべきで，治療的な働きかけは統轄者としてのY子に当人が気づくことに対する援助でなければならない。治療者自身はあくまでも，複数化している仮の人格のそれぞれをひとつの人格のように扱うことはせず，常に穏やかな状態のY子，対する否定的感情に取り込まれているY子と

いうように，異なる状況下のY子としてとらえ，対応することに心がけるのが正しい治療接近であろう。

3) 解離性現象

本章「2.の(2)の3)事例R4の運動関連2」で，**事例R4**の場合「動」の感覚が内面世界を占めると，外界へ向けての直接的な行為に移行しやすいことをみてきた。前項で述べたような状況性だけの支配・主導の下では，何らかの事情で事例がネガティブに感じる体験が生じると，ネガティブな体験からは離れるという原体験の主導原理が働いて，その状況から実際に離れる行為に移るということが考えられる。それが直接的な行為の領域で示されているのが解離性遁走であり，意識・記憶の領域で示されるのが解離性健忘であると考えられる。

こころの領域でのネガティブな体験を，こころの受け手である，目に見えるという点で外にある体に合一的に位置づけて，ネガティブな体験を消そうとするのが自傷行為であると考えられる。自覚的に体験する自分が立ち上がっていないので，実際に生命を失う結果に至ることは原則的には生じにくい。

自覚的な識別的認知を立ち上がらせないで，状況性だけが支配・主導する下で生じているという点で，上述の人格交代，解離性現象，自傷は相互に関連をもっていることになり，事例R4の臨床様態はそれを現実に証拠立てていることになる。事例R4がネガティブに体験しているものが，何であるかは次項で考察する。

4) 事例R4の失ったもの

事例R4は今回の臨床的事態が生じる直前に，夫の転勤による転居，さらに転居先で交通事故を体験している。直前のこの事態によって，それまでの問題を意識しないですんでいた事態を失ったと考えられる。状況性の支配が決定的といえるほど強い事例R4は，それまでの身をおいていた空間を主にする状況を合一的に体験していたのであろう。P2事例が退院をして，病院を離れた折の混乱が思い出される。事例R4は臨床事態に陥った早期から，一貫して比較的強い入院の希望を持続させていたことが示されている。身をおく空間を中心にした状況に一体感を感じ，支配される傾向が強いのである。

それまで問題を意識しないで，一体感をもって体験できていた空間状況を失ったことを，自分を丸ごと失ったように感じたのが「うつ」であり，自分の喪

失を直接体で体験していることが過呼吸をもたらし，同じ体験をこころの領域で自覚を伴わない直接性で体験しているのがパニックである。

5) 事例R4の現実対応における秩序性

事例R4のプロトコールにみられる識別的な区別の脆弱さと述語・状況性の支配とが，現在的に強い流動性を伴えば就業・勤務は困難と推定される。しかし事例R4の経歴に目を向けると，今回の臨床的事態出現まで実家のある地域に在住の折には，会社の営業に勤務していたとある。現実の就業にはそれに見合う秩序性を保ちうることは必須である。事例R1の場合はそれにもっとも適合している識別的認知は，代理自我としての母親にゆだねられ，事例R1はそれに受け身に適合することで，必要な秩序性を実現させていた。

事例R4は事例R1よりも，集約・定着度は低いと考えられるので，事例R1の場合ほど周囲，ことに特定の人物との合一とその定着性はあまり鮮明ではなく，より状況性によりかからざるをえないであろう。就業に際して客が従業員に求めるサービスを伝達するには，それにふさわしい秩序性が必要である。おそらく事例R4は就業に際しては，その客が求めるという形でもたらす秩序性によりかかって，就業に必要な秩序性を保ちえていたのであろう。もちろんそれはより基底での状況の安定性があって，その上での話である。今回の転居とそこでの交通事故は，その基底での状況の安定性を奪ったのであろう。事例R4の臨床的経過をみると，臨床的表現形が活発になった入院前ならびに入院中においても，夫ならびに入院前の主治医とは比較的現実適応的姿勢を示している。現実適応に必要な秩序性がそれによって得られていたと思われる。

事例の条件だけから考えれば現実適応が困難と考えられる場合でも，かかわる状況との関係で秩序性が得られれば，それが得られている限り，それによりかかって，それなりに現実適応が可能なのであろう。P2事例が退院前にみせた相当長期にわたる外勤の実現も，それによるものであったと理解される。集約・定着性の低い事例R4のような人格障害圏の事例では，これは見逃すことになりやすいことを心得ておく必要があろう。「個と世界」で個がどのように構成されてくるかをみた。その個々の個が各人のドラマを生きていることに，まずは関心と注意が引きつけられる。それはそれで重要なことであるが，しかしその個は関係，また状況の中で，関係，また状況を生きていることをも忘れ

ることができない。

　述べてきたロールシャッハ検査法を介しての人格障害の構造についての理解は、なお実際に即しての検証が十分とはいえない。臨床の実際の側面からは人格障害には種々の形がいわれている。それらの個々の人格障害の表現形と、ロールシャッハへの反映との関係の問題も残っている。今後これらの問題について、多くの実際例に即しての検証と一層の明確化とが必要となる。これに限らず今後に残された課題のほとんどは、述語・状況性が主導する原体験の支配の様態を明らかにすることを必要とすると思われる。

4．治療との関係

(1) 治療とロールシャッハ検査法
　Ⅰ章「3．の(2)自然科学の実証的確実性と尺度（測定）法」で、こころは体のようには物質的な客体としてとらえることができないことを述べた。体を対象にした臨床と比較して、こころの臨床ではつぎに示す2つの難しさがある。
　①その項で述べたように、体は他人も操作を加えることができる。したがってその治療に際しては他人の処理を期待することができるが、こころを変化させることができるのは当人でしかない。
　②こころは体のように、目に見える対象としてはとらえられない。こころをとらえるには、Ⅱ章「3．の(1)の1)自分と見えない実在とについての気づき」で述べたように、見えないこころの働きの存在を知り、それが目に見える「物」としての存在と同様に、あるいはそれ以上に重要な存在であることに気づく力の展開が必要である。
　臨床の事態は当人だけでは対処が困難な不都合が、臨床の対象に生じることによって起こる。当人だけでは対処が困難なのであるから、他者の援助が必要なのである。しかしその援助は当人にしかできないことを当人がするようになることに対する援助である。体の臨床のように他者が当人になり代わってするということではないし、必要なことを当人に直接させようとすることでもない。精神・心理臨床においては当人にしかできない当人のこころの変化を、臨床と

いう人と人との関係がいかにしてもたらすことができるのかという，根本的な問いが必然的に生じてくる。いま述べたことはこころと，こころを中心にした臨床との間に生じる根本的な問いである。それにさらに本書で取り上げている，ロールシャッハ検査法と臨床との問題が加わってくる。本章のはじめに述べたように，この検査を繰り返してもそれだけでは治療にはならない。それだけでなく，被検者が自分のプロトコールをどれだけ探索してもまず役立たない。この検査の結果が貢献するのは，臨床においてかかわる者の理解に対してである。

　以下にまずは，ここで示した臨床という治療する者とされる者との人間関係という基盤の上に立って，その関係が当人にしかできない当人のこころに当人が気づき，望ましい方向に変化させることに，影響を与えるのがいかにして可能かということに，本書で考察してきたことがどのように関係しているかを，少し整理をかねて集中的に示しておこう。本書で考察してきたことに対するロールシャッハ検査法の影響についてはその都度示してきたから，それにゆだねてここでは繰り返さない。そして最後に，その臨床関係におけるかかわる者の理解にこの検査がどのように貢献したかと，それが何故治療に役立つのかとを，著者のこれまでの経験に照らして述べてむすびとする。

⑵　見える世界で生じていること

　II章「6.の⑵合一体験と成熟型の共感」では，人と人との関係には「はじめに原体験に由来する融合・合一体験がある」ということを述べた。治療者と治療される者との人間関係の上に成立している臨床の問題は，すべて「はじめに原体験に由来する融合・合一体験がある」という大前提の上で展開する。この大前提は臨床の対象となる者と治療者との関係だけにとどまらず，臨床の対象とその家族あるいはそれ以外の関係者との関係をはじめ，すべての関係がその前提の上で展開している。

　II章「4.の⑴融合・合一的認知の動向と，その区別・識別性との関係」で，「原体験系譜の体験は常に活動しながら自らは識別的認知を要求せず，その点ではサイレントに潜在化する。識別的認知の方から気づきがその活動領域に到達して両者の複合が生じない限り，気づきの対象とはならない」ことを示した。

目に見えない内面のこころの働きに気づくためには，目に見える外界に気づくよりも一段こころの成長を要するが，それだけでなく，原体験の活動に気づきが到達するにはより大きい困難が待っている。大前提は原体験を基盤として成立しているから，この大前提は誰かが気づかない限り気づきの対象とはならないという困難である。

治療関係では治療者が識別的認知，いいかえると気づきの側にあるから，その方から気づきが原体験の活動領域に到達して，治療関係の中で活動している原体験とそれに対する気づきとの複合が生じることが必要である。しかし，しばしば治療者は原体験の対極の見分けの論理を重要視して活動して，大前提が気づきの対象からはずれていることが多く，関係が目的からはずれた方向に進んだり，時には深刻な事態をもたらすということにもなりかねない。治療の実際は具体性に直結する技法を無視することはできないが，それは治療関係，あるいは臨床関係の中で花開く。ここでいう大前提とは，個々の具体的方法が成立するのに先立つという意味での，「大」前提なのである。

この気づきが複合していない臨床関係で実際に生じやすいことと，そこでの臨床の対象に生じていることとを，まず「1)見える世界での臨床関係と臨床事態」と「2)臨床事態」の2項目に分けて，この「(2)見える世界で生じていること」という大きい項目で扱うことにする。そしてこの大項目で扱った問題に気づきの複合が生じる，つまり目に見えない関係をも考慮に入れるとどうなるか，さらに見えない関係をも考慮に入れるのは，臨床関係ではほとんど主としてかかわる者の側のはずであるから，そこでのかかわる者についてとの2つをつぎの大項目で扱っておく。なお，ここでいうかかわる者とは，臨床の対象にかかわる家族，臨床の対象ならびに家族にかかわる治療者のことである。大前提は家族，治療者の区別なく，かかわりの関係の基本に常に影響を与えている。とくにことわりがない場合は，かかわる者は両者を指している。

1) 見える世界での臨床関係と臨床事態

すでに述べてきたことであるが，臨床は臨床の対象に臨床事態が発生することが出発点になり，臨床関係はそれにかかわる者があることで成立する。臨床の対象に生じていることは臨床関係の元となるもので，そのこと自体は関係ではない。その上，臨床関係で求められる複合は，かかわる者，ことに治療者が

鍵人物になるから，臨床関係の考察にはかかわる者，ことに治療者を中心において考察をすすめることにする。臨床関係の元になる，臨床の対象に生じていることについては次項で考察する。考察に際しては目に見える外界への表明と，その裏で生じている目に見えない内面を考えておくべきであるから，以下に［外］でその外界への表明を，［内］で同時進行している内面についての考察を示すことにする。

　臨床の対象にとっての臨床事態は，内面のこころの働きが外界に表明されてきた結果である。前者は見えないけれども後者は見える。関係が見える世界での関係に限定されてくると，臨床は結果をいじるだけになってくる。かかわる者にとっては，［外］臨床の対象が表明している結果が直接目に入ってくる。原因につながらずに結果だけに対応することになると，結果は不都合として現出しているのであるから，どのようなかかわりもそうでないように，つまり結果に対する「NO」の性質をもった働きとなるよりほかにない。かかわる者には何とかしようという気が必然的に生じてくる。それに基づいて直接生み出される具体的な対策は，かかわる者の思惑どおりにすすめば多くの場合臨床の対象に役立つ性質をもっているのだろうが，それが有効なのは臨床の対象に方法がわかれば何とかしようという準備ができている場合だけである。ほとんどはその準備ができていないから，臨床事態に落ち込んでいるのである。

　［内］その時かかわる者の内面ではつぎのような事態が同時進行している。かかわる者は対象の不都合に接して，さきの大前提でその不都合を合一的に体験させられている。かかわる者の何とかしようは，同時に合一的に生じている自分の内面の不都合を何とかしようになっている。臨床の対象がかかわる者の何とかしようの働きかけに応じることができないと，かかわる者の側で内面の不都合を何とかしようという力が大きくなり，それが大きくなればなるほど，かかわる者の対抗的な「NO」の傾向を強化することになる。

　臨床の対象は不都合を追いやろうとして，臨床事態に落ち込んでいる。追いやろうとしていた臨床の対象に，反作用的な力，あるいはそれを上回る力をこめて，かかわる者からの「NO」が返ってきていることになるので，対象はより低次元の反抗に追い込まれることになりやすい。かかわる者が上に述べた自身の内部事情によって対抗的傾向が賦活されておれば，臨床の対象は一層窮地

に追い込まれ，その反応はじり貧のより有効度の低次元のものに追いやられることになる。家族はこのようにしてしばしば臨床の対象の暴力を引き出し，結果としての暴力を受け止めかねて医療機関に移し替え，医療機関も目に見えている暴力を理由に入院させる。残念ながらそれが精神・心理臨床の医療の場での，通常のコースになりがちである。

　臨床の対象が思春期・青年期が迫ってくるか，それ以降の年代になっていると，この周囲の何とかしようという結果的介入は，その臨床の対象が自立の課題に向かうことを妨げるので，臨床の対象の困難は決定的といえる形で増大することになる。

2) 臨床事態

　前項で臨床関係の起点として示した臨床事態で，臨床の対象に生じていることに目を向けよう。臨床事態は臨床の対象に不都合が生じることから始まる。この時，臨床の対象は結果として見えてくる不都合の体験によって，そうでなければその時の内的事情によって，内面でネガティブな思いをさせられて，問題を意識しないですむはずであった原体験世界の崩れを体験しているのである。そのネガティブな体験を融合・合一的な原体験世界で向こうへ追いやろうとして，上に述べた臨床関係になる。いずれもⅡ章「2．の(6)原体験の性質」で学んできた，直接的な体験である。それが「NO」と押し返された時にはどうなるかは上に述べた。

　この時に生じている不都合は臨床の対象が，実現の無理なことを実現させようとしていることから生じている。Ⅱ章「5．の(2)臨床事態発生の時期と人生周期の課題」で学んできた，「それまでよりかかって生きてきた態勢では対処できない事態に向かい合わされている」ということなのである。したがって正しくは「NO」を示してきているのは現実なのであるが，その関係が認識されることがない原体験論理では，「NO」は見えている対象の言動の故に「NO」となっているとしか体験できない。つまり，すべては見えている周囲，あるいは周囲の者の「せい」として体験されてしまうのである。

⑶ 見えない世界をも考慮に入れた臨床関係

1) 内面のネガティブな体験を，かかわる者が受容するということ

　臨床事態は見えない内面のこころの働きが，外界に表明されてきた見える結果で，原因を視野に入れない結果だけに対する対応は，精神・心理臨床の臨床関係を成立させないことをここまでにみてきた。実際の臨床の場では家族が，臨床の対象が示す結果としての不都合な現れを訴える。それに対して，「それは結果であるから，結果に至るには善し悪しは別にしてそれだけの事情があるはずで，それをまず知らねば」と伝えると，そこでしばしば家族が戸惑いを示す。Ⅰ章「3.の(2)自然科学の実証的確実性と尺度（測定）法」で，身体医学では，たとえば癌は外界の客体である体に確認され，手術という他人の処理を期待できるが，こころの働きはその人に所属し，当人しか動かせないことを述べた。戸惑いを示す家族は見えていないこころには気がつかないで，身体医学の時のような見える外の処理を期待していることになる。

　前項の「臨床事態」で述べたように，臨床の対象は内面に生じたネガティブな体験を，外部に排斥しようとしている。内面に生じている体験を気づきの対象とするには，その体験が内面に位置づけて体験されていなければならない。Ⅳ章「3.の(4)具象に限定される体験と原体験」で，起源のネガティブな体験が排斥されないで，区別を知れば内面とされる領域をも含めた位置に収められるのは，外部に向けて押し出されたネガティブな体験が，融合・合一的な関係世界で排斥されるのではなく，受容されることによってであること，およびそれは受け手が押し出されてきたネガティブな体験を融合・合一的に自分の内に体験し，その内に生じてくるネガティブな体験を，排斥するのではなしに許容的に受け止め返す，それによって融合・合一世界にある体験起源者が，その許容性を受け取り身につけることによって実現することをみてきた。

　家族が結果に反応しているだけの場合には，外部に向けて押し出されたネガティブな体験は，融合・合一的な関係世界で排斥されていることになるので，これが実現しない。治療関係はこの許容的な受容を，治療関係の中で実現させることによって成立する。つまり「はじめに原体験に由来する融合・合一体験がある」という治療関係の大前提の中で，必然的に生じてくる何とかしよう，いいかえるとその時の治療者の内面に生じている対象から受け取ったネガティ

ブな体験を排斥するのではなくて，それを許容的に受け止め返すことが治療成立の大前提になる。すべての治療は治療者のその融合的に自分の中に生じるネガティブな体験を，許容的に受け止め返すことの上に成立するのである。

2) 対象に望まれることを，かかわる者が自分のこととして実行するということ

臨床の対象が排斥しようとしている自分の内に生じたネガティブな体験を，自分で許容性で包み返すことができると，臨床事態は当然消滅する。前項で述べたことは，臨床の対象の内面に実現が望まれることは，かかわる者が関係の中で自分の立場で自分のこととしてそれをするということでもある。II章「3．の(1)自分の気づきと認識の形成をめぐって」では，認識を伴う識別的認知の成立には，直接性の間接化が必要であることを考察した。臨床の対象が自分に生じたことを自分の内面に位置づけて体験できるようになると，それを客体化させ，その性質や意義，位置づけなどを知ることへ進むことができるし，また進むことが必要になってくる。臨床の対象がそれらのことができるようになるのも，同じようにかかわる者が臨床の関係の中で，自分の立場で自分のこととしてそれを実行することによってである。

3) 治療関係の中での間接化

かかわる者がすぐに何とかしようと動くことも，またその時に内面で働いているこころの目線も，すべて見えるものへの直接性の路線で動いている。したがってここでのかかわる者の間接化は，その時のかかわる者のこころへの目線である。具体的には「いま自分は，どんな気持ちなのか，何を思っているのか，何をしようとしているのか」を，自分自身に問いかけ自分と会話することである。かかわる者のこころはその時すでに直接性の中で活動しているから，いまの問いかけと会話とが，かかわる者の直接性に対する間接化の複合の実践になる。またここでの間接化の複合の実現には，この途よりないのである。

かかわる者に「何とかしよう」が生じなければ，臨床の関係は成立しない。家族はともあれ，臨床家にとってはそれが生じなければ，臨床家にならない途を選ぶことができるだろうからである。したがって実際には緊急阻止介入が必要な場合以外は，何とかしようという気持ちは底に敷いて，すぐに何とかしようとはしないのが間接化の複合の出発点になる。その時，実際にすることは，上に述べた自分への問いかけと自分との会話である。この自分とのかかわりの

作業は，現実の対象との関係の中で行われる。その時々に直接対象とかかわらねばならない，現実の事態が生じることは避けられない。その時その複合の途を通っているかかわる者がどう考え，どう行動するかは，その途を歩んだ者にしかわからない。あらかじめマニュアル化できるようなものではなく，その時点での当事者のこころに生じているものを頼りに素直に応じるしかないし，それでよいのである。それはかかわる者の内面で間接化の働きを活動させながら，その時，そこでの現実との複合を直接生きていることになる。そこからその人のこころのこもった，真実が立ち現れてくる。それは複合の路線を通ったもので，その路線を通らなかったものとはおのずから異なっている。

II章「2.の(7)原体験世界の主導原理」で，原体験は「ポジティブな体験に一体化しようとし，ネガティブな体験を遠ざけ・排斥する」という原理に導かれて展開することを学んだ。すぐ何とかしようは不都合を排除の線で動いている。したがって働きかけを「よいか悪いかは別にして」という線に乗せることで，排斥の線に直接つながることから離れて間接化になる。そうすると必然的に，事実はどうかを明らかにする路線につながってくる。「よいか悪いか」はそのつぎに考えることで，その場合の善し悪しは間接化された善し悪しの「判断」になっている。

しばしば臨床の対象が示している不都合を述べて，「どうすればいいのでしょう」という家族の問いに出合う。「何とかしなければ」の路線がこの問いを引き出している。この時，家族の働きかけとこころの目線は直接臨床の対象に向けられ，ことはすべて臨床の対象に位置づけられている。方法として期待しているものも，マニュアルのように外から示し与えられる目に見えるものである。その家族に自分に対する問いかけと会話の路線を示すと，戸惑いを示す家族がほとんどである。「そんな話ははじめて聞いた」と，その経験の欠落の実感を添えながらことばにする家族もしばしばである。II章「6.の(2)合一体験と成熟型の共感」で，対象に治療者の問いかけの内容に気づかせることを直接の目的とするのではなく，問いかけに対する対象の精神的な「構えと距離 stance & distance」を見ることに重点をおくことについて述べた。この場合の家族に対しても同様で，働きかけの実行とそれによる結果を出すことを期待するよりも，「そう言われても戸惑う？」と対象の戸惑いについての理解とそ

の表明が重要で，そこで治療者は家族と同じ地平に位置していることになる。

以下のようにたとえて示しておこう。片足をすでに活動している見える相手に向かう直接性の路線に，もう一方の足を間接化の路線に乗せる。両者はしばしば対立し葛藤をもたらす。それを避けずに両足を踏まえて立っている自分が，両者の複合を生きている。生きているところには葛藤があり，葛藤がドラマをもたらす。その時の事情によって，どちらかの足にウエイトがかかるということも起こりうるであろう。それをも踏まえて生きていると，自分が自分のドラマを生きているという実感が生じてくる。その点では臨床の対象にも，かかわる者にも変わりはない。

4) 関係と関係の中での臨床の対象

述べてきたことはⅡ章「3．の(1)の1) 自分と見えない実在とについての気づき」で取り上げた，自分のこころと出会い見つめる作業である。そこで取り上げたように，見えていることについての作業よりは，一段と困難度の大きい作業である。かかわる者には関係の中に身をおいているにもかかわらず，自分のことをしているだけのようにとれるかもしれない。それには見えている対象から，離れることの不安も影響しているのだろう。しかしつぎの2点に注目しておこう。

かかわる者に何とかしようという気持ちが生じるのも，それを底に敷いてひとり自分のことをしているだけのように思える営みも，臨床の対象とのかかわりが生じて，その中で対象から，その対象が体験している不都合を受け取っているから生じているもので，自分ひとりでいて生じているのではない。それにかかわる側が自分の内でしていることを，臨床の対象が自分の立場で行うようになれば，臨床の問題となっていることは解決する。ちょうどそれは臨床の対象が気づき，自分の身につけるようになればよいことを，実行で示し，できることであることを見せてくれるサンプルが，そばにいてくれているような関係になる。臨床の対象がそれに気づき取り組んでも，はじめは不十分なものである可能性は当然高い。しかしその姿勢を失わない限り，次第に目的とするものに到達していく。自分との出会いはそれこそ生涯つづくことなのである。

家族が自分に対する問いかけと会話の路線を提示されそれに取り組んでも，関係の中で臨床の対象から問われたり，要求されたりすると，とくにはじめの

間はどうすればよいのかわからないという戸惑いをよく聴く。しかしその時は，その時に困ったのであれば「困った」と，またわからないのであれば「わからない」と答えればよいのである。その時，臨床の対象としては，それまですぐに返ってきていた「NO」がすぐには返ってこない，したがって今までとは異なる体験をしているのである。原体験系譜の支配が強い臨床の対象は，本書はじめに引用した保続に陥っている事例のように，その時に関係という現実から引き下がろうとしているのでない限り，かかわる者への一体化に強く支配されている。かかわる者が思っているよりは，はるかにかかわる者の影響を受ける。臨床の対象としては，自分にかかわる関係は生じている，しかし今までのようにすぐ直接自分へのかかわりは返らず，家族は何かをしていると感じる可能性が高い。家族が自分のことをしているだけのような気持ちに陥りながらしていると，臨床の対象の方からそれまでと違って「何をしてるの？」とかかわりをもってきたという報告もしばしばである。

　現実から引き下がっている対象には，そうでない対象よりはかかわる者の方から近づかねばならないだろう。近づき方はそのような事態をもたらしたそれまでの事情がからんでいるはずであるから，一層難しくなっていると考えられる。しかし述べてきたかかわりの姿勢の，基本となるものには変わりはない。

　はじめに示した大前提の中で，対象が気づき身につけることが望まれることは，かかわる者が自分の立場でそれを実行する。そうしたなかで臨床の対象が気づいたものは，他から強いられたものでも与えられたものでもなく自分が気がついたもので，自分の自立性が確立されこそすれ，決して損なわれることはない。治療の実際は技法を無視することはできない。しかしどの技法を採用しようとも，ここで考察してきた大前提はその上に実行される技法を妨げないばかりでなく，むしろその展開を確実なものとする。

(4) 臨床関係の理解とロールシャッハ検査法

　「(1)治療とロールシャッハ検査法」で述べたように，かかわる者が臨床の対象の内面のこころを，直接操作することはできない。しかし臨床の関係にはかかわる者も直接参加しているから，関係に変化をもたらすかかわりは可能である。II章「2．の(6)原体験の性質」ですでに押さえたように，原体験心性はか

かかわる対象、またその対象との関係を融合・合一的に体験する。かかわる対象の内面に生じることが望ましいドラマを、関係の中に生ぜしめることができれば、臨床の対象が関係の中に身をおいている限り、臨床の対象が望ましいドラマを対象なりに内在化させて生きていくことになる。それは親の望ましい子育ての中で、通常生じていることである。

　II章「3.の(1)自分の気づきと認識の形成」で、自分の気づきと認識の形成とに必要な条件をいくつか考察した。関係をひとつの独立した有機体になぞらえて考えるとわかりやすいと思われるが、前項で述べてきた臨床関係についての考察を、そこで示したいくつかの条件に照らし合わせてみると、かかわる者が対象が示す結果だけに反応して何とかしようと動くことは、臨床の関係に葛藤を内包するのではなくて、関係から排除しようとしていることになる。また、かかわる者が関係に身をおきながら、自分のこころに問いかけ会話することは、直接的な関係の中に間接化の要因を入り込ませることになり、そのこと自体が関係に見えないこころへの気づきと、さらに関係の中での個としての自分に対する気づきの要因を入り込ませていることになる。そしてこれら全体が関係の中での超越性の体験になっている。

　いま述べたことはひとつには、臨床関係で望まれる展開の鍵人物は、かかわる者であることを示している。いまひとつ、さきに示した両足をそれぞれに、深く関連しながら対立する側面をもっている異なる基盤の上に乗せて、立って生きている人間のたとえでいえば、上に述べたことは両方の基盤にしっかりと足を乗せる作業で、その上で関係が一体の人間のように生きる本作業の基盤固めに当たる。はじめに述べたように、こころを変化させることができるのは、その本人でしかない。臨床の対象がそうして自分の内面のドラマをしっかり生きるようになってくると、臨床事態の解消に役立つ対策が本人にみえてくる。こころの臨床事態の解消には、それより他に途はない。臨床の関係がその実現の場となることがこころの臨床の関係の本作業で、本作業の実現に向けて見るべきものを実際に見ていく関係の実現にも、かかわる者、ことに事態がここまでくると家族ではなく、こころの臨床家が重要な鍵人物になる。

　II章「3.の(3)形式・構造解析における発端の対象の客体・固定化」で、「外部の者が直接見ることができないかかわる対象の内面のプロセスを、できるだ

V. むすびにかえて

け正確に読み取りうることが精神・心理臨床にたずさわる者にとってもっとも重要である」ことを述べた。それが臨床の鍵人物が鍵とすべき重点である。それによって，まだ見えていない臨床の対象のこころの様態に対する気づきを，関係の中に入り込ませることができるからである。そこで示したことであるが，「ロールシャッハ検査法の形式・構造解析は，被検者が客体として存在している図版に接したことから始まって，プロトコールとして客体化される結果に至る内面のプロセスに焦点を当てている」。その点が常に流動性の中にある，臨床の場での対象とかかわる臨床家の関係との違いである。その違いが鍵人物が鍵とすべき対象の内面の読みの正確さに影響するか否か，影響するとすればどのようにということが，ロールシャッハ検査法が治療に貢献するか否かの焦点になる。

発端の対象が客体・固定化していることの効果の一端は，II章のその項で述べた。同じII章「4．の(2)結果のプロトコールとしての客体・固定化」で，前著書に収録した事例1のプロトコールに，$\Sigma\,|\,D\,|\rightarrow W$ の結果が見いだされたのは結果が客体・固定化しているからであることと，それが見いだされた意義とについて述べた。それだけではない。**事例 R2** が主語と述語との偽性複合をプロトコールに残して，そのような結果になる内面のプロセスを生きていることが明らかになり，また**事例 R3** の体験が具象に限定された体験で，さらに図版（つまり状況）にゆだねられた認知であっても「有」として体験されるのが普通であるのに，「無」として体験されていること，それが同じように具象に限定された認知を示す複数例のプロトコールが得られて，それとの対比で確認されたことなど，いずれも結果がプロトコールとして客体・固定化していることによるものであったということができる。その視点に立って著者の半世紀を越える経験に照らせば，本書で考察してきた理解枠の獲得という点でも，またそれを検証する役割という点でも，ここで述べた特性をもつロールシャッハ検査法が寄与するところが大きかったと考えられる。

見えない他者の内面のこころの読み取りは，読み取る者自身のこころを見つめ，さらにその見つめ方の点検を繰り返すことであった。ロールシャッハ検査法の解析の努力とその経験の積み重ねはその力を鍛え上げてくれる。その場合の対象の内面のプロセスの結果が客体・固定化していることの効果は，計り知

れないほど大きい。読み取りが不十分であったり，ずれたりしていると，客体化されている結果との照合に際して，どこかに不十分さやずれを感じ取らせる。それが感じ取られるとすんだことにしてしまわないで，できるだけ感じたことをそのままの姿で残して点検を繰り返すと，気づきに到達する可能性が出てくる。それができるのも結果が客体化しているからである。臨床の関係での読み取りの結果との照合は，読み取った者の読み取りの範囲内に限定されざるをえないのである。客体・固定化された結果は，読み取った者の読み取りの範囲を超越して存在している。

（付）P1事例とP2事例のその後

　本文で取り上げたP1事例とP2事例とは，著者が治療者として出会っているからその後の経過がある。V章「4．治療との関係」で述べたことと関連があると思われるので，わかっている範囲でその後の経過を述べておこう。

　P1事例は退院後外来で著者の診療に通ってきていたが，やがて消化性潰瘍を発症して入院し，その後多少の曲折はあったが結局ふたたび精神病院へ入院し，著者のもとへくる以前の生活に戻っていった。当時著者は「人間であるからこそ精神を病む」という命題は獲得しつつあったが，原体験着想をいまだ得ていなかったし，当然それに基づく認識の展開は経験できていなかった。著者の治療接近はP1事例の没主体的な姿勢に接して，それを何とかしようという直接性の路線の上に乗っていた。その働きかけが結局P1事例の手に余り，事例のストレスとなって消化性潰瘍を発症し，それを契機になじみになっていた元の生活に戻っていったのであろう。

　P2事例は本文で診察面接の断片を紹介した入院，つまり著者が原体験着想を得た時の入院以後，毎年のように繰り返していた入退院をしなくてすむようになった。離婚になっていた婚姻関係も復縁となり，隔週1回の外来診察と服薬とを定期的に繰り返して，入退院を繰り返していた頃の「必ず薬を飲んで，先生を離さない」を実行している。診察の場で以前を想い出して，時に涙を流すことも見られるようになった。薬に関しては著者はP2事例に，「入院を要するような状態になった時には薬も応援として必要だろうが，薬には必要な事例の自覚を作り出す力はない。必要なことは（臨床事態の折に）どうなったのか，どうしてそうなったのかに気づくことである。だからどうして，薬，薬と言っているの？」と述べているにもかかわらずである。しかし一方で，著者はP2事例にとって，薬は目には見えない自覚と，それをもたらしている臨床の関係とを，服薬の都度に想起させ確認する目に見える「物体」になってきていることを理解し，それを事例に述べてはいる。

［事例提示］

【収録事例】
事例R1／事例R2／事例R3／事例R4

　本書で新たに収録された事例で，本書での考察に際して重要な位置を占めている。解析，考察はいずれも本文にゆずる。スコアシートを示していないものは，本文記載内容でおわかりいただけると思うが，それが適していないと考えられたからである。

　本文掲載ページで太字で示したものは，プロトコール解析の示されている箇所である。

　［番号を付したD，dの領域指定については，巻末の領域指定図に示してある。］

　なお，各事例プロトコールを採取されたのは以下の方々である。その労を多とするとともに，本書で取り上げることをご了承いただいたことを感謝している。

　　　事例R1：長瀬治之氏（中部労災病院）
　　　事例R2，R4：福永知子氏（大阪大学大学院医学系研究科精神
　　　　　　　　　医学）
　　　事例R3：豊田裕美氏（奈良県中央児童相談所）

《事例R1》 男性　27歳
記載ページ：21, **22**, 30, **36**, **39**, **40**, 42, 45, 46, 50, 52, 60, 68, 72, 76, 77, 87, 90, 162, 166, 182

[プロトコール]

Ⅰカード
(20″)①こうもり．②骸骨の先．③蝶かな．④鬼．あとわかりません．(45″)
Inq.①頭で，羽．
　　②目があって[上部のS]，鼻があって[中央の小さい色の薄い部位]，口[下部のS]，跳びはねている感じ．ぱっとみたら，こっちへ飛んできそう．(どういう点で？)見た感じ．
　　③羽があって，どっちかが口で，わかんないけど．
　　④恐かった．見た目が鬼．(説明すると？)角で[d_2]，髪の毛[角の内側へ続く部位]，目[上部のS]で，口[下部のS]．

Ⅱカード
(15″)①亀か？　亀の甲羅．②あとはぶつかってくるもの．全然わからない．(45″)
Inq.①甲羅にみえる．ガメラとかありましたね，火がでて回転しそう，こっちから足がでたり[D_2のd_1へ向かう突起部]，首がでたり[D_4]．(火がでている？)噴射しているみたい．＊
　　②(ぶつかってくるものというのは？)噴射してどんどんこっちにくる．＊
　　＊①②はInq.ではひとつの反応のように結びつけられているが，実施段階でそのように認知されていたかどうかは疑わしく，Inq.段階での継時的認知の可能性の方が大きい．逆にいえば，実施段階での2つの表現の相互独立性があいまいであるともいえる．両反応ともに表現された反応概念の占める領域が明示的でなく，反応概念の領域限界も定かではない．しかしいずれも図版に対して反応していることは確かで，事例R1の反応は事例がどう見たかの問題として，その認知を明示することが重視されるのではなく，反応概念の占める領域，その限界いずれもが図版にゆだねられていることを示している．いずれもが（　）つき領域認知とスコアされているのはそれを示すためである．この反応に限らず，この事例のプロトコールには認知領域のスコアには（　）つきが多いが，いずれもここで述べた性質では同じである．ここで述べたことは，このカードでの実施段階で2つの表現の相互独立性があいまいであることと密接に関連している．①の「ガメラ」以下の詳細化も，Inq.段階での継時的認知と考えられ，スコアは実施段階表現に従っている．

Ⅲカード
(8″)①人間の上半部から下半身．②あと，蛙．③あと，骸骨，わからない．(44″)
Inq.①ここは[中央S]何もないから，誰かの遺体かな～と，脊髄[D_7あたりを指す]，

腕[D_1]．ここは[D_3]わからない．
②蛙の解剖．こういう風に蛙の解剖はなっていた．蛙を切って内臓が出てきた[赤色部]．それを思い出して蛙．いま思ったのは，両方の女の人が祈りをささげて泣いている．何か死者に対して．（どういう点が祈り？）何かに頼みたい．
③目とか[D_8]，骸骨が割れたやつ[中央Sを指して]．おばあさんが死んだ時のことかな〜，一番はじめに見た時がこういう感じ．

Ⅳカード
(20″)何かの虫．何かわからん．虫しかわからん．(38″)
Inq. ムツゴロウとかいましたね．あとこうもりの一種．(ムツゴロウ？)こういうのが足で[d_2]，思い出せないけど，こういうのがあった．目[d_6](こうもり？)Ⅴカードを見て，一種のこうもり．(どういうこと？)何種類もあって，襲ってきそう．羽でどんどん近づいてくる．

Ⅴカード
(4″)①完全にこうもり．②蝶々．③カラスまでかな〜．＜④あと，カニのなんか剝製とか，あとわからん．(35″)
Inq. ①漫画にでてくるこうもり．(漫画？)目があって[d_1下半部の中]，しっぽがあって，これも襲ってくる感じ，黒いものが近づいてくる，襲われる．
②オシベとかメシベとか，羽にみえた，切られた[D_1上縁の窪みを指して]，子どもに切られて，死にかけそう，助けてあげたいけど助けられない．
③見たこともないけど，嘴で[d_1二又の部分]黒いものがついている．
④ハサミで[d_2]甲羅だけど，甲羅がはがされて，食べれますよと．

Ⅵカード
(25″)動物かな〜　ビーバーとか，そういう感じかな．あとは全然(56″)
Inq. 足したやつで，口で合わしたやつで[d_5]，たためば動くけど，本当は生きているあれだけど，剝製にされた，スクリューがついている[D_1]．(ビーバーにスクリュー？)ついていたように思うけど，どうかな〜と．

Ⅶカード
(44″)カニとか，何かの生き物の片手を半分に割ったやつ．すべての生き物かな〜，あとわからない．(1′18″)
Inq. 生きている物を半分にして[中央縦半分に線引き]，足の甲羅，半分に分けた．

Ⅷカード
(45″)全然わかりませんけど，半分に分かれたくらいしか．
Inq. (いま見て？)色をつけちゃうとわからない．何だろうな〜と，読めない．

Ⅸカード
(41″)半分に分かれたもの，中心から，あと骨の脊髄とか，そういうやつ．あと全然わからない．(54″)
Inq.：骨の脊髄があって[D_4あたりを指す]，甲羅がある．レントゲンのそれを見た時に思い出す．(甲羅？)ここの足の骨[D_3あたり]，尻の骨とか，短い動物の

あれかな〜と思う．

Ⅹカード

(10″) カニとか群がっている，虫とか群がっている，クワガタとか，海とか山に住む，ここに生えているのが木の幹とか，あと半分に分かれているみたい，これはインコ $[D_{10}]$，枯れ葉が落ちていて物陰のように隠れている．(1′10″)

Inq. いろんな虫とか $[D_2]$，カニとか $[D_8]$，虫がサンゴ礁に，黄色がインコ $[D_{10}]$，落ち葉 $[D_1]$，岩石があって取り合っている．（岩石？）全体が取り合っている，幹についているものを取り合っている，岩と岩とも思えるし，木でもあるし $[D_{13}]$，海でもあるし，地球のどこでもあるような．（落ち葉？）ぼくは落ち葉に見える．色が違うから落ち葉に見えないけど，僕には見える．（インコ？）黄色でインコ．（カニ？）カニっぽくて．

［臨床的経歴］

　交通事故で運転をしていた母が即死．同乗していた本人は助かったが，以後仕事ができない．

事例R1　スコアシート

			I	II	III	IV	V	VI	VII	VIII	IX	X
	Total	Card										
I	8'35"	T	45"	45"	44"	38"	35"	56"	78"	50"	54"	70"
	113"+74"	RT	20"	15"	8"	20"	4"	25"	44"		41"	10"
	1+0	RC	0	0	0	0	1	0	0	0	0	0
	18 %	R	4		2	3	1	4		1	1	1
	94.4	17	W	•,(0),•,0		(•),(0),(•),(0)	•,•	•,△,△	•,(•)		△	•
II	5.6	1	D		(•)								
			d										
			Dd										
			S	S	S	S	S						
			Do, OD										
III			M										
		1	FM										po/C
		1	m			•							***
			V			*	**						
	88.3	15	F	•,•,•,•	(•),•	(•),(•),(•)	•	•	•,•	•	(•)	(•)	
		0	T, Y										
		2	C'						•, •				
			FC										
			CF										
		1	C/F			•							
		1	C				•						
			Organization										1
			Specification			•	•		•	•			—
IV	38.9	7	F(+)	•	•	○			•,•	○			○
	16.7	3	F(pm)		•,•		•						
	44.4	8	F(−)	-2		-2,-2,-2			-2,-2	-2		-2	
			4										
			3										
			2										
		6	1	•	•	•			•,•	•			
	AQ=33.3	0			•	•	•						
			(−)		•		•,•		•,•	•		•	•
V	66.7	11	A	•,•		•	•,•	•,•	•,•	•,•		•	•
		1	Ad		•								
	11.1	1	(H)		(0)								
		1	Hd			•							
			Plt										
		3	Bony Ant	•		•				•			
		1	Obj			•							
		1	Fire			•							
	22.2	4	CS						•,•,•	•			
VI	72.2	13	AS	•,•	•,•	•,•,•	•	•,•	•			•,•	
			CdS										
		1	QS		•								
			NS										
			Imp S										
			Comp S										

W[W=• W̄=○ WS=◎ DW=△ DoW=□ D'W=■] D[D=• Ď=○ DS=◎ dD=△
DoD=□ d'D=■] T, Y [FY=• YF=○ Y/F=◎ Y=△ FT=• TF=○' T/F=◎' T=△']
C'[FC'=• C'F=○ C'/F=◎ C'=△] Specification[±=• +=○ △ −]
F(+) [10%↑=• 1～10%=○ 1%↓=◎] (H)行[○=dH]

*[(F) with C/F]•m　　**(F) with C　　***FMpost/C

《事例R2》 男性　27歳

記載ページ：**93**，**96**，98，**99**，**102**，**103**，105，158，161，166，179，199

[プロトコール]

Ⅰカード
ほ〜(10″)蛾があれですね．後ろの方のね，上の方から襲われてね，羽をちぎられて，それで今度，前から，前の下から来るものとなって，攻撃態勢を整えて，身構えたところです．だけれども，もう命はないでしょう．それだけです．[カード回転 Imp.]結構です．(1′37″)

Inq. 全体的な想像から．(後ろから襲われた？) 形が前を向いているから．そして，後ろが空白で，本体のようなものがあるから．(前を？) 上が詰まっている．(後ろ？) 下半身，Y軸，X軸とすると．(羽をちぎられて？) 羽がくずれ，穴があいているから．(身構えた？) 中心部より．司令部だと考えた．全体．(命はない？) 中心が空白だから，エネルギーがない．密でなくて，空だから．

Ⅱカード
むつかしいな．(4″)熊と鳩とね，蝶がね，ダンスしているところです．熊はローソクをね，持ってね，蝶や鳩の邪魔をしているんです．蝶は鳩をかばい，鳩はほっつき歩いている．それだけです．(1′06″)

Inq. (鳩？) [$D_3 \times 2$] 2匹，踊ってる，勝手にしてる．全体ですね．しみも含めてね[D_3周辺の赤色]，しみも動きをあらわしている．(熊？) 熊は黒いですからね力強くて．(何頭？) 2匹．[$D_2 \times 2$]熊は嫉妬深くてセックスアッピールのひどい，メス2匹．(蝶？) [D_4]種類が違う，昆虫に入る下等動物，劣っているけれど日和見主義で全体をまとめやすい．かしこい鳩のまねをしながら，正反対のことをする．(ローソク？) [d_1]攻撃の武器，形のきれいなローソク，偉大な足も攻撃になるけど．

Ⅲカード
(2″)カッパが水の中でロクロをいじり回していると，自分の方が回りだしてふらふらになっている．性格が変わってしまっている．はい．(37″)

Inq. (カッパ？) 黒いところをみていると，カッパにみえてくる．カッパは愛情の深い動物．鳩のようにオスとメスは，一度契ると離れない．全体としてしか言いようがない．(ロクロ？) [D_5]動いているようにみえた．(回りだした？) 愛情だけで暮らせるものではないでね．美しさがなくて，力がなくて，愛情もなくなって，性格が逆転した．

Ⅳカード
これ(7″)雪男がヒマラヤに現れました．《笑》物語ですね．登山家の邪魔をしにきたところが，下からピッケルを突き上げられて，血を流し，目をらんらんと威嚇しているが，人間は正体がわからないので，足からガタガタがきているようです．(1′40″)

Inq.（雪男？）印象をあたえるのは[D_3 d_2 d_1]，この線とここですね，これが[D_1]印象的ですね．（登山家？）姿から．（どこに？）ここにはいない，見なくても現れていることはある．（ピッケル？）隠れてますけど，よくよく見たら，見えるけど．（威嚇？）全体の姿ですね．（血を流して？）[D_1]自分の大事なものを重心より下に置いている，存在している．想像において，想像できた．（目？）[d_1]ひんがら目．（足からガタガタ？）足が浮いているから，手が縮こまっているから，だから，胸で受けるしかない．

Ⅴカード

(4″) おもしろいな，木星類の姿が，金星人の姿よりも少し厳しいけれども，左側では美しい．それが金星人に対する攻撃の盲点になるでしょう．(1′04″)

Inq. 姿ですね，左右対称でないような，対称であるが，色が違う．ひとつの姿を見たわけ．きれいだけれど，おかしなもの．（木星人？　金星人？）これも想像なんです．左右対称でないのは，ふたつのもの，それが合体したもの．それで，どちらがきれいか，力強いか，美しいかと考えた場合，仮定の話だから，どっちがどっちかわからない，混合されたもの，入れ替わっているかもしれないし．

Ⅵカード

ふーん，(3″) 昔，昔，日本には蛇皮線はなかったけれども，琉球にきて三味になり，しゃれになり，日本にきて音楽となり，現代では堕落しすぎて，だじゃれになってしまった．誰かがでてきて，琵琶を立て直すでしょうか．(1′30″)

Inq. 仮定の話のつづきとして．（三味線？）そうではなくて，連絡として想像すると，自分の頭の中にあるので，いちばん，形がよく似ているのを言ったんです．想像したのは，この一本の線だけ[D_4+D_6]，いろんなものを類推してくっつけて言ったわけです．

Ⅶカード

(2″) フランス人はことばがあまり流暢なので，踊りが楽しくて，一日中ダンスをしていますが……，シャンソンを踊り過ぎてふらついているのも知らず，男女が幸せな世界へと自己満足している姿．(1′14″)

Inq.（フランス人？）形からみて二人が連結している．左右対称というか，おどけた姿，流動的で，しかも美しい．しかも，ひ弱である．語学的な強さ，ローマ字読みと発音そのもののとこから，日頃の考えから．（自己満足？）ひ弱で，流暢で，美しいから，それしかないと思った．（男？　女？）左右対称で，流動的だから，フランス人と男女が一致したから．

Ⅷカード

(4″) カメレオンがオーストラリアで鮫の肉体を変えたいと，下半身を毒を回し，肺[D_8]に左足を，肝臓[D_8]に右手を乗っけたけれど，肛門の上に左足が乗っかっているのを忘れたために，左手から毒が回り，動けなくなってしまうところの図．(1′46″)

Inq. 見たとき困った．何を主点にしたらよいか，わからなかった．ばらばらで，しか

もまとまりがあるし，言うことがなかった．（カメレオン？）[$D_1 \times 2$]目につくものを見た．人間に近いのは人を食うから，鮫がいいだろう．（オーストラリア？）地球と，あんまり形が整い美しいから，王冠的な気がした．説明しにくい．地球にしてもおかしいし，地球が出てきたし，オーストラリアと日本と緯度がほとんど同じだし，カメレオン，鮫という，大陸と海の感じから．（毒？）カメレオンと鮫とを対立物として見たから．

IXカード
($2''$) タツノオトシゴは，オーストラリア大陸を移動させる力を持っておりますが，日本では桃太郎が弱肉の力を加えたことにより，世界は回転し始め，いま，ひとつの軸のまわりに静止の方向に移行する展望があります．おしまい．（$1'57''$）
Inq. これもわからなかった．形は整っているけど，色は汚い，ところが中心部に一本の芯が通っている．それによって全体が整っているわけですね．芯というのは完成されたものでなくて，あいまいで，ぼやけたもので，大体のものが浮かんでこれる．（タツノオトシゴ？）柿色と橙色というか，しかし後ろがぼやけている[D_3]．（移動させる？）これ[Ⅷカード]と色合いがよく似ているから．変わった姿をどのくらい変わってくるかと想像した．変わってくる．赤い色がきれい，中の色に比べれば．（桃太郎？）きれいけれど，力強さがない，一本の芯[D_4]と結合し，タツノオトシゴを分裂させる．昔話を引き合いに出しただけで，色合いと丸みと，人間らしくなき，人間らしき，想像できそうなので[$D_1/2 \times 2$]．二人いるけど，オーストラリアの力を集めて，タツノオトシゴをやっつけてしまう．（移行？）芯がくっきりしている．左右を見た場合は，流動的だが中心は落ち着いている．

Xカード
さ，($2''$) ドイツの潜水艦から発射された大陸間ロケットが，アメリカとソ連をこなごなにはしませんでしたけれど，安全な理論と超人が現れて，猿と犬と鳩とオウム[D_{12}]と蟹[D_1]の化け物と人の心臓によって，茶色に不明体[D_2]をつくる用意ができかけております．おしまい．どうも，ご苦労様でした．（$2'30''$）
Inq. 完全な想像の世界ですね．さっきの芯棒から想像したものとして[d_2]，上部にきたところから物語を始めた．これ[Ⅸカード]では，赤を強調していた色合いから，青，黄に茶が小さくなっている．しかもみんな分裂している．新しいけったいな色合い．全体の形が不可思議なものが出ている．しかも下へいく方向の中心点がここまである．これは[D_{11}]何かというと人間を想像した，人間の逆さま，人間の心臓と見た，心臓の逆さま．（大陸間ロケット？）[D_3]ロケットとしたら，さっきのフランスとドイツは対立しているからアメリカ[D_6]．（安全な理論，超人？）下降線をたどるうち，想像していた．（不明体？）[D_2]わからないもの，タツノオトシゴの心臓を完全に抹殺するのではなくて，全体のための出発物として転化させる．

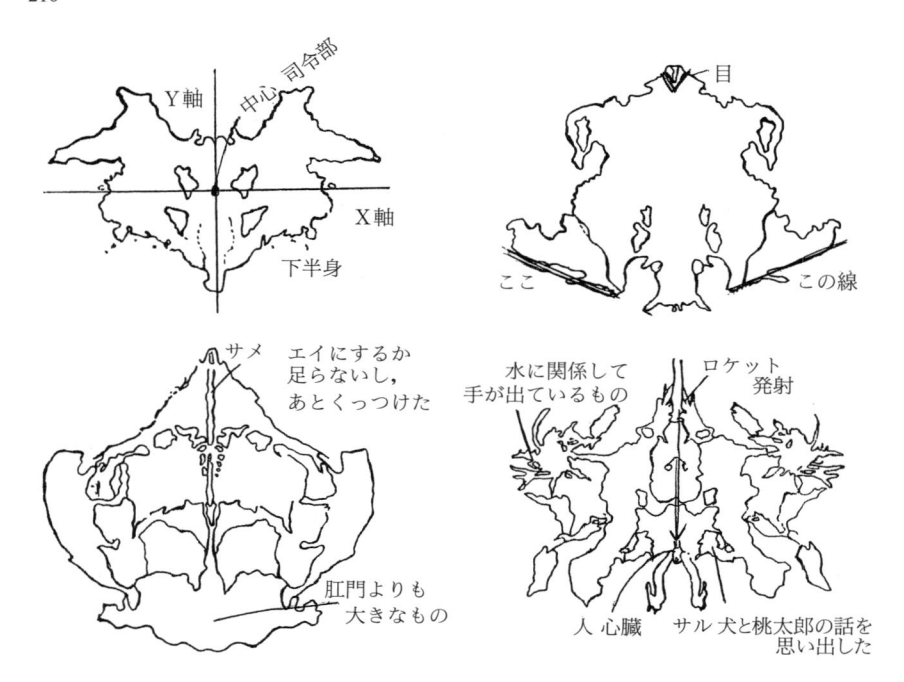

[経歴ならびに臨床所見の概略]

臨床診断：非定型精神病（多動－無動運動精神病 hyperkinetisch-akinetische Motilitätspsychose LEONHART）

　工学系大学院修士課程在学中の12月中旬，睡眠時間が短くなるとともに多動傾向となり，同時に全身に痛み・異常温冷感・異味・異臭などの異常感覚を訴える。下旬からはまったく睡眠をとらず，部屋の中で無意味に紙を燃やす，感覚異常に影響されてマスク（∵異臭）・左右色違いの靴下や手袋（∵左右で暖かさが違う）・何種類ものたばこを喫う（∵異味）など，行動にまとまりと整合性がみられなくなる。
　大学寮生活であったが卒業前後から臥床しだすと数カ月持続し，1日18時間も寝ていて教官に起こされてやっと起きる，かと思うと急に行動が多くなる，気分が高揚し実験がいやになったと，気分にとりこまれてしまうということなどが見られ，就職という現実適応が困難で，かろうじて修士課程に在籍していたという。

《事例R3》　男児　10歳

記載ページ：**142**, 156, 158, 161, 166, 199

[プロトコール]

Ⅰカード
しゃべっていい？　＜∨＞∧＜∨＞∧＜∧＞∨∧＞∧＜∧(58″)①悪魔．②こうもり．(1′09″)
Inq. ①悪魔の顔《$D_2 \times 2$ 下縁を指で切り取る線を描く》．
　　②こうもりの顔《d_8を丸く囲む》．(もう少し詳しく教えてくれる？)《再び同じところ d_8を囲んで》こうもりの顔．

Ⅱカード
＜∨(6″)①ニワトリ．＜∧＜∨＞∧②鳥．(40″)
Inq. ①ニワトリの顔[D_4]，体《D_2を指す》，足《D_3を囲む》．(えっ，体？)体《D_2の外側をなぞる》．立ってるような．
　　②鳥《$D_2 \times 2$ 上半分の周囲をなぞって囲む》，鳥の口《d_1を上下になぞる》．

Ⅲカード
＜∨(4″)①蝶々．＜∧＜∨②カマキリ．(24″)
Inq. ①蝶々[D_3]
　　②口[D_7]，目[D_5]，ここらへん体《中央空白外縁を囲む》，手[D_4]．

Ⅳカード
＜∨＜∨＜(18″)①熊．∧＜②モグラ．(28″)
Inq. ①顔[d_1]，手[d_2]，手，足[d_3]，足《各部の周辺をなぞる》．
　　②ん～，わからん．

Ⅴカード
＜∨＜∨(8″)①カニ．＜∧②蛾～．そんだけ．(18″)《言いながら，カードを置く》
Inq. ①カニの手《両側d_2の周囲をなぞる》．
　　②蛾～ の顔《d_1を囲む》．体《D_1とD_2の真ん中をさわる》．

Ⅵカード
＞∨＞∧(33″)①狐．＞∨＞∧②ムカデ．(50″)
Inq. ①狐《D_1を囲む》．手[D_3上部]，足[D_3下部]，しっぽ[D_4下部]．
　　②体《D_6を囲む》，口開けてるみたい[d_5]．

Ⅶカード
＜∨(4″)①アヒル．＜∨②駝鳥．(22″)
Inq. ①足[d_2]，口[d_3]，目．(アヒルは一匹なの？) 2匹《$D_1 \times 2$を囲む》．
　　②駝鳥って，走るやつやなぁ．ほな，違う．孔雀？，孔雀や．羽《D_2を囲む》，体[D_2中央のすき間]，顔[d_1]．

Ⅷカード
＜(9″)①虎．②猪．(15″)
Inq.①[D₁]顔，足，しっぽ．2匹《言いながらD₁×2を囲む》．
　　②わからん．
Ⅸカード
＜∨＜∧(13″)①鹿．＜∨②象．(19″)
Inq.①角[d₁]，顔[d₄]，体《D₃の周囲をなぞる》．2匹《言いながら，D₃×2を囲む》
　　②耳《D₁の端を丸く囲む》，体[D₂×2]，足[D₃]，しっぽ[d₃]，1匹の象．
Ⅹカード
(2″)①蜘蛛．②兎．(21″)
Inq.①蜘蛛，蜘蛛《D₁×2を丸く囲む》．
　　②[D₁₂の上部突出部分]耳．跳んでる．

[臨床的経歴]

　母親は未婚で身寄りもないということで，生後すぐに乳児院あずけとなり，その後母親は行方不明となった．7歳時母方祖父や曽祖母が訪れ，引き取りの話もあったが立ち消えとなり，以後時に短い盆帰省があるが面会もない状態が続いている．
　3歳時よりは児童養護施設で生活している．小学校入学の頃から兆候はあったが，2年生頃からは施設，学校のいずれにおいても，手を挙げて指名されないと大声で騒ぐ，間違いを指摘されるとふてくされる，気に入らないことがあると乱暴するなどが頻繁になり，腫れ物扱いになってきている．

《事例R4》　女性　28歳
記載ページ：172，174，175，176，177，178，180，182，183，186，187

[プロトコール]

Ⅰカード
①(4″)こうもり．《カードを裏返す》(11″)こわいんですけど．Imp.∨②枯れ葉．③ハロウィン．＜まだですか？　④血．∧⑤化けもの．＜∨＞《edging》恐い(1′09″)怒っている⑤′亡霊．もっと？　もういい．(1′34″)
Inq.①羽[$D_2×2$]
　　②こういうとことか[$d_2×2$]，部分的にギザギザとか[$d_1×2$]（1枚？）何枚か公園にバ〜とみんなに踏まれたり，虫にたかられたり．
　　③[$D_2×2$]をとって，カボチャくりぬいて．[WSs]
　　④液体ぽかった．(血？)〜血が好きだから．
　　⑤∨∧∨こうかな〜　全体的〜怒ってる．吊り上がっている．(何が？)目とか口．
　　⑤′忘れちゃった．(どうなってるの？)大きい耳で，怒って，ニヤッて，不吉な笑い．

Ⅱカード
あ〜《体を大きくのけぞらす》①(2″)血．②足跡．②′血の足跡《カードを持つ》＜∧③生ゴミのゴミ袋をどかした跡．＞∨＜④燃えてる[D_4]．∨血にしかみえない．(1′29″)
Inq.①赤いのは，みな血にみえる．
　　②′[$D_3×2$]だって，足跡だもん．血の足跡だから，血を踏んだあと．[D_4]はその人か誰かの血，殺された．
　　③[$D_2×2$]これ，2個．どかしたら，血とかついて汚いな．(跡？)うん，しみ．
　　④∨[D_4]，[D_1]はくすぶったり．

Ⅲカード
①(2″)血にしかみえない．②(7″)この人がゲームしている，②′なんかを作っている，②″でも，あんまりいいもの作っていない．この人が人じゃないかもしれない．∨《体をそらす》③化けもの，人の，③′何かを殺したあとの化けもの．∧∨もういい．(1′00″)
Inq.①赤い液体，みな血にみえる．
　　②向かい合って，[D_5]台を置いて，なんかチェスじゃないけど，何かやっている．(頭とか足は？)[d_1]首，手，足．(男か女か決めるとしたら？)ない，男も女もない，人間じゃないから，(？)異生物．
　　②′[D_5]何か作業して，[D_3]生まれたのかな．何か．
　　②″血のイメージとか，黒いし，みたことない生きものだし．

③いま，びっくりした．目で[$D_8 \times 2$]，蛙かカニがこうやって《ジェスチャー》，恐い，（?）大きいもん，これも，これも[D_7]，異生物，なんか蛙から派生した生きもの，次元が違う．
　　③′〜殺した？　[$D_2 \times 2$]この人達が殺した？？　[$D_1 \times 2$]この血が．

Ⅳカード
①(7″)毛皮．＜∨②なんかモスラみたいな，怪獣みたいな，昆虫みたいな，灰にまみれてる．∧③邪悪．でも，生きようとしている．＜∨(1′16″)
Inq.①[W]単純に，[d_1]襟，[$D_3 \times 2$]袖，長いロングコート，（コート?）ボリュームのある感じ，フワフワしている感じ，端っこ，毛皮というより，コート．
　　②[$D_3 \times 2$]羽，イモムシみたい[D_5]，羽はえてるから，モスラみたいな，確か，こんなん．
　　③∨こうやって？（[∧]こうみてたけど）どうしてかな〜，やさしい気がして，飛び立とうとしているかな，そうかもしれない．

Ⅴカード
①(4″)みんな似ている絵だけど，さっきの仲間．①′(16″)この世のものじゃない，①″でも，みんながみえないところに一杯いてる，飛んでる．＜∨②なんかねらっている，わからない．(1′20″)
Inq.①蝶々[$D_1 \times 2$]．①′灰みたいなものにまみれてるから．①″あー，ちょっと長い話になるかも……，私の考えで霊とか信じてて，霊でなくて，変だけど，テレビの見過ぎかも知れないけど，人の中には邪悪なエネルギーがあって，潜在意識でも，形にはみえないけど，こういう世界があって，三次元，幽霊はいますよね，そういう仲間．（カードで説明してくれる?）たとえば，霊能者に変な霊ついてないけど，病気には関係ないと言われて，レベルでは低い，虫の中ではあるかもって感じて，それが蛾とか，バタバタして，たくさんいるのかな〜．
　　②人間ねらっている．

Ⅵカード
①(20″)楽器を墨かけてつぶした感じ．∨②同じ仲間，さっきと同じ，∧この世にいるけど，みんな，見えない．②′これは小さい生きものかな．∨(1′21″)
Inq.①名前忘れちゃった，馬頭琴ですか，中国の，あれの頭に似てたから[D_1]，[D_2]大きいけど，つぶしたから広がった，化石みたい．
　　②これ?[Ⅵカード]，やっぱり虫に見えたのかな，同じ仲間の部類にみえちゃうから．
　　②′（頭とか，羽とかみえてる）う〜ん，ないかな，全体的に小さい……大きくはない．

Ⅶカード
①(16″)兎だけど，①′灰かぶっちゃって，さっきの変な奴らにやられちゃって，こんな形になっちゃった．∨反対からみたら，《カードを遠ざけて》(1′10″)何これ？　恐い．②[$D_1 \times 2$]2匹，[D_2]ここから生まれた，小さい[$D_3 \times 2$]，どんどん生まれる．

事例提示　215

(1′42″)
Inq. ①[$D_3×2$]向き合っているんだけど，でも，昔，兎だったけど，やられた．（カードで説明して）
　　①′風化して，灰かぶって，邪悪の世界にねらわれてしまったとか．
　　②タツノオトシゴみたいなのが[$D_1×2$]，[D_2]ここから生まれて，ここから生まれてくると思えてきて，ここで[Ⅶカード]，気づけて，（何匹？）2匹．[$D_1×2$]

Ⅷカード
①(15″)血の色が噴火してる，さっきみたいな絵，人間じゃない血かもしれない，青い血とか，オレンジの血とか，②この2匹は[$D_1×2$]，これから∨餌を取ろうとしている，こいつらも，ここから生まれてくる，[D_2]ここから生まれてくる．③心臓，どうしてこれだけ明るいの，生まれた時はみな明るいかもしれない．でも，後でだんだん暗くなる．<(1′37″)
Inq. ①〜でも，血ていうより，[$D_1×2$]生き物にもみえて，さきにいった小動物の心臓みたいな，[D_2]か，わからないけど，覚えていない，さっきいってることと違う．
　　③[W]逆さにしても変わらない[D_2, $D_1×2$]，[D_2]血とも内臓ともよくわからないけど，血が詰まった内臓，生まれたすぐに透けている．

Ⅸカード
①(6″)これもいままでの中の，どれかの生きものが，血，∨つぶされて②血の跡，これは生きてる血の跡，>ここから生まれるけど，これもつぶれてるかもしれない．∧こうやってみると，ここから生まれてくるよう，きれいなもの，いいもの作ろうとしてたのかな，でも外へ出たらやられちゃう，①′その前に，ペチャとやられたのかなって．(1′30″)
Inq. ①私しゃべりすぎですか？　いろんな生き物がいて，生きものの種類とか，生まれた血とか，血の色が違う，つぶされた時に色が違う．[D_1]は創造物で，つぶれてなくて，血が入ってなくて，水面みたいなもの，花みたいなもの．生けるのつくろうとした，（花？）チューリップ[$D_3×2$]，中に[D_4]いいもの，唯一いいもの．
　　①′全体があっても，邪魔なものがあるから[Ⅰ〜Ⅷカード]．

Ⅹカード
①(11″)いままでの総合，縮図．みんな戦っている，生きようとしたり，いいものとか，悪いものとか，種類の違うもの，なんか戦っている．①′お互い生き延びようとしている，私の答え，変ですか？　みんななんていうかな？，∨∧最後はよくなるの？　うまくいけば共存，∨でも，できないかもしれないけど，しようとしているのかもしれない．∧もともとひとつのものが別れちゃった．(2′15″)
Inq.：①[$D_6×2$]は[D_{14}]と違う，生まれるもののはずだけど，違うからよくわからない．左右対称なんですか？

①′[D₆×2]アダムとイヴじゃないけど，始まりなんだけど，それぞれが善と悪で，いろんなものが出て，ゴチャゴチャと悪者に負けちゃう．でも，これだけ色が鮮やかだからいい結果かもしれない，解決してるのかな～．

[経歴ならびに臨床所見の概略]

臨床診断：解離性障害

　27歳時の4月，夫の転勤に伴い，中部地区都市から近畿圏都市に移住。パート勤務についたが8月に交通事故に遭い，足を骨折した頃から，以前は人に逢うのが仕事だったのに［転居前は会社の営業に勤務］人に逢いたくない，考える気力がない［抑うつ］，また過呼吸症状などがみられ［パニック障害］，翌年1月総合病院精神科を受診。時々実家と近畿の住居とを行き来しながら，抑うつは抗うつ剤で多少改善をみたが，病状全体は安定をみなかった。実家に帰って入院の希望が出てきた頃から［本人：以後，人に逢うのが苦痛になると入院したくなる］，別人格が出現するようになる［人格交代‖本人：もうひとつの自分が入り込んでくる，悪霊のようなもので自分をあざ笑っている，急に解放されたような気がして……，いまの自分をみせたい，どうだ私は勝ったんだと，私としてはそっちの方が楽なので……］。近畿の住居で「外出する」と言って家を出て，隣県で発見される，包丁を持って部屋で立っている，独り電車を乗り継いで遠くの県に行き，美術館で倒れているのを保護されたりで［解離性遁走‖本人：逃避だった。もう普通の暮らしができない，知人のいる所に行きたくなかった，それで……，そこにずっと住みたいと思った］，記憶障害もある［解離性健忘］。数回の手首自傷もみられている［本人：先生との約束で絶対禁止されている。やっと発散する手段をみつけたというのに……。夫が止めると「してはいけない理由を教えて」と反論する時もある］。

　6月に紹介されて大学病院へ移っており，12月任意入院となる。期間は翌2月中旬まで［入院について本人：居場所の確保のため。長期のものにしたい。期間後期，退院について話し合いを予定されていることを知ると，詰所カウンターを越えるなどの乱れた行為。しかし，医師と夫との話し合いで決まった退院・日取りを示されると従う］。入院前の主治医・夫の言うことには従う傾向があり，入院中の面会は夫しか受け付けない。入院当初は帽子を目深に被り，スタッフと目を合わそうとしない。デイルームでの食事に抵抗～拒否を示し，はじめは夫の同席を要した。泣きながら食事をしたり，食後廊下に横たわる，自室に誘導されると倒れ込み，過呼吸発作を示す。入浴時のカミソリで自傷。傷痕を見せにきたりもする，など。

　退院後は入院前の主治医の外来に通院する。

［事例再録］

【再録事例】
事例MA／事例ST／事例25

> いずれも前著書からの再録である。事例25のプロトコールについては前著書本文での考察と重複になる可能性が高かったので，事例MA，事例STには前著書で［解釈の要点］として付した，解釈のまとめを行わなかった。それを考慮して本書での再録に際して，事例25には［解釈の要点］を付した。事例MA，事例STについては，必要とあれば前著書のその箇所を見ていただきたい。
>
> ［番号を付したD，dの領域指定については，巻末の領域指定図に示してある。］
>
> なお，前著書からの再録という点では，Ⅰ章冒頭に保続の事例が前著書から再録されている。保続事例についての記載ページは以下のとおりである。
>   保続事例：1，4，5，8，12，13，15，17，18，30，31，35，36，39，45，46，51，60，68，90，179
>   プロトコールは再録されていないが，前著書に収録されている事例としては，事例1と事例4についても，以下のページに記載がある。
>   事例1：63，64，66，67，152，199
>   事例4：145，162，166

《事例MA》 18歳　男性

記載ページ：19, 30, 31, 35, 36, 39, 45, 46, 51, 54, 60, 68, 70, 72, 87, 89, 90, 92, 112, 157, 158, 161, 166, 179

[プロトコール]

Ⅰカード
(4″)こうもり．Imp.(15″)まだ，言うんですか？　こうもりしか……C.R.Imp.[∧方向 edging のみ]　やっぱし，こうもりしか……(48″)
Inq.「こうもりのように見えたのですね．それは，どうなっていたんですか？」
　　胴[D_1]，羽[$D_3 \times 2$]．やっぱり，ひらいてるよう．「こうもりらしいのは？」
　　羽の開き方がね．

Ⅱカード
(27″)やっぱり，こうもりやね．胴が無い．(52″)C.R.Imp.[edging]やっぱり，ここがこうもり．(1′02″)
Inq. 胴が無くて[D_1 中央 Space]，羽のひらき方が，こうもりみたい[D_1]．
　　「頭は？」　ここですけどね[d_1]．普通にありますけど……

Ⅲカード
∨∧∨(20″)カエルね．胴が無い．(32″)
Inq. こういうふうに，見たらね[∨方向]．目とか[$D_8 \times 2$]，足のひらき方が[$D_4 \times 2$]，カエルのよう．「胴が無い？」胴が無いわけ．[中央の空白]

Ⅳカード
∨∧(40″)木にね，こうもりの羽が，ついている．(58″)
Inq. 木で[D_5]，あとは羽が[$D_3 \times 2$]，ついているよう．
　　「こうもりの羽？」　ひらき方がね．「木？」太いからね[D_1]，やっぱり．

Ⅴカード
(9″)これ，アゲハ蝶．(17″)
Inq. やっぱり，触角があるし[d_1]，羽が[$D_1 \times 2$]，蝶みたい．
　　「アゲハ？」　やっぱり，アゲハ蝶が，一番近いんじゃないかと思う．

Ⅵカード
∨∧(30″)セミが，羽をひらいたよう．(40″)
Inq. 羽のひらきかたがね[$D_5 \times 2$]，セミみたいになってるからね．
　　「セミ？」　羽のひらきかたがね．「頭は？」頭は[D_1]，違うみたい．

Ⅶカード
∨∧(16″)蝶の羽がね．散らばったよう．(27″)
Inq. [d_1]胴体，羽が散らばっているよう[$D_5 \times 2$]．
　　「散らばっている？」やっぱり，散らばっているていう感じを一番受ける．

Ⅷカード
(11″)蝶をね，3つ，縦に並べた．(30″)
Inq. [D₄] 1つ，[D₇] 2つ，[D₂] 3つ．
　　「蝶？」羽のひらき方が，やっぱり，蝶．
Ⅸカード
∨∧∨(20″)ヒヤシンスの花にね，葉っぱが，くっついているような感じ．(40″)
Inq. [D₁]花．[D₂×2]葉っぱが，広がったよう．
　　「ヒヤシンス？」ヒヤシンスの花のような感じだからね．
Ⅹカード
∨∧(30″)蝶やね，羽をいっぱいに伸ばしている．(47″)
Inq. [D₁₃]羽をずっと開いているのがね．
　　「頭？」[d₂]，羽が散らばって続いているよう．

[スコア要点]

R_1T (Av.N.C.) = 19.8″　　R_1T (Av.C.C.) = 21.6″

Ⅰ　翼状 W，F+，AS
Ⅱ　羽のある動物，先行概念の支配，F−，(灰色W)，AS
Ⅲ　先行概念，部分残遺，(灰色W＝W)，AS
Ⅳ　羽の混成，W，Sp.−，AS
Ⅴ　翼状 W，AS
Ⅵ　羽のある動物，W，CS (Inq. 頭は違うみたい)
Ⅶ　羽，W，CS
Ⅷ　羽のある動物，dr (用い残し部分の言及なし)，AS
Ⅸ　W，CS
Ⅹ　羽のある動物，W，AS

[経歴ならびに臨床所見の概略]

　18歳時（高校2年在学中）3月はじめ，隣の中学の同期の生徒に，自分の考えていることが皆知られてしまっていると思いだすようになった．外へ出ると家族の声が聞こえてくるし，近所の人が悪口を言うのが聞こえてくる．3月下旬，両親離婚．母は妹を連れて家を出る．本人は父（医師），弟と共に転居．4月初旬，N病院，3回受診．
　同月，父，自営職業を持つ31歳の女性と再婚（父は義母の営業地から週2～3回帰宅）．同月下旬，隣の人や近所の人が大人も子どもも，いろいろ悪口を言うように思う，夜中まで大勢でうるさく言ってくるので困る，恐ろしいという感じはしない，ガマンできなくなると理性で抑えられなくなり，イライラするようになる．

《事例ST》 42歳 男性

記載ページ：19，30，31，35，36，39，45，46，51，54，60，68，71，72，84，88，90，91，92，97，98，112，125，129，133，159，161，166，179

[プロトコール]

Ⅰカード

え～とね，これは，一見したら，(8″) ①こうもりですね，バタフライと思ったけど，こうもりですね．②真ん中は，女の人と違いますかね．羽の部分がね，両方共通ですがね．男の人でしょうね，多分，羽はえてますけどね，人間ですね．両方，羽の中にあるの．翼は女の人，男の人が肩のあたりから出しているのが，合体されたよう．羽の下の方に何か，あるみたいやけどな，これで．(2′08″)まだ，もうちょと，やりますか．勝利の女神みたいやね．僕は，今，羽の上の両方にいるのは，男やと言いましたけど，案外やさしい人かもわかりませんね．勝利の女神て大袈裟ですね．ありきたりの女，磨きあげたら，こうなるのかな．＜∧やっぱり，これは，男ですね．女の人のことは一言も言わなかったけど，僕には，この絵からは何ともわかりませんわ．(4′40″)こういうことで，やってたらキリないでしょ．そうでもないか．

Inq. ①全体の感じ．胴体があって．まわりが実際，羽はもっと大きいですけど．最初，蝶かと思ったけど，この絵は迫力がありますから，こうもりていうのよく知らないけど，友人が言うには，おめでたい図柄として，中国ではそういうらしい．

②確証ないぐらいと違うかな[D_1]，サニトラニケイという勝利の女神て思ったけど，大袈裟すぎるから，あれは頭部がないのか．それと同じ，勝利の女神やから翼がついていたかな．ミロのビーナスより好き．
確か，サニトラケイのニケイ．
「男の人？」[D_2]この感じ．頭[d_4]．
「男？」 弱いな．どうしてと言われる……．
「羽？」[d_2]「合体？」足の部分，手の部分が，つながってる．肩[図]．

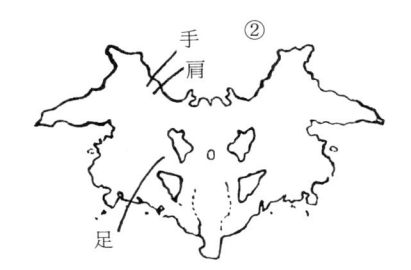

Ⅱカード

これ前の時は，拒絶したんです．(42″)上の赤いのがあるのは，①女の人の足です．②それからね，神社にある狛犬ですね．逆に，この犬がね．③やっぱり，これも人間ですね．その時，断ったのは朱の色が嫌いだから．(3′00″) ＜∨＞∧それだけですね．(3′30″)

Inq. ①[$D_3 \times 2$] 逆立ちしているからでしょう．足首，カカト，靴みたいにみえて

　　　　　[図]，あとズッと足[D_1]．男の人に，こんなカカトの高い靴あるかな．
　②頭，手，前足[図]．それが，二匹，逆立ちしている[$D_2 \times 2$]．[d_1]ここで，一緒になっている．これ男，両方に二人居ますね．
　③昔の人みたいなイメージ．文明に縁のなさそうな，イヤ，そうでもないか．手[d_1]，頭，しゃがみかげん．
　　「男？」服装もそうやし．頭に頭巾かぶってるよう．
　　「服装？」和服でしょうね．太い腕だから[図]．

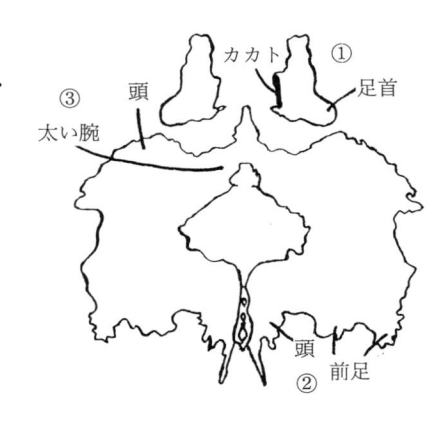

Ⅲカード

ワッ，これは，これは，何でしょうね．(6″)①真ん中にあるのは，水瓶みたいですね．②女の人が二人，二人ですね．＜∧これ，この女の人の線でね，二人ともですよ．あの，それが，作りだしているのか，③大きな瓶みたいに．それにしてもなんやろ，全体の絵が，かなり優雅でありますのに，この赤い色でぶっ壊している．赤い色でぶっ壊している．それだけです．(3′15″)

Inq. ①[D_5]感じからですけど．
　②手，水瓶にかかっていて，ヒップ，足．[$D_2 \times 2$ usual]
　　「女？」線が女性的，お尻を突きだして，背中を弓のようにして，履いている靴もハイヒールみたいで．
　③両方，対称になってましてね[$D_2 \times 2$ usual]．瓶て，言うより壺ですね．

Ⅳカード

えーとね，(16″)①熊の皮を開いたよう．ピンでとめたら，こうなるのかな．それから，②両方に靴，真ん中に映っているのは，③上の方から山伏のような気がします．これは，美術やいろんな事を考える人が眺めているだけなら楽なんですけどね．真ん中にあるのが，④ポールが真ん中にあります．アッ，あのね，えーと，⑤上の肩部分にね，女の子，アクロバットか，体操，両方に引っ掛かってますね．体操でも，やってるのやろな．もういいです．(3′20″)

Inq. ①全体の感じですよ．2，3日前から思い出していた．僕，小さい時，兎をこんなふうに，ぶら下げていたのか，農家に．「熊？」熊でないと，こんな黒い大きいのが，作られへん

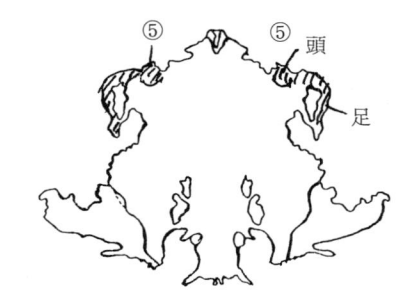

のと違いますか．「皮？」真ん中から開いてね，墨の濃い部分，白い部分．
②[$D_3 \times 2$]二足．
③全体の感じ．[d_1]冠，顔，なんとなしに．
「頭のほかは？」熊，なめしているの見たことないから，見た感じですよ．
「山伏の頭のほかは？」ここ[d_1]としか言いようがない．顔，黒ずくめやからと違いますかね．
④[D_5]ポールて，言うのかな．ポールですね．
⑤頭，山伏の肩の部分からね[$d_2 \times 2$]．足，両方．

Ⅴカード
(3″)これは，蝶ですね．蝶やないわ．①こうもりや．翼の両端にね，女の人が，隠れているかな．腰から下が出ています．このこうもりが女性を持っていると考えられますね．＜そんなとこです．(1′06″)
Inq.①蝶より，こうもりが正しい．「？」胴体とするでしょ[D_2]．羽の長さが長い感じ．それに対して．「女の人？」[d_2]足が出ていますね．中に包み込まれたようにして．左右に二人[$D_1 \times 2$]．

Ⅵカード
これなんでしょうね．(5″)①楽器ですね．コントラバスか，コントラバスですね．あのコントラバスて言いましたけど，その他に南の国にあるような楽器ですね．(2′08″)
Inq.①大きな楽器に見えたんですよ．[D_3]調節する部分，[$W-d_1, d_2$]両方取ってしまわんといかんです．チェロよりも，ずっと大きいから．最初チェロと思ったけど．

Ⅶカード
自分でもイラだってね．(21″)①やっぱり，これも女の子ですね．両側の上に入るのは．頭に長い，なんていうのかな，頭の毛が後ろの方でピンと跳ね上がっている．アッ，あの今までの絵にもありましたけど，真ん中に濃い線が1本，全体に流れてますね．今までのは，全部ちょうど真ん中で両方に貫いていたのと違いますか．(3′00″)ピッタリとしているのですが，言葉で出ない．考えたこともすぐ忘れる．スラスラと言えない．
Inq.①頭，胴体，足[$D_5 \times 2$]．果たして，そうかな．
「？」あまりに簡単に僕が答えを言いすぎたからです．ロールシャッハだけは二度やりたくないと思ってましたから．

Ⅷカード
(22″)①両端に赤い色で書いてあるのが，動物ですね．②え～と，一番下にあるのが犬ですね．一番上にあるのがね……も～，

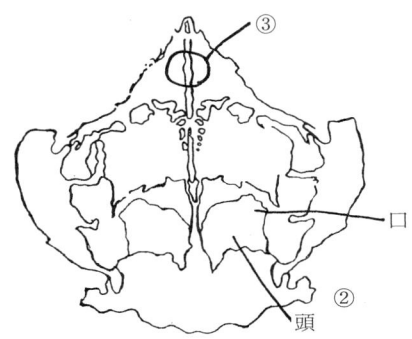

忘れているわ……え〜とね．一番上の笠のとこ③笠のところにやっぱり動物が．(3′30″)
Inq. ①[$D_1 \times 2$]
　　②頭．口，上向いている[D_8図]．
　　③この中と違いますかね[D_4内部]．フクロウみたいな動物．
　　　「笠？」笠て言いましたか？　ここ[D_4]のことと思います．

IXカード
ワー，一番上の両側にあるのが，(35″)①チェロ，楽器のチェロ．真ん中にあるのが，②お宮さんの狛犬を逆さに立てたようですね．下の赤い色は，何でしょう．③パイプ，パイプかな．④一番下，両側に男が二人．え〜とね，え，非常に美しい色です．この絵，全体が回教徒が，アラブあたりにある．美しいですよ．(3′25″)
Inq. ①[$D_3 \times 2$]
　　②……どこやろ，「真ん中？」狛犬て言いましたですか？　真ん中，わかりませんわ．
　　③[D_4]．これが犬でしょ[D_2]．パイプていうのは今までの絵もそうですけど，真ん中が，しっかり区切りがついていて，塔と言ったと思いますけど，そんな感じですね．パイプなんて，僕，言うてますか？
　　④今，もう，何にも解りませんわ．「下？」……男が二人て，言いました？

Xカード
ワーこりゃ，いらんわ．(15″)①クモみたいな虫が２つね．②カニが一匹いてるわ，カニが一匹．参ったな，全然よまれへん，こんなはずは，ないんやが．③え〜とね，両側，男の人ですね．それが，上で頭をぶっつけあっているのかな．そんなに強くないと思いますがね．<∨>∧④黄色い馬が二頭ですね．それから，両側に水色のえ〜とクモに似ているけど，クモやないですが，今，クモて言いましたけど，⑤その中に馬のような動物がいる．③′今，激突て言いましたけど，頭部が無くなって，鎖で，中心，くくりつけられていますね．この絵自体は，色彩が豊富で美しいです．美しいと言うより綺麗です．<∧えーと，一番下の，グリーンは何か⑥秤になっている．赤い色の男が二人激突しているて言いましたけど，又，二人の頭部が一緒になっているのかな．⑦全体で塔を形成している．(8′35″)
Inq. ①[$D_1 \times 2$]
　　②[$D_8 \times 2$]
　　③スポーツでもやっている．動きかたが．肩から下，下半身[$D_6 \times 2$]．
　　　「頭？」[$D_{14} \times 2$]
　　④[$D_5 \times 2$]「馬？」
　　⑤[D_1]馬か，鹿か，わからんけど．
　　⑥[D_4]
　　⑦[D_{13}]トゥール・ド・エッフェル．エッフェル塔て言いたかったけど．

［経歴ならびに臨床所見の概略］

　旧制中学卒業後，会社員・販売員・親戚の食品製造の手伝い・ゴルフ場のレストランマスター（かたわら喫茶学校の就学）を経て，5年ほど前から喫茶店を一人で経営するようになる。不愛想な上に，近所に同じような店が多くなり，次第に経営不振となってきていた。
　1年ほど前から以下のような言動がみられるようになった。
- 「今，店を妨害されている」と兄に電話し，兄が行くと外から自分の店をじっと見ていた。実際にはこわれていないのに「車がこわれた」と言ってくる。
- 「盗聴されている」と電話線を切る。「店の様子が筒抜けで，電波がかかってくる」と言ったりもする。
- 同居している母が作った料理を食べず，自分で作る。以前の先方が断ってきた結婚話を，母が断ったと言い，また以前愛用していた哲学の本が見当たらなくなると，母に「いくらの金を誰からもらって本を渡したか」と詰め寄ったりする。
- 「2～3年も集団で攻撃されたら，誰でも参る」「人からいらだちを強制される」とも訴える。

　家族に連れられての受診・入院となるが，医師に「盗聴されているということは，本当ですか？」と聞かれても，「私は知らんと言った方が無難ですね」と，妄想内容は言おうとしない。
　検査は入院中に実施されている。

事例ST　スコアシート

	Total	Card	I	II	III	IV	V	VI	VII
I	36′29″	T	4′40″	3′30″	3′15″	3′20″	66″	128″	3′
	53+120	RT	8″	42″	6″	16″	3″	5″	21″
	2+12	RC	2	4	2	0	0	0	0
%	30	R	2	3	3	5	1	1	1
	30.0	9	W	・・△			・○・・	・	・	・
II	53.3	16	D		・・・・	・・・	・・		・	
	3.3	1	d					・		
	13.3	4	Dd							
			S							
			Do, OD							
	*SUC(post)=1+1=M						・		
III	*SUC(post)=1 F M							*	
			m							
			V							
	86.7	26	F	・・	・・・・	・・・	・・・・		・・	・
	FT= 1		T,Y				・′			
			C′							
		1	F↔C							
			CF							
			C/F							
			C							
			Organization	l		n	n		d	
			Specification	−		・ -?	・・		・・	・
IV	66.7	20	F(+)	・	◎	◎・	・○○	○	・○	・
	3.3	1	F(pm)				・			
	30.0	9	F(−)	-2 -2	-1					
		4	4							
			3							
		4	2		・	・				
		16	1	・		・	・・・		・・	・
	AQ = 80.0	0					・			
			(−)		・ ・	・				
	30.0 (Hと重複1)9		A	・				・		
V			Ad							
	33.3 (Aと重複1)9		H	・		・	・	・	・・	
		1	Hd		・					
			Plt							
		2	Statue		・					
		3	Obj			・ ・				
		1	A・obj				・			
		1	Shoes				・			
		1	Pole					・		
		2	Music						・	
		1	Instr							
		1	Arch							
	26.7	8	CS			・	・ ・	・	・	
VI	60.0	18	AS	・	・・ ・	・	・	・	・・	
			CdS							
		3	QS	・						
			NS							
		1	Imp S							
			Comp S							

W[W=・　W=○　WS=◎　DW=△　DoW=□　D′W=■] D[D=・　Đ=○　DS=◎
　de=△] T,Y [FY=・　YF=○　Y/F=◎　Y=△　FT=・′　TF=○′　T/F=◎′　T=△′]
Organization [h,l,d,n]　　Specification[±=・　+=○　△　−]

	VIII	IX		X		
	3′30″	3′25″		8′35″		
	22″	35″		15″		
	0	0		6		
	3	4		7		

d D =△　D o D =□　d′D =■]　D d [dr= •　dd=○　di=◎
C′[FC′= •　C′F=○　C′/F=◎　C′=△]
F（＋）[10%↑= •　1〜10%=○　1%↓=◎]

《事例25》 25歳　女性──────────

記載ページ：84，89，91，92，98，105，166，179

[プロトコールとスコア]

Ⅰカード
(7″)①これ，クモ．②蛾．③こうもり．④何か，わからないけど鳥．☆⑤女の人と男の人，背中合わせ．血吐いてる，片手上げてる，同じ背の高さの人，マキシ着てる．それぐらいかな．Imp．(RC)＞∨＜∨☆⑥門．＞∧＜∨＜∧もういいわ．(2′29″)
Inq.①形が似てる．　　　　　　　　　　　　　　《W：F：－：A：AS》
　　②虫の蛾．飛んでるとこ．形．　　　　　　　《W：F：＋p：A：AS》
　　③同じ形．　　　　　　　　　　　　　　　　《W：F：＋p：A：AS》
　　④大きなもの．飛んでる．　　　　　　　　　《W：F：＋：A：AS》
　　⑤[$D_1/2×2$]二人で踊っている．手[d_3]，頭[d_5]．口から[D_5中心部]血吐いている．両方ともマキシ[$D_3×2$]．　　☆《DW：M：－，±，l：H：AS》
　　⑥入るとこ[上部D_2に囲まれた凹のspace]，中国の門みたい．これは[内部space]飾り，ギリシャ彫刻のよう．　☆《D(＝Ss)W：F：－：Arch：AS》

Ⅱカード
(14″)☆①男の人が二人，左手で……忘れた．光の中へ飛び込んでいる．一緒に，火の中へやね．＜∧②お面かぶって，盆踊りしてる，男と女．＞∧　☆☆③火祭り．＞☆☆④手を合わしている．∨☆☆⑤火の中をくぐり抜けている．(1′51″)
Inq.①二人で，こうして飛び込んでいる．「火？」燃えてる火．炎，赤いから．
　　　　☆《W：M×C/F：－×pm，±，d：H：AS》
　　②お面，手，手合わしている．「お面？」
　　　赤いから，赤いお面[D_3]．「ここは
　　　[D_4]？」入らない，これは明るさ，
　　　電気の明るさ．
　　《W：Mwith partial C：＋p，±，h：H：AS》　　　　　　　　　　　　　　　　⑤
　　③これ火[D_3+D_4]，火祭りで踊っている．　　　　　　　　　　　　　　　　火の輪
　　④[②に含まれる]
　　⑤[①に同じ]輪になっている．

Ⅲカード
(7″)①黒人が二人，太鼓をたたいている．＞∨②火星人が子どもを呼んでいる．＜∧＊③お祭りの火．＞(1′07″)
Inq.①[$D_2×2$]二人，[D_5]太鼓．「黒人？」細いから，スマート．「他に？」別にない．　　　　　　　　　　　　　　　　《W：M：＋p，±，h：H：AS》
　　②目で[$D_8×2$]，手で[$D_4×2$]．子ども[$D_1×2$]，これ[D_3]が心臓．「？」二つあるから．「火星人？」目が大きい．一人．お父さん，大きいから．

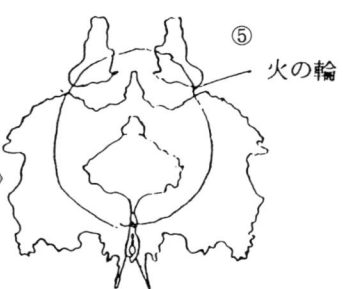

　　　　　　　　　　　《W：M：＋，－，l：（H）：AS》
③踊っている．火[D_1＋D_3]．[D_1]タイマツの火，[D_3]下で燃えてる火．「踊っている？」これ足[D_4]，音楽に乗っている．人が踊っている[D_2×2]．
　　　　　　　　　　＊[W：M×C/F・m：＋p，±，h：H：AS]

Ⅳカード
∨∧(25″)①森の中，夜，二人．＜∨②大きなこうもり．＜∧③クリスマスツリー．＞∨∧(1′17″)
Inq.①全体が木，杉みたいな．暗い色やから夜，夜の森．「二人？」木にもたれている．
　　　《D(＝Sc)W：F×C′：－，±，n：H：
　　　　　　　　　　　Forest in the night：AS》
　　②形が飛んでるみたい，鳥のようやから．
　　　　　　　　　　　《W：F：＋p：A：AS》
　　③[①と同じ]
　　　　　　　　　　　《W：F：＋：Plt：AS》

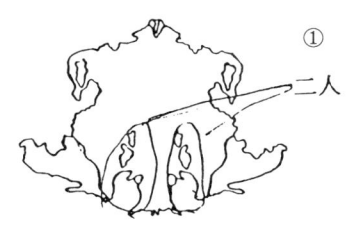

Ⅴカード
∨(6″)①これはアゲハ蝶．＜∧☆②手の長い女の人．帽子を被っている，歩いてはばたいている．＞∧◎∨(50″)
Inq.①羽が大きい，黒色．
　　　　　　　　　《W：FC′：＋p，±：A：AS》
　　②寝転がっている．[W/2×2]こっちとこっ
　　　ち，帽子[d_1二本の突出部分]を被っている．
　　　「歩いてはばたいている？」女の人が二人．
　　　　　☆《W：M：＋，－：H：AS》

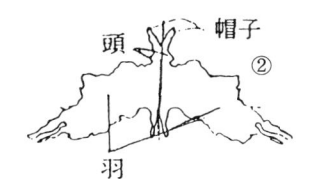

Ⅵカード
◎∧(9″)①猫が死んでいる．②虎の皮，敷物．＞∨☆③高速道路．白い車が2台，その後ろから2台，世界が進んでいく，地球の回っている……＜∧＜☆④湖，木が茂っている．水面に浮かんでいる，誰かが泳いでいる．∨☆⑤男の人と女の人が背中合わせ．よく太っている人，両腕を前に出している．(1′56″)
Inq.①ヒゲ[d_6＋D_3]．
　　　　　　　　　《DW：F：－，±：A：AS》
　　②敷物，これが[D_1]頭，足[d_1×2]，手[d_2×2]「他に敷物らしいところは？」この色の段階が違う，黒の段階が違う．
　　　　　　　　　《W：FT：＋p，±，A・obj：AS》
　　③白い車，高速道路[真ん中]．「世界へ進んで行く？」広いところ[D_1]，これ皆，広いから果てまで行ける，回ってきて，また一緒，

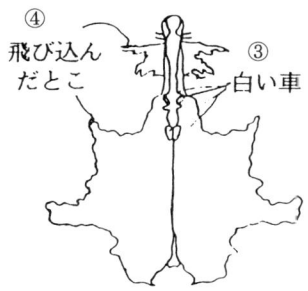

地球と一緒． ☆《DW：F・m：−，±，l：Scene：AS》
④木で[W/2]，映ってるほう[W/2]．いろんな木が映っている．これも濃さの加減で，高い木，低い木，雑草も，いろんな木．「泳いでる？」飛び込んだとこ，泳いでる． ☆《W：Y/F[M]：pm，±：Scenery：AS》
⑤顔[d_4]，背中[真ん中]，手[d_1]，足[d_2]．「男？女？」どっちが，どっちか分からない．同じ顔してる． ☆《W：Mpost：＋，±，l：H：AS》

Ⅶカード
∨(7″)①蔦，絡み合っている．＜∧②つの．③女の人が向き合っている．首を後ろまわして．∨これがきれいよ，一番今までの中で．∧＜∨④カーニバル，女の人が踊っている．頭に帽子を被っている．＜∧(1′17″)
Inq.①皆，[$D_3 \times 2 + D_4 \times 2 + D_6 \times 2$] 《W：F：pm，±：Plt：AS》
②[W/2×2]鹿のつのみたいなの． 《W：F：＋：Ad：AS》
③顔，顔[$D_3 \times 2$]．手，手[$d_3 \times 2$]．首，後ろまわしている，これ体[$D_4 + D_6$]． 《W：Mpost：＋p，±，l：H：AS》
④踊っている，女の人が踊ってる，帽子を被って[D_6]，ここヒップ[D_3]．手[d_3]．二人． 《W：M：＋，±：H：AS》

Ⅷカード
(5″)きれい．＜∨(14″)☆①人間の心臓，肺，大腸，小腸，人間の体，全体，内臓，解剖．∧☆②熊，二頭，雲の上．∨(1′10″)
Inq.①心臓[$D_5/2 \times 2$]，腕[$D_1 \times 2$]，大腸[D_7]，小腸[D_4]，胃がなし．「解剖？」これが皆，解剖されている，体の全体をあらわしている．
「？」赤いから，血の色． ☆《W：C/F：pm，±：At：AS》
②[$D_1 \times 2$]熊と，雲[D_4]，白いとこ全部[space]雲，空の雲，熊が雲の上に乗っている． 《DWSb：F：−，±，n：A on the cloud：AS》

Ⅸカード
(6″)☆①しみ．染まっている．赤と緑と柿色，混ぜ合わせる．∧☆②りんご，葉っぱ，柿，海の幸，山の幸，畑からできるもの全部，食べるもの，食事おいしい．＞∨☆③りんご園，りんご狩り，たくさんで，バスで旅行している．(1′06″)
Inq.①真ん中へん，ずっとしみになっている，染まっている．
 ☆《W：C/F：pm,±：？：AS》
②赤いりんご4つ[D_1]，葉が2枚[$D_2 \times 2$]，これ柿の色[D_3]．この色混ぜ合わせたら食べ物の色になるから．24色．
 ☆《W：[FC・CF・C]：[＋・±・−]：Food：AS》
③りんご[D_1]，葉っぱ[D_2]．皆で，白いとこ全部が[space]人がいるの．りんご狩り．楽しそうにしている．このあたり[D_3]地面．
 ☆《DWSb：CF[M]：−，±,h：？：AS》

Ⅹカード
(7″)きれい．(14″)☆①孔雀の羽．みんな踊っている．鳥，虫，人間，盆踊り．＞☆②

空を飛んでいる，いろんな鳥が飛んでいる．たくさん，鳥が先頭，てんとう虫も飛んでいる．∧きれいわ，やっぱり．＞きれい，きれかった．（1′15″）
Inq.①羽の色，色のが皆そう．24色，これも．「もう少し詳しく．」男の人，女の人とかね．白鳥，鳶，鳥，蝶々．「もっと詳しく」どこがどうなってということはなく，頭で想像するだけ．
☆《W：F/C[M]：pm，±，d：undetermind：AS》
②鳥[D_3]，黒いから．てんとう虫[D_{12}]，あとは想像．
☆《W：FM/C：pm，±，n：A：AS》

◎はカードを停止することなく回転したことを示す．
☆は提示反応内で継時性がみられるもの．
☆☆は提示反応を越えて継時性がみられるもの．
＊必ずしも継時性に該当するとはいえないが，前出反応概念の残遺がみられるもの．
[M]は該当する運動主体が図版に識別形体では確認されていないが，人間運動表現が示されているもの．

［解釈の要点］

1．外輪郭形体の様態，ならびに表現された様態の図形との対応

1） Rは2)に示すように数えても39でかなり多く，ⅠRT＝10″8，ⅡRT＝11″0で，全体的に比較的早い．Ⅷ，Ⅹカードの最初のEEで計算するとⅡRTは7″8となり，（Ⅷ－Ⅹ）％は17.9％である（前著書の232ページ，以下ページは同様）．

2） 表現に明らかに継時性がみられるもの（☆印）を12産出している．Ⅱカードの反応は，「（盆）踊りの二人の人間像」と，「上部の二つ，下部の一つ，ならびに黒色部に混入する，赤によって構成された火の輪」との2つの着想系列が入り乱れて，時間的に交互に交替して述べられており，一連の表現に他の系列の表現が入って，それを越えて継時性が示されている．後続部分を反応数の計算からはずして，Ⅱカードでの反応数は2と計上しておくと反応数は39になる．前述の12はこの2反応を数に入れていない．Ⅲカード「③お祭りの火」にはⅡカードの反応概念の残遺が疑われるので，これも入れると比較的明瞭に継時性が確認あるいは疑われる反応は15（38.5％）に達する（114ページ）．

3） F＋％は41.0（2個のSp－の反応のBFLを＋にとると46.2）％で事例MIよりもなお低く（120ページ），Fのみの反応では54.5％，運動関連反応では40.0（同じく53.3）％で，MIにほぼ匹敵しているが，色彩関連反応では22.2％と明瞭な格差をもって低くなっている（232ページ）．

4） 図形の分割という点では，Ⅲカード赤色部を除外したがひとつみられる以外はすべてWで，図形の分割はみられないといってよい．単一反応概念の識別的な外輪郭形体の完結をみず，認知条件の均質性も保たれていないDW反応が7を数える

(115ページ)。

　5）　事例の特徴のひとつである多数の運動関連のM系列の表現をしている反応のうち，Ⅵカード「④誰かが泳いでいる」，Ⅸカード「③リンゴ狩り，旅行している」，Ⅹカード「①みんな踊っている」では，M運動の主体は形体として確認されていない（118ページ）。

　6）　Ⅴカード②W「手の長い女の人．……歩いて羽ばたいている」では，質疑ではd_1に2つの帽子と頭部が示され，2体の人間となるがその全体像が定かでない。表現されている「長い手」「足」の認知には，d_2，d_3の役割を無視できないようにも思われる。人間の全体像は見られていないのかもしれないが，「歩いて羽ばたく」ためには領域のどこかの部分が二重に認知される，混交の問題が避けがたい反応表現である（163ページ）。

　7）　Ⅲカードで「火星人が子どもを呼んでいる」は作話性結合全体反応で，表現された結合様態と図形との対応が顧慮されていない。Ⅵカード③「高速道路．白い車が2台，その後ろから2台，世界が進んでいく，地球の回っている……」の反応でも，後段の世界・地球が図版にみられているか否かが疑問であるのも軌を一にしている（155ページ）。

　【小括】　1)に示されるように反応数はかなり多く，反応活動は活発である。着想の外部への表出も比較的早く，色彩の存在で表出がやや促進される傾向にある。（Ⅷ－Ⅹ）％＝17.9の値については，「体験型の様態」で述べる。3)～5)に示された事実は，把握の様式が初期集約的把握型以前のもので，外輪郭形体機能の重要性に気づいていないことを示しているが（個体化不全），さらに内的着想である表現された様態の，図形（現実）との対応が顧慮されないまでに至る場合が示されている。現実認知の支配・主導性，ならびに内的着想の客体化が身につかず，その重要性が認識されていない。この客体化が不十分な内的着想の活発な活動が，2)に示された数多い反応の継時性をもたらしていると考えられる。5)7)の事実を加えると，現実との関係が顧慮されなくなる傾向は，とくに内面の活発な動きの様態と着想概念の相互関係という，動きに直結する連合に際して示されており，その内面活動への取り込まれの様態が反映されている。

　6）で問題にした混交認知が生じたという確認はない。しかし認知が具象的な存在の空間占有性を侵犯することになりかねないことに対する認識が欠けており，認知に際してのこの一般妥当性に関する基本的な法則の保持という主体性が欠落している。上述の個体化不全と内面活動への取り込まれとが，相当篤重な主体性の障害（いわゆる精神病）の水準にあることが示されている。

2．体験型の様態

　1）　運動関連の反応が15（38.5％）出現しており，この事例の体験型における反応の種類分けの中では最多数を占め，比較的明瞭に継時性が確認あるいは疑われる反応が同じく15（38.5％）の多数を占めることとともに，この事例の特徴になっている

(114ページ)。
  2) 狭義色彩に関連した反応は，上述のⅡカードの反応を2と扱うと9となる。
  3) 比較的明瞭に継時性が確認あるいは疑われる反応は，色彩ならびに運動感覚関連で生じており，Fのみの反応ではほとんど継時性は生じていない。運動関連ではことごとくとはいえないが，色彩関連では反応のすべてに継時性が関連している（121ページ）。
  4) 運動関連の継時性は反応の概念客体の認知と，それに対する運動感覚の付与との間だけでなく，運動様態の流動にまで及んでおり（115ページ），しかもその着想連合は各着想間の相互の意味関連が乏しい。それに対して，色彩関連の場合には，Ⅱ・Ⅲカードでの赤は「火」，全色彩のカードではその全色彩性が，Ⅷカードは「解剖」，Ⅸカードは「しみ」「りんごから柿にいたる食物」などのように，その意味方向の関連性が失われていない（121ページ）。
  5) それぞれm，FMのみで処理すべき反応がひとつずつみられる他は，人間に関するM系列表現の反応で，Ⅰ・Ⅱ・Ⅲ・Ⅴ・Ⅵ・Ⅶ・Ⅸ・Ⅹのカードに分布しており，図版の違いに関係なくM系列の表現をしている。また1)～3)に示したようにM運動の主体が形体として確認されていないものまでがみられる（118ページ）。
  6) 色彩関連反応では識別形体が図版の中に定位されないことはもちろん，全色彩カードにおいては，色彩の種別さえも定位されないで流動している（122ページ）。
【小括】 反応数がかなり多く，1)2)に示されるように基礎形体水準が低い，運動，色彩関連の反応がそれぞれ15，9を占める，ということだけからでも，示された体験型が弛緩型（191ページ）であることが読み取れる。さきに示した（Ⅷ－Ⅹ）％の値が17.9であることは，全色彩の存在で反応が抑制されているというよりも，4)の全色彩カードで顕著にみられた，意味方向が失われなかった継時的な着想を，ひとつと計算したことが関係している。
  4)～6)の色彩関連の反応では識別形体が図版の中に定位されていないこと，運動関連では継時性が運動様態の流動にまで及ぶこと，図版の違いに関係なくM系列の表現がみられ，M運動の主体が形体として確認されていないものもみられることなどは，色彩，運動関連いずれにおいても継時性が顕著に示されていることとともに，識別形体と色彩，同じく識別形体と運動感覚，いずれも一次性複合が成立していないことを示している。いずれの一次性複合もなく弛緩型であるということは，間接化の乏しい直接的体験が支配的な位置を占めることを推定させる。
  その直接的体験支配の様態をさらに詳細にみると，運動関連反応が体験型反応種類の中で最多数を占めており，しかも継時性反応とともにプロトコール全体においても多数を占めていることから，その内的な直接的体験世界では「動き」が重要な決定要因となっていると考えねばならない。図版に触発されてのものであるにしても，運動関連の大半を占めるM系列の表現が，図版（現実状況）の違いに関係なく示され，運動の主体が図版に確認されていないものがあるということは，この「動き」が現実との関係に無頓着に生じる傾向を示している。同時にそれはこのような内的な「動

き」が，外界現実の状況とはほとんど関係なく，したがって当然事例内の事情で準備されていることを物語っている。4)に示すように，運動関連の継時的な着想の連合は意味関連がない傾向を示すので，この直接的な内的「動き」の体験は，意味関連や現実性と結びつかない，したがって意義あるいは構築性とも結びつかない感覚的体験でしかないことになる。運動関連ではM系列表現がほとんどであるから，「動とその感覚」は運動という体験の構造的な性質に直接結びついている「動，実在，実現や達成，連続，流動あるいは浮動」などの感覚のいずれか，あるいはその融合したものを（113〜117ページ），人間に結びつけて体験することが中核をなしていると考えられる。事例はそれに取り込まれているのである。

　色彩関連の反応においても活発な継時性がみられたことは，外界に存在する刺激（色彩）によって直接的・即座的な反応が引き起こされる場合にも，それによって生じた感覚的体験が，内的な上述の「動とその感覚」を引き起こすか，あるいはそれに取り込まれることを示している。運動関連の場合とは異なり，色彩関連の場合には連合の意味関連が失われていないのは，運動関連の感覚は目に見えないのに対して，色彩は目に見えるものとして外界に存在していることが影響しているのであろう。さらに3)にFのみの反応ではほとんど継時性は生じていないことを指摘したが，Fのみの反応においても，たとえばⅠカード「①クモ」から「④鳥」までは，よく似た認知のパターンが連続しているので，同種の認知の継時性とみることもできる。運動ならびに色彩に関連した反応にこれだけ継時性がみられるのであるから，ここにも継時性傾向は十分に考えられる。それが継時的な認知と認定しにくいのは，形体認知の性質が大きく影響していると考えられる。

3．超越可能性の視点とまとめ

　全貌的な視野での要点ということになると，識別形体と色彩，および運動感覚との一次性複合のない弛緩型のプロトコルで，個体化あるいは自我境界の相当重度の障害が示されており，事例自身によって準備され活発化している，間接化されることのない内的で直接的な「動きとその感覚」に，のめり込むように取り込まれて，非定型精神病の病像を呈していることにあるといえよう。

　超越可能性という点からすれば，内的に生じている直接的な体験が超越性でとらえられることがなく，体験の間接化が生じていない。したがって他に個別段階的に超越性を問う余地がほとんどなくなる。動きに取り込まれた内的な体験は，そのつど，そのつどの状況に直接受動的に支配され，必然的に外界状況との関係はお留守になりやすい。また時間的連続性は，そのつど・つどの内的，あるいは外界状況の影響の，実際的連続性に置き換えられる。事例にみられる反応の継時性は，それによって生じている。色彩関連の反応で，そのつど・つどの連合の意味関連が失われなかったことと，Fだけの反応では継時性が問題になりにくかったこととは，外界状況に存在するものに受動的に影響されたことを示している。内的・外的いずれにしろ状況に受動的で，生じた事態に直接的に影響されており，間接化とその上に構築しうる主体的能動性が

成立しないのである。

　【臨床的付加考察】　間接化されることのない内面の直接的な「動きとその感覚」は，生命体の「勢い」に直接影響を受けているともいえる。「勢い」は生命の営みそのものに直接付随するもので，その時々の状況の影響を受け，また本来時間的に変動する。この事例にみられる内面の直接的な「動きとその感覚」の活発化は，その点で事例の現在的状況の影響を受けていると考えられる。時間を経ることによって，また状況いかんによって，「勢い」はむしろ必然的に沈静することが考えられるので，その時にもこのプロトコールに示された弛緩型が示されるとは考えられない。ただその場合でも，示された個体化不全の問題は，比較的恒常的な準備性（前著書，171ページ）に関係しているはずである。

［領域指定図］

Dのロケーション番号は，Ⅰ，Ⅱ，Ⅲ，Ⅳ，Ⅴ……と表示
dのロケーション番号は，1，2，3，4，5……と表示

Ⅰカード

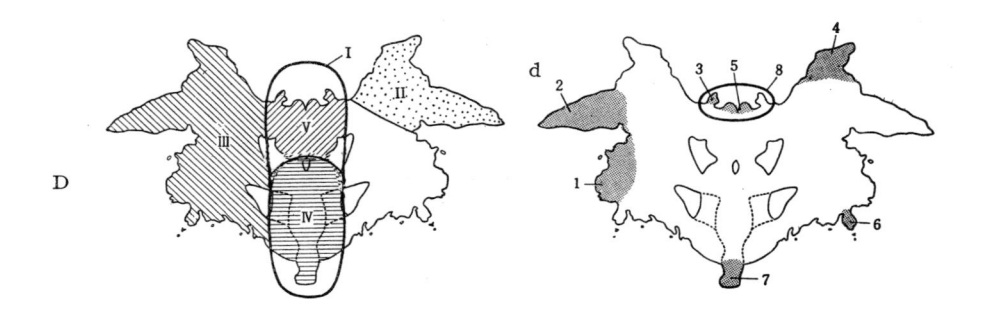

Ⅱカード

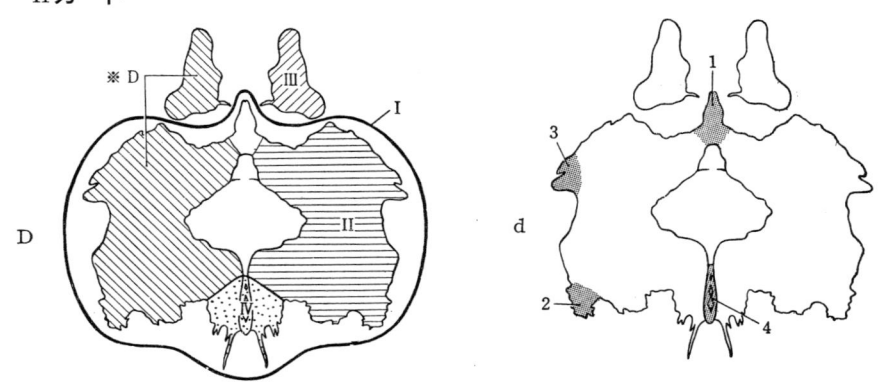

DⅡ：d1の半分およびDⅣの半分を伴うことも伴わないこともある
S：DⅠ中央の空白部を特にDとして取り扱う
※D：特にDとして取り扱う

領域指定図 239

Ⅲカード

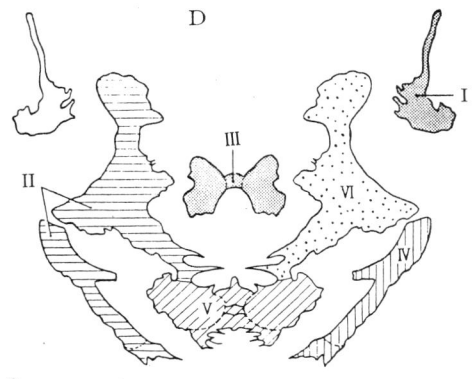

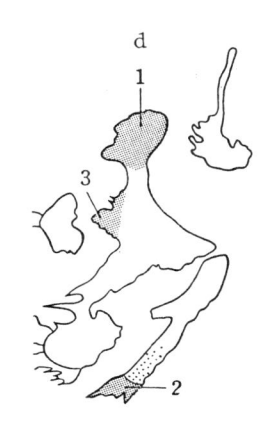

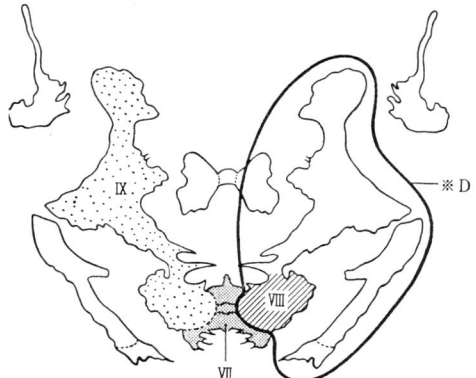

DⅥ：d1 が欠けていることもある
※D：特にDとして取り扱う
d2：DⅣの下半分を含むことも含まないこともある
W：すべての灰色領域

Ⅳカード

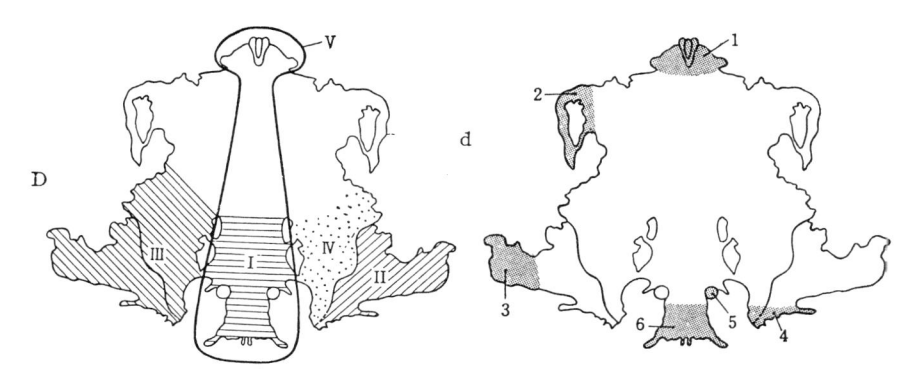

Ⅴカード

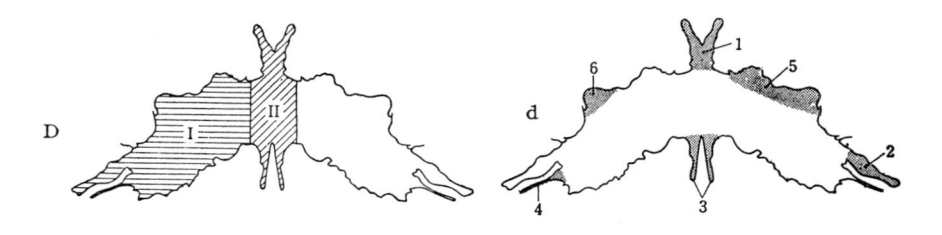

DⅠ：d2 が欠けていることもある
d2：ときに d4 を伴うこともある

Ⅵカード

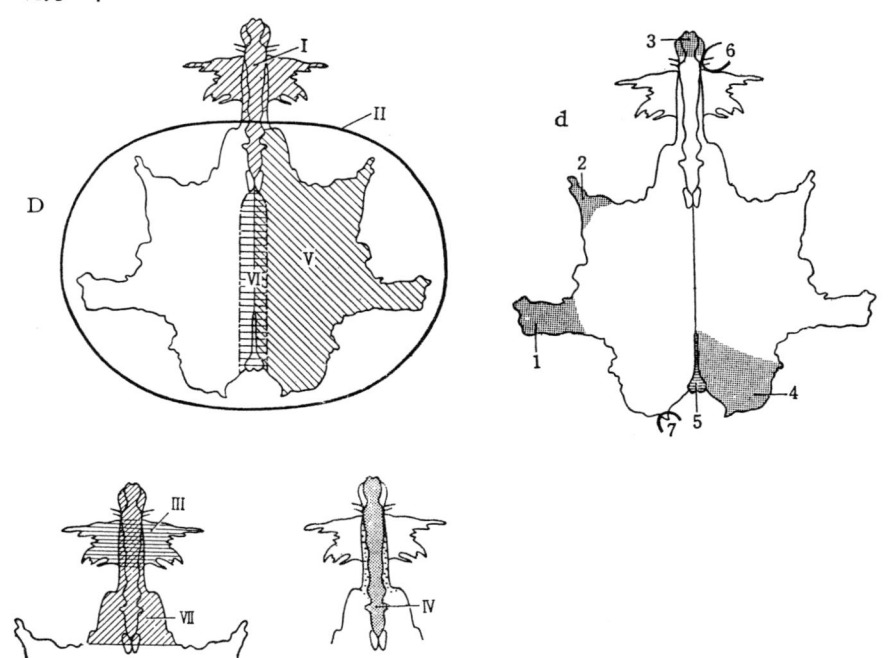

DⅠ：ときに DⅡの最上部の灰白色の部分を伴うことがある
DⅢ：全体あるいはいずれか半分
DⅣ：ときに外側の灰白色のわずかな部分を伴うこともある

領域指定図　24

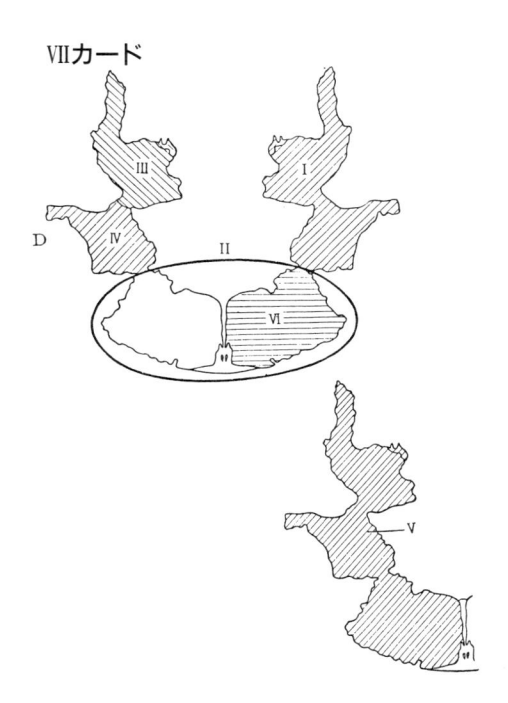

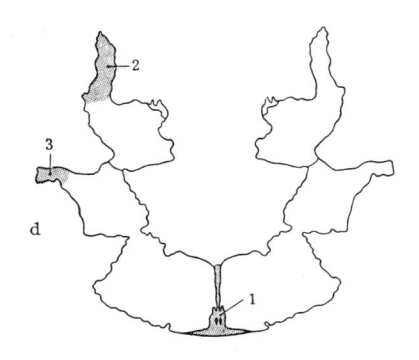

VIIカード

DI：d2 が欠けている場合もある
DIII：　　〃
DV：　　　〃
DIV：d3 が欠けている場合もある
S：中央の空白部　特に D として取り扱う

VIIIカード

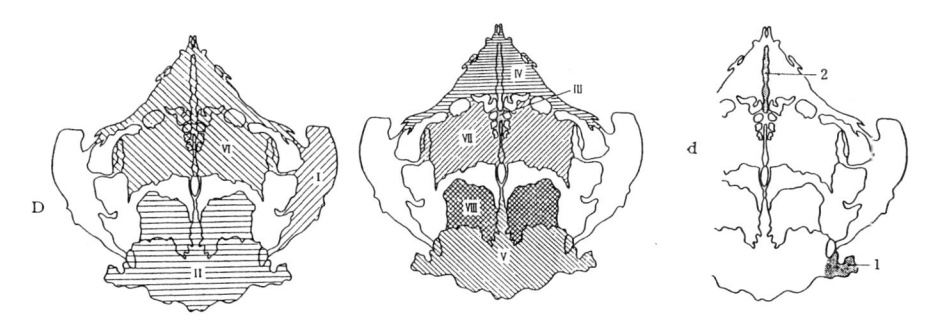

DVIII：全体またはいずれか半分

IXカード

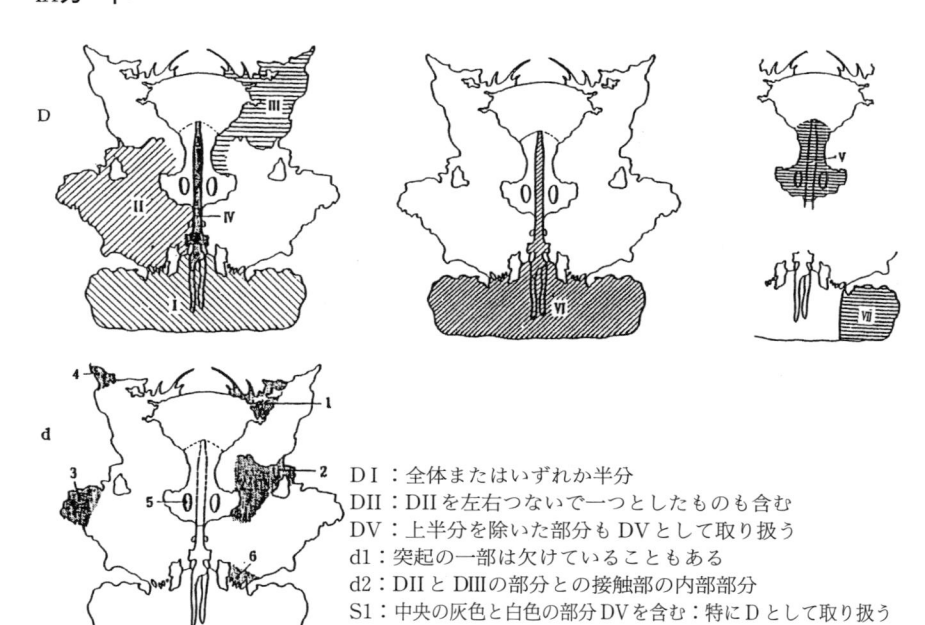

DⅠ：全体またはいずれか半分
DⅡ：DⅡを左右つないで一つとしたものも含む
DⅤ：上半分を除いた部分も DⅤ として取り扱う
d1：突起の一部は欠けていることもある
d2：DⅡと DⅢの部分との接触部の内部部分
S1：中央の灰色と白色の部分 DⅤ を含む：特に D として取り扱う
S2：　　〃　　　　　DⅤ を含まない：　〃

Xカード

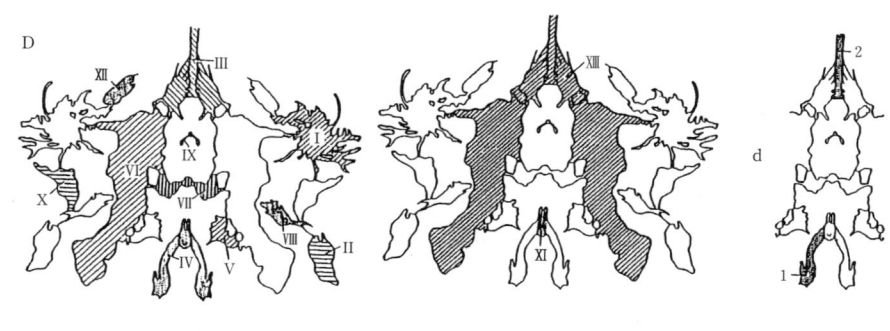

DⅠ：ときに DⅫ を伴うことがある
DⅦ：全体またはいずれか半分
DⅩⅢ：ときにこの部分に囲まれた D を伴うことがある
d1：上半分を除いた部分も d1 として取り扱う

文　　献

1) アリエティ, S. (加藤正明・河村高信・小坂英世訳)：精神分裂病の心理. 牧書店, 東京, 1958
2) 馬場謙一：Schreber 症例の家族力動. 精神分析研究, Vol.14, No.2 ; 26-31, 1968
3) フロイト, S. (小此木啓吾訳)：自伝的に記述されたパラノイア（妄想性痴呆）の一症例に関する精神分析学的考察. フロイト著作集9巻, 283-347. 人文書院, 京都, 1983
4) FREUD, S. : Psychoanalytische Bemerkungen über einen autobiologisch beschriebenen Fall von Paranoia (Dementia Paranoides). 1911. *Sigmund Freud Studenausgabe* VII, 133-203. Fischer Taschenbuch Verlag, Frankfurt a. Main, 1982
5) FREUD, S. : Psychoanalyical Notes on an Autobiographical Account of a Case of Paranoia (Dementia Paranoides). *The Standard Edition of The Complete Psychological Works of Sigmund Freud*. Translated from the German under the General Editorship of James Strachey, XII 3-79. Hogarth Press, (first Publishment 1958), 1981
6) フロイト, S. (井村恒郎・小此木啓吾訳)：精神現象の二原則に関する定式. フロイト著作集6巻, 36-41. 人文書院, 京都, 1970 (FREUD, S. : Formulierungen über die zwei Prinzipen des psychischen Geschehens. 1911)
7) フロイト, S. (加藤正明訳)：悲哀とメランコリー. フロイド選集10, 123-146. 日本教文社, 東京, 1969 (FREUD, S. : Trauer und Melancholie. 1917)
8) 加藤正明ほか編：新版 精神医学事典. 弘文堂, 東京, 1993
9) 金子仁郎・辻　悟・古荘和郎・林　正延：分裂病家族の人格特徴——ロールシャッハ・テストによる自我構造論. 精神医学, 10 ; 774-780, 1968
10) KUHN, R. : ber Rorschach's Psychologie und die psychologischen Grundlagen des Formdeutversuchs. Schweiz. *Arch. Neurol. Pschiat.* 53 ; 29-47, 1944
11) RORSCHACH, H. : *Psychodiagnostik*. 4te Aufl. (1ste Aufl. 1921). HansHuber, Bern, 1941
12) RAPAPORT, D., GILL, M. M. & SCHAFER, R. : *Diagnostic Psychological Testing* (revised edition by HOLT, R. R.). International Universities Press, New York, 1969
13) シャハテル, E. G. (空井健三・上芝功博訳)：ロールシャッハ・テストの体験

的基礎．みすず書房，東京，1975
14) シュレーバー，D. P.（尾川　浩・金関　猛訳）：シュレーバー回想録——ある神経病患者の手記．平凡社，東京，1991
15) 辻　悟：投映法．現代精神医学大系Ⅳ-A1　精神科診断学Ⅰa（懸田克躬ほか編），177-293．中山書店，東京，1978
16) 辻　悟：ロールシャッハ検査法——形式・構造解析に基づく解釈の理論と実際．金子書房，東京，1997
17) 辻　悟：Rorschachテスト．臨床精神医学講座16巻　精神医学的診断法と検査法（松下正明総編集），128-137．中山書店，東京，1999
18) 辻　悟・福永知子：ロールシャッハ・スコアリング——阪大法マニュアル．金子書房，東京，1999
19) ジルボーグ，G.（神谷美恵子訳）：医学的心理学史．みすず書房，東京，1978

事項索引

(ABC順。各群，日本語はローマ字読みの配列で，外国語と日本語とを分けて集めている。シュレーバーの著書の訳本[14]からの再録部分および［事例提示］［事例再録］は，索引の対象としていない。項目表示にある｜印は，その前が直後の――印で示される繰り返し部分である。｜印のないものは，項目全体が繰り返しになる。)

A
AS表現　41

B
Binet-test　9
万能感　139
防衛機制　111-114, 132
部分的狂気　124

C
CS表現　41
知能検査　9
治療｜関係　193, 194
　――者　28, 171, 185, 189-191, 193, 195
知性化　71, 138
秩序性（立て）　154, 187
超越｜(可能)性　30, 53, 198
　――的　66, 78
直接的な｜動作　177
　――反応　159
　――関係　198
　――行為　186
　――体験　46, 164, 178, 192
抽象(する)　98, 149, 157, 160

D
(D)　22
dA　144
dD　150
Do　144
DW　23, 62, 63, 147, 148, 150
D′W　62
代理自我　43, 51, 76, 183, 187
脱男性化　129, 131, 136, 137

独立体｜の境界　50, 54, 78
　――としての自分　78, 90, 102
「動」の｜表現　98, 99, 180
　――感覚　153, 186
　――契機　93, 99, 101-106, 157, 179, 180
　――様態　99, 104
「動」(の)体験　83, 88, 90, 92, 93, 98, 102, 107, 108, 118, 154, 175, 178

F
F↔C(強いられた形体色彩反応 forced FC)　86
不規則輪郭　172, 175
複合　30, 54, 66, 83, 86, 90, 97, 103, 108, 109, 115, 117, 154, 164, 184, 189, 190, 195, 196
　――：偽性複合　107, 164, 172, 174, 180, 199
　――：偽性形体色彩複合　172
　――：不全複合　86
　――：主語と述語との偽性複合　102
　――層(原体験層と識別的な見分けの層との)　116
　――層区別　116, 184
　――体験(層)　116, 183
不定形体⇒形体
不全複合⇒複合

G
外因　68
外連合　101, 103
外輪郭形体　18, 20, 22, 29, 31, 34, 38, 39, 42, 45, 52, 59, 60, 62, 81, 86, 90, 96, 97, 143, 145, 149, 151, 158, 160, 174, 175, 182

外在化(内面的体験の) 127,132
幻聴(幻覚) 16,71,87,89,113,158
現実原則 Realitätsprinzip 48
原初的│状態 106
　──心性 179
　──体験 28
原体験│(世界) 22,25,27,30,35,49,69,
　76,77,81,83,88,101,110,114-117,139,
　142,145,154,161-164,175,182-184,188,
　190,192,195,197,200
　──区別 48,49,116,163,184
　──の性質［質］ 44,112,117,166
　──論理 112,113,192
　──世界の主導原理 48,165
　──心性 69,170,197
偽性複合⇒複合
50歳節目⇒人生周期の節目
語呂合わせ 95,101
悟性 139
具象│概念 96
　──に限定される(た)認知 156,160,
　　162,199
　──に限定される体験(世界) 97,127,
　　132,142,158,161,163,199

H
把握型 2,29,60,79,80,155,162
母親との│合一 43,45
　──一体化 68
被害・迫害妄想⇒妄想
非定型精神病⇒精神病
保続│反応 Perseveration 1,2,5,7,12-
　15,17,18,21,33,39,46,51,61
　──傾向 113
　──の構造解析 5

I
勢い 103
　──づき 106,180
意味を知る体験 92,107
異性間相互受容 72

J
自分の│気づき 49,57,59,113
　──存在の実感 52
自我境界 31,34,51,160,175
自己│受容 164
　──誇大的意識 139
　──明確化 181
人格│交代 178,183-186
　──障害(圏) 171,178,182,183,187,
　　188
　──；境界性人格障害 178
人生周期 72,74,75,140,192
　──の節目；50歳節目 140
　　　　　　　40歳節目 72,140,160
　　　　　　　思春期・青年期 34,35,
　　　　　　　　72,158-160,165,192
地・質の表出 8,33
実質が空洞化した形式主義 124,126,130,
　138
実質的に意味づけされた色彩反応 33,84,
　86,87,92,97,98,150,153,162,176
実証的確実性 9,56,123
自傷 186
情動 116,117
常同症 5
状況│同一性(論理) 55,113
　──の持続へのよりかかり 48,73
　──性だけが支配・主導 186
　──性の支配・主導(性) 17,18,21,
　　28,31,175
述語・状況性 45,69,93,94,97-99,101,
　102,105,106,133
　──が支配・主導 28,87,100,112,117,
　　170,177-179,182,183,188
　──のひとり歩き 172,176-178
　──(の)支配 171,180,181

K
快・不快原則 Lust-unlust-prinzip 48
解離性│現象 186
　──健忘 178,186
　──遁走 178,186
かかわる者 189-191,194,196,198

事項索引　247

過呼吸　187
拡張　84
　　──；弛緩型拡張　84,93
構えと距離 stance & distance　79,195
官能｜神経　129,130
　　──的愉悦　130
間接化　59,82,91,112,164,194,195,198
　　──過程　46,48,117
葛藤の内包　52,54,55,198
家族　189,190,192-195,197,198
継時｜性　20,22,90,175,176,180
　　──性結合全体反応 sukzessiv-kombinatorishe Ganzantwort　20
　　──的変容　173-176,181,183
　　──的展開　172,173,175
形式・構造(的)｜解析　4,8,13,125,199
　　──投影⇒投影
形体　81,117,154,162
　　──反応　83,86
　　──；不定形体　166,172,174
　　──明確(関与)度　172
　　──知覚　103,105
　　──；無形体　166,172,174
　　──；単純形体　167
　　──特定化の破壊　172,
結合の表現　91,99
個別化された具象概念　149,155-157
混交　18,95,101,179
古論理 Pareologie　15
個体化 Individuation　31,34,159,175
個と世界　79-81,187
クレペリンの体系　11
区別　50,54,55,78,193
空間への合一　42
客体｜化　83,91,164,166,194,199,200
　　──・固定化　57,66,199,200
境界性人格障害⇒人格障害
共感　76,195

M
メランコリー　75
見えない実在　50,54,55,
見かけの(正確な)識別的(対象)認知　30,
34,35,43,45,49,59,61,70,97,104,112,125,161,180
未成熟の疎外　55,59,68,77
見分け　81,190
　　──への過程　78
問題を意識することがない世界　46
喪(悲哀)の作業 Mourning work　74,78,80
妄想　16,112,113,118,123,126,129,158,160
　　──；被害・迫害妄想　44,51
無形体⇒形体

N
内部構造　172,175
内因　68
内面的過程の選択・決定の欠落　172,173,175,177,181,182
内容・主題(的)｜解析　4,12
　　──投影⇒投影
なじみの感覚　48
認知領域等価物　155,156,160,161
認知対象　107,164
認識の形成(成立)　49,57,59,113,179

O
OD　144
思っているだけ　55

P
P1事例　15-17,200
P2事例　25-29,35,42,46,50,106,107,186,187,200
パニック(障害)　178,187
パラノイア　111,118
ポジティブな体験(に一体化しようとし)，ネガティブな体験(を遠ざけ・排斥する)　48,116,165,184,186,195

R
臨床｜(の)関係　171,189,190,192,194,197,198,200
　　──；見える世界での臨床関係　190

――(の)対象　189-199
　　――的認識　4
　　――事態　67,72,139,140,142,159,160,
　　　186,188,190-192,194,198,200
ロールシャッハ｜学　43,59,83,108,180
　　――検査(法)　4,5,8,16,17,29,30,40,
　　　57,59,67,68,80,84,90,108,110,115,
　　　117,118,125,171,188,189,197,199

S

Σ｜D｜→W　64,66,67,96,152,199
再生　75
シュレーバー｜・ガルテン　167
　　――・ケース　110,112,113,118,123,
　　　124,128,130,133,167
　　――協会　168
青年期⇒思春期・青年期
性の成熟　72
精神分裂病⇒統合失調症
精神分析｜学　118
　　――医　123
精神病｜(圏)　4,11,44,56,118,124-126,
　　158,171,179,181,182
　　――；非定型精神病　25,29,106,158,
　　　179,180
　　――；多動-無動性運動精神病　107
　　――医　123
　　――水準　98
精神発達遅滞　157
世界｜の滅亡　132,136
　　――秩序　129,130,132,140
至福　130
弛緩型拡張⇒拡張
識別｜(型)形体　8,64,151
　　――性　55
　　――性(を)破壊　173,174
　　――的外輪郭形体　152
　　――的形体認知　31,81
　　――的機能　184
　　――的認知　60,66,81,90,92,115,116,
　　　125,145,162,164,186,187,189,190,
　　　194
　　――的対象認知　62,104

色彩　7,33,38,41,54,61,63,81,83,85,91,
　　96,98,117,149,150,153,154,166
　　――反応　82,83,98,116,153,176
　　――感覚　88,92,98
心因　68
試練を受けた魂　129,131,136
思春期・青年期⇒人生周期の節目
姿態運動｜反応　88,100
　　――表現　89,91
自然科学的｜方法　9
　　――認識　11
測定法　8
喪失(の体験)　74,140,186
巣立ち　72
尺度(測定)法　9,10,56
衝動緊張　117
初期集約的把握型　24,29,60,63,152,153,
　　162,174
初期集約的把握(認知)以前の把握(認知)
　　145,152,162,166
主語同一性　55,105,114,176,177,182,
　　184,185
集合概念　96,149,156,160
主語と述語との偽性複合⇒複合
主人格　185
収縮　84,88,152,154
　　――型　85,93

T

TAT　110
多動-無動性運動精神病⇒精神病
体験｜型　2,81,84,176
　　――の間接化　50,54,55
対極論理　101
胎内体験　28
対象認知　93,96,102,158,161,172
多重人格　183-185
単純｜形体⇒形体
　　――構造　166
投影　44,79,80,110,112,114,115,117,
　　118,128,132,133
　　――法　3,9,11,29,80,110,115
　　　；形式・構造的投影　3,115

;内容・主題的投影　3,12
統合失調症(精神分裂病)　1-4,12,14,15,
　18,21,29,30,34-36,39,44-47,51,54,68,
　80,90,118,126,157,160,179,182

U
「動き」　176,177
　——の感覚　178
運動　81,154
　——反応　81,88-90,92,98,103,105,108
　——感覚　83,84,88,91,92,98,103,105,
　106,164
　——の解釈　109
うつ　181,186

W
(W)　22,144,145

Y
翼状全体反応　23,24,39,144,172
40歳節目⇒人生周期の節目
融合・合一　45,49,55,181
　——体験　69,78,79,113,115,133,189,
　192,193,197
　——的認知　62
融合的大域的把握(認知)　62,146,151,
　152,162
遊星への繋留　129,131,136

Z
全体　64
　——性の支配・主導性　61
ゾンネンシュタイン　131,136,138
図形(版)｜構造　100,101,151
　——状況(性)　96,99,102

人名索引
(ABC 順)

Arieti, S.　15

馬場謙一　168
Baumeyer　168

Dworetzki, G.　62

Freud, S.（フロイト）　48, 74, 75, 114, 118, 123, 124, 141

Kraepelin, Emil　11
Kuhn, R.　10

Murray, H. A.　110

Rapaport, D.　117

Rorschach, H.　2, 10, 12, 18, 20, 30, 38, 83, 88, 89, 103, 105, 109, 116, 117

Schachtel, E. G.　110, 156-158
シュレーバー, ダニエル・ゴットロープ・モーリッツ（父）　167
　　　, ダニエル・パウル（本人）　118
　　　, ルイーゼ・ヘンリエッテ・パウリーネ（母）　168

Von Domarus　15

White, R. B.　168

Zilboorg, G.　11, 44, 56, 66

あ と が き

　本書は前著書『ロールシャッハ検査法——形式・構造解析に基づく解釈の理論と実際』の姉妹版ということもできる。前著書と同じように，多くの方のご批判・ご意見をいただければ幸いである。本書の性質や意図などについては，内容とともに本文に記載したのでそれにゆずり，ここにはお世話になった方々への謝意を述べておきたい。

　今回の出版に際しても前著書同様，福永知子氏（大阪大学大学院医学系研究科精神医学）の，全般にわたる本書が世に出るための介助があった。記して謝意を表したい。本書で取り上げた事例プロトコールについては，採取された方々の名をも記載させていただいたが，取り上げることを了承していただいたことを感謝している。

　また，金子書房編集部長の真下清氏および編集部の方々にも，今回は前著書からの引用の照合や，取り上げた事例プロトコールと本文との照合などの煩雑な作業が加わったため，前回以上のお世話になった。末尾になったが，あわせて謝意を記しておかねばならない。

　　2003年9月

　　　　　　　　　　　　　　　　　　　　　　　　　　著者しるす

著者略歴

辻　　悟（つじ・さとる）
1926年大阪生まれ．1948年大阪大学医学部卒業．1950年文部教官（大阪大学医学部精神医学教室助手）．1955年大阪大学講師（医学部）．大阪大学医学部付属病院分院神経科医長．1967年大阪大学助教授（医学部）．1979年医療法人松柏会榎坂病院付属治療精神医学研究所所長．1997年退職．

1950年医師免許．1955年医学博士．1957年関西ロールシャッハ研究会創設に参加．1969年関西ロールシャッハ研究会，第1回初級・中級講座（現在第21回）．1978年第1回治療精神医学オープンセミナー（現在212回）

主著

阪大スケール，児童の反応　1958　（心理診断法双書『ロールシャッハ・テスト1』共著）　中山書店
投映法　1978　（『現代精神医学大系』共著）　中山書店
治療精神医学——ケースカンファレンスと理論（編著）　1980　医学書院
治療精神医学への道程　1981　治療精神医学研究所
ロールシャッハと私の精神医学　1987　（『これからのロールシャッハ』共同編著）　創元社
ロールシャッハ検査法——形式・構造解析に基づく解釈の理論と実際　1997　金子書房
Rorschach テスト　1999　（『臨床精神医学講座』共著）　中山書店
ロールシャッハ・スコアリング——阪大法マニュアル（共著）　1999　金子書房

こころへの途——精神・心理臨床とロールシャッハ学

2003年11月25日　初版第1刷発行
2014年1月30日　初版第3刷発行

著　者　　辻　　悟
発行者　　金子紀子
発行所　　株式会社　金子書房
　　　　　東京都文京区大塚3-3-7　〒112-0012
　　　　　電話 03(3941)0111　振替 00180-9-103376
　　　　　URL http://www.kanekoshobo.co.jp
印　刷　　藤原印刷㈱　　製　本　　㈱三水舎

検印省略　©2003, Satoru Tuji
ISBN978-4-7608-2315-4　C 3011　Printed in Japan